독자의 1초를
아껴주는 정성을
만나보세요!

세상이 아무리 바쁘게 돌아가더라도 책까지 아무렇게나 빨리 만들 수는 없습니다.

인스턴트 식품 같은 책보다 오래 익힌 술이나 장맛이 밴 책을 만들고 싶습니다.

땀 흘리며 일하는 당신을 위해 한 권 한 권 마음을 다해 만들겠습니다.

마지막 페이지에서 만날 새로운 당신을 위해 더 나은 길을 준비하겠습니다.

즐거운
프로그래밍
경 험

모두의
C언어

이형우 지음

스스로
생각하면서 배우는
C 프로그래밍 기초

길벗

모두의 C 언어

C for Everyone

초판 발행 · 2019년 8월 2일
초판 7쇄 발행 · 2022년 12월 26일

지은이 · 이형우
발행인 · 이종원
발행처 · (주)도서출판 길벗
출판사 등록일 · 1990년 12월 24일
주소 · 서울시 마포구 월드컵로 10길 56(서교동)
대표전화 · 02)332-0931 | **팩스** · 02)323-0586
홈페이지 · www.gilbut.co.kr | **이메일** · gilbut@gilbut.co.kr

기획 및 책임편집 · 김윤지(yunjikim@gilbut.co.kr) | **디자인** · 배진웅 | **제작** · 이준호, 손일순, 이진혁
영업마케팅 · 임태호, 전선하, 차명환, 지운집, 박성용 | **영업관리** · 김명자 | **독자지원** · 윤정아

교정교열 · 황진주 | **전산편집** · 도설아 | **본문 삽화** · 최정을 | **출력 및 인쇄** · 예림인쇄 | **제본** · 예림바인딩

ISBN 979-11-6050-855-0 93000
(길벗 도서번호 006989)

정가 18,000원

....

독자의 1초를 아껴주는 정성 길벗출판사

(주)도서출판 길벗 www.gilbut.co.kr

페이스북 · www.facebook.com/gbitbook

《모두의 C 언어》를 처음 접하고 든 생각은 '부담스럽지 않다'였습니다. 적당한 두께와 옆에서 설명을 듣는 듯한 부드러운 문체, 거부감 없이 읽을 수 있는 깔끔한 편집 덕분에 저와 같은 고등학생은 물론 비전공자 등 제목대로 모두가 C 언어에 입문할 수 있게 도와줍니다. 본문을 천천히 읽고 미션을 수행하며 연습한다면 누구나 C 언어를 잘하게 되리라 생각합니다. 가볍지만 부족함 없이 C 언어에 입문하고 싶은 사람, 과거에 C 언어를 공부하다 포기했던 사람들에게 두껍고 딱딱한 C 언어 전문서를 보기 전에 이 책을 적극 권장합니다. **김유안 | 18세, 고등학생**

주제마다 한두 번 실습하는 데 그치지 않고, 단계별로 심화 레벨까지 학습할 수 있게 설계된 점이 큰 장점인 것 같습니다. 처음에는 실제로 코딩해야 하는 미션 문제가 많은 것 같아 '책을 끝내는 데 시간이 많이 걸리지 않을까?'하는 걱정도 했습니다. 하지만 막상 문제를 풀면서, 확실하게 개념을 이해하고 넘어가니 총 학습 시간은 오히려 짧은 편이었습니다. 만약 제가 C 언어를 처음 공부할 때 이 책이 있었다면 고생을 좀 덜 했을 것 같다는 아쉬움마저 듭니다.

김재훈 | 24세, 대학생

비전공자가 처음 C 언어로 코딩을 배울 때 좋은 책이라 생각합니다. 처음 접하면 이해하기 어려운 컴퓨터 구조나 메모리 관점에서의 개념에 대해 적절한 비유를 들어 설명하여 이해하기 쉬웠습니다. 헷갈리거나 어려운 개념은 콕 집어 더 자세히 설명한 점도 마음에 들었고요. 특히 단순히 이론만 설명하는 것이 아니라 왜 쓰이는지, 상황에 따라 왜 다른 코드를 쓰는지 등 '왜 그런지'에 대한 구체적인 설명과 예제가 돋보이는 책입니다.

정유정 | 26세, LG전자 연구원

처음부터 끝까지 천천히 코드를 따라하다 보니, 제가 1학년 전공 수업 때 힘들게 배웠던 것을 수월하게 복습할 수 있었습니다. C 언어 문법만이 아닌 배열이나 리스트 같은 자료 구조나 연관된 심화 개념도 소개하고 있어 좋았습니다. 단순히 개념을 설명하는 것이 아니라, 여러 기능에 대해 사용해야 할 때와 이유를 명확하게 설명했던 부분이 가장 기억에 남습니다.

최홍규 | 21세, 대학생

C 언어는 많이 사용되는 프로그래밍 언어 중 가장 오래된 언어입니다. 그렇기 때문에 요즘 나온 언어에 비해 불친절하죠. 불친절한 만큼 프로그래밍을 할 때 더 신경을 써야 하는데, 그래서 프로그래밍 초보자들이 배우기 어렵다고 느끼는 것 같습니다. 하지만 이 책은 초보자가 생소한 개념을 쉽게 받아들일 수 있도록 구성되어 있습니다. 개인적으로 C 언어는 개념 이해가 중요하다고 생각하는데, 이 관점에서 잘 설명된 책입니다.

이충현 | 30세, 보안 엔지니어

어려서부터 컴퓨터가 좋아 무작정 컴퓨터 학원을 보내 달라고 한 것이 컴퓨터와의 첫 인연이었습니다. 이를 시작으로 컴퓨터학과에 진학하였고 이후 10여 년간 대학에서 컴퓨터학 학/석/박사 학위를 취득하였습니다. 이후 또 10년 이상 삼성전자 반도체 연구소에서 박사급 연구원으로 생활하면서 컴퓨터와의 인연을 이어갔습니다.

아무것도 몰랐던 어린 시절부터 지금까지, 컴퓨터과학을 배우고 익히는 것은 문제를 해결하기 위해 수많은 밤을 새우며 실패를 경험하는 과정의 되풀이였습니다. 그러나 이러한 과정에서 마침내 제가 의도한 결과를 도출했을 때의 그 환희와 성취감은 무엇과도 바꿀 수 없는 삶의 원동력이 되었고, 저를 성장시키는 자신감이 되었습니다.

정보화 시대, 4차산업혁명 시대라는 키워드를 굳이 강조하지 않더라도 컴퓨터과학 세계에서 실패를 수정하여 성취감을 맛보는 과정은 미래를 개척해야 할 아이들에게 큰 자산이 되리라 확신합니다.

이러한 제 바람을 실현하고자 컴퓨터를 시작하려는 학생들의 눈높이에 딱 맞는 체계적이고 깊이 있는 코딩 교육을 제공하고 싶었습니다. 그래서 코딩 교육 전문 기관인 메이킷코드랩 아카데미와 연구소를 설립하였고 이후 ㈜메이킷에듀 설립으로 확장하였습니다. 또한 코딩 교육을 통해 얻고자 하는 컴퓨터 원리와 논리를 명확히 파악하여 컴퓨터적 사고 능력(Computational Thinking)과 문제 해결 능력(Problem Solving)을 익힐 수 있도록 최신 소프트웨어 코딩 교육 과정과 교재를 개발하였습니다.

이 과정에서 수많은 컴퓨터 언어 중에서도 꽃이라고 생각하는 C 언어를 우선 정리하여 출판하게 되었습니다. 이미 시중에는 수많은 C 언어 책이 있습니다. 그럼에도 불구하고 제가 C 언어 책을 집필하게 된 동기는, 컴퓨터과학을 처음 접하는 독자의 심정을 가장 잘 이해하는 혁신적인 C 언어 책을 쓰고 싶었기 때문입니다.

기존의 C 언어 책들과의 차별화를 위해, 어려서부터 배운 C 언어를 처음 언어를 접하는 사람의 마음으로 돌아가서 학습 과정을 정리하기 시작하였습니다. 그리고 메이킷코드랩 학생들을 가르치면서 수정하고 보완하였습니다.

알고 있는 것을 잘 정리하는 것과 가르치면서 정리하는 것에는 많은 차이가 있다는 것을 느꼈습니다. 학생들을 가르치면서 학생들의 마음을 헤아리고 어떤 것이 궁금하고 이해하기 어려운지 많이 고민했습니다. 이러한 고민을 토대로 프로그래밍 언어에 아직 익숙하지 않은 사람들의 눈높이로 왜(Why)라는 관점에서 집필하였습니다. "왜 이럴까?", "왜 그래야만 하는가?"라는 질문을 계속 던지면서, 쉽지만 깊이 있고 체계적으로 설명하려고 노력하였습니다.

이 책을 통해 여러분은 C 언어를 익히고, 코딩을 하면서 문제를 인식하고, 문제를 해결하기 위해 여러 가지 생각을 하게 될 것입니다. 이 과정에서 성공과 실패를 경험하면서 문제를 근본적으로 파악하고 효율적으로 해결책을 찾는 밑거름을 쌓기도 할 것입니다. 반복된 시행착오는 문제의 원인을 찾기 위한 깊이 있는 사고를 유도하고, 스스로 문제를 해결할 수 있는 능력을 키워줍니다. 바로 이것이 제가 책을 집필한 목적이자 학생들에게 코딩을 가르치는 이유이기도 합니다.

앞으로 여러분이 디지털 네이티브 시대를 이끄는 창의 융합 인재가 되기를 바라며, 여러분의 꿈을 키우는 첫 시작을 이 책과 함께 한다면 저에게는 더없는 영광일 것입니다. 이 책이 여러분의 시작을 응원하는, 작지만 단단한 밑받침이 되기를 기대합니다.

소프트웨어로 생각을 표현하다!

소프트웨어로 세상을 디자인하다!

소프트웨어로 도전하고 문제를 해결하다!

SPECIAL ★
Thanks To

저의 학생이자 스승인, 적극적이고 재미있게 수업에 참여해 준 모든 메이킷코드랩 학생들에게 감사드립니다. 또한 이 책을 완성할 수 있도록 친절하게 도움을 주신 길벗출판사 김윤지 과장님께 감사의 말을 전합니다.

학생들의 눈높이에 맞춰 재미있고 체계적으로 컴퓨터과학과 코딩을 가르치며 연구하는 메이킷코드랩 학원 연구원들과 양질의 코딩 교육을 선도하며 국내 최고의 회사로 성장하는 비전을 실현하고 있는 (주)메이킷에듀 임직원들에게 감사의 말을 전합니다.

평생을 자식 걱정과 뒷바라지에 헌신하신 부모님과 비록 다른 학문이지만 지금도 대학 연구실에서 오로지 학문에만 집중하고 정진하고 있는 형에게 감사의 마음을 전합니다.

마지막으로 누구보다 소중하고 사랑하는 아내와 제가 살아가는 데 힘을 주는 가장 빛나고 해맑은 딸 시은이와 아들 우진이에게 감사의 마음을 전하며 이 책을 바칩니다.

2019년 7월 ㈜메이킷에듀 대표

 누구를 위한 책인가요?

이 책은 C 언어를 처음 시작하는 사람을 대상으로 합니다. 코딩을 처음 배우는 초 · 중 · 고등학생부터 비전공자 대학생, IT 관련 업계에서 일하고 싶거나 컴퓨터 언어의 기본을 알고 싶은 사람들에게 적합합니다.

기존의 다른 C 언어 책을 읽어보았지만 어렵게 느꼈거나 C 언어를 공부하다가 포기한 사람, C 언어의 기본은 알고 있지만 막상 코딩을 스스로 구현하려면 어디서부터 무엇을 해야 할지 막막하게 느끼는 사람들에게도 추천합니다.

컴퓨터를 전공하는 학생들이라면 기초를 단단히 하고 조금 더 깊이 있는 이해를 하는 데 도움이 될 것입니다.

 C 언어는 왜 배우나요?

오늘날 우리가 살아가는 시대는 다양한 분야에서 컴퓨터 언어가 활용됩니다. 수많은 컴퓨터 언어 중에서 단연 으뜸은 오랜 시간 가장 많이 사용되는 C 언어라고 할 수 있습니다.

C 언어는 처음 컴퓨터 언어를 접하는 분들에게 쉬운 언어는 아닙니다. 그러나 C 언어를 차근차근 공부하고 소화한다면 이후 다른 어떤 컴퓨터 프로그래밍 언어를 배운다 하더라도 쉽게 이해하고 확장해 나갈 수 있을 것입니다. 그만큼 C 언어는 모든 프로그래밍 언어의 기본이며 그 이상을 배울 수 있는 언어입니다.

다른 C 언어 책과 무엇이 다른가요?

이 책은 제가 학생들에게 직접 C 언어를 가르치면서 얻은 경험과 영감을 토대로 집필하였기에 처음 프로그래밍 언어를 배우는 사람의 눈높이에 맞췄으며, '왜(Why)'라는 관점에서 생각할 수 있게 수정하고 보완하였습니다. 또한 삼성전자 연구소에 재직 중일 때 C 언어로 프로젝트를 수행하면서 터득한 것을 바탕으로, 개발자가 반드시 알아야 할 내용도 추가로 담았습니다.

중간에 읽다가 포기하는 책이 아닌, 처음부터 끝까지 재미있고 쉬우면서도 깊이 있게 설명하려고 노력하였습니다. 최대한 내용을 술술 읽을 수 있도록 쉬운 말로 설명하였고 C 언어를 친숙하게 받아들이도록 구성하였습니다. 책에 나온 예제를 스스로 구현해 보고 자신의 생각을 더하여 다른 방법으로 구현하는 과정을 진행한다면, C 언어로 자기 생각을 정리할 수 있는 자신감이 생길 것입니다.

물론 책 한 권을 읽었다고 해서 완벽하게 C 언어를 사용할 수 있는 것은 아닙니다. 하지만 이 책을 여러 번 정독하고 스스로 컴퓨터 앞에 앉아서 코드를 실행해 본다면 어느새 C 언어 초보자를 넘어서는 여러분을 발견하게 될 것입니다.

이 책을 읽고 다음으로 배워야 하는 컴퓨터 언어 또는 과정은 무엇인가요?

우선 책을 여러 번 정독해보세요. 그 이후에는 다른 언어를 배우는 시간이 확연하게 줄어들 것입니다. 다른 다양한 언어를 배우는 것도 좋지만, 이 책을 통해 쌓아 올린 C 언어를 사용해 문제를 많이 풀어보면서 프로그래밍 구현 기법을 익힐 것을 권합니다. 그런 다음에는 자료 구조와 알고리즘을 배워볼 것을 추천합니다.

이 책에서 배우는 주요 내용은 다음과 같습니다.

변수와 함수
정보를 저장하는 기억 공간인 메모리와 그 메모리에 접근할 수 있는 변수가 무엇인지 차근 차근 알아봅니다. 이어서 C 언어에서 함수가 왜 필요하고 어떻게 사용되는지 알아봅니다.

연산자
수학에서 사용하는 +, −, *, /는 물론 다양한 연산자를 사용하여 숫자와 문자 정보를 처리 합니다. 프로그래밍 언어에서도 마찬가지입니다. C 언어에서는 어떤 연산자가 어떻게 사용 되는지 알아봅니다.

조건문과 반복문
C 언어에서 사용되는 조건문을 배우고 프로그래밍 수행이 어떻게 분기되는지 알아봅니다. 그리고 C 언어에서 반복적으로 빠르게 일을 처리하기 위한 명령어가 무엇이고 어떻게 일 을 처리하는지 알아봅니다.

배열
여러 개의 정보를 하나의 변수로 저장할 수 있을까요? 이것을 가능하게 하는 배열에 대해 서 알아봅니다.

포인터
C 언어를 배우면서 가장 어려운 부분으로 보통 포인터를 꼽습니다. 하지만 제대로 알고 나 면 포인터만큼 재미있고 개발자를 자유롭게 해주는 게 없습니다. 포인터의 정상에 올라설 수 있게 기본부터 핵심까지 차근차근 살펴봅니다.

동적 메모리 할당
필요한 만큼의 메모리를 직접 확보하여 정보를 저장하는 동적 메모리 할당에 대해 알아봅 니다.

**구조체와
연결 리스트**
여러 개로 흩어진 정보를 하나의 변수로 표현할 수 있게 해주는 구조체에 대해 알아봅니 다. 또한 여러 자료를 구조화하여 다루는 자료 구조 중 하나인 연결 리스트에 대해 간단하 게 살펴봅니다.

디버깅
코드를 수정하고 오류를 고치는 디버깅에 관해 설명합니다.

**예제 소스
내려받기&
활용법**

이 책에 나오는 예제는 여러분이 코드를 직접 입력하여 결과를 얻는 방식을 권하지만, 해결하기 어려운 문제라면 예제 파일을 열어 확인해 보세요.

① 길벗출판사 홈페이지(www.gilbut.co.kr)에 접속하여 검색 창에 도서명을 검색하여 예제 파일을 내려받습니다.

② 원하는 폴더에 내려받은 파일의 압축을 풀고 장별 파일을 확인합니다.

③ 18쪽 1장의 내용을 따라하며 **비주얼 스튜디오**를 설치하고 새 프로젝트를 하나 만듭니다.

④ **솔루션 탐색기**의 프로젝트의 **소스 파일**에서 마우스 오른쪽 버튼을 클릭하고 **추가 → 기존 항목**을 선택합니다.

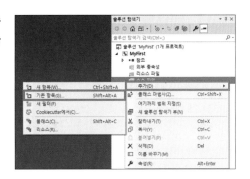

⑤ 예제 소스를 내려받은 폴더에서 확장자가 *.c인 파일을 선택하고 **추가** 버튼을 클릭합니다.

macOS 사용자는 인코딩 EUC-KR로 설정하세요.

⑥ 추가된 파일을 더블클릭하여 열고 Ctrl + F5 를 눌러 실행하세요.

⑦ 다른 C 언어 파일을 실행하려면 이전의 파일을 프로젝트에서 제거한 후에 같은 방법으로 추가해서 실행하면 됩니다.

목차

1장 C 프로그래밍 속으로

2장 기억 상자 만들기 - 변수

6장   빛의 속도로 일을 처리하기 - 반복문

7장   우리 학교 학생들 정보 저장하기 - 배열

1장

C 프로그래밍
속으로

우리는 이제 C 프로그래밍 언어 세상으로 들어가고자 합니다. 시작은 언제나 두근거리기 마련이지요. 지금 C 언어를 배우고자 하는 여러분은 대부분 컴퓨터 언어에 익숙하지 않고 모든 게 새로울 것입니다. 낯설고 새로우며 처음 하는 경험은 우리에게 두근거림과 흥미를 갖게 합니다. 흥미로운 컴퓨터 언어의 세계에 발을 들여 놓은 것을 축하합니다!

영어를 오랜 시간 배웠지만, 막상 외국인 앞에 서면, 멍해지는 경험을 한 사람들이 많을 것입니다. 컴퓨터 프로그래밍, 즉 코딩도 마찬가지입니다. 배우기로 마음은 먹었는데 '어디서부터 시작해야 하나' 하고 컴퓨터 앞에 멍하니 앉아 있는 사람들도 적지 않을 것입니다. 그러나 이 책을 차근차근 따라오면서 생각하고 실행하다 보면 어느새 외국인과 자유롭게 이야기하듯이, C 언어로 자신의 생각을 코딩하고 있을 것입니다.

그림 1-1 | 우리말이나 영어가 언어이듯 컴퓨터 프로그래밍도 언어

여러 프로그래밍 언어 중에서 전 세계 사람들이 가장 많이 사용하고 있는 언어 가운데 하나인 C 언어는 1972년 벨(Bell) 연구소의 연구원 데니스 리치(Dennis Ritchie)에 의해서 개발되었습니다.

그림 1-2 | C 언어와 유닉스 운영체제를 만든 데니스 리치

그렇다면 왜 이름이 C 언어일까요? 보통 어떤 프로젝트를 시작하기에 앞서 프로젝트 이름을 명명합니다. 언뜻 생각하기에는 프로젝트 이름에 심오한 의미를 두었을 것 같지만, 사실 큰 의미를 부여하지 않고 프로젝트 이름을 짓기도 합니다.

필자 역시 연구소에서 수많은 프로젝트를 진행하고 이름을 지었습니다. 그중에서 처음 프로젝트 킥오프(kick-off, 프로젝트 입안 회의)를 진행한 회의실 이름이 '한라산'이어서 '한라산 프로젝트'라고 명명한 적도 있고, 신고 있는 슬리퍼에 nice가 적혀 있어서 'nice 프로젝트'라고 명명하기도 했습니다.

이처럼 벨 연구소에서도 프로젝트 명명에 별 의미를 두지 않았던 것 같습니다. 처음 시작한 프로젝트 이름이 A 프로젝트였고, 그 다음에 진행한 프로젝트 이름은 B 프로젝트, 그 이후에 C 프로젝트가 수행되었습니다. 그러다가 C 프로젝트에서 유닉스를 개발하는 과정 중에, 부산물로 컴퓨터 언어가 데니스 리치 연구원에 의해 만들어졌고, C 프로젝트 이름에 따라 'C 언어'라고 명명하였습니다.

> **TIP**
> 유닉스(Unix)는 벨 연구소에서 개발된 소프트웨어 개발용 운영 체제로, 오늘날 윈도 계열이 아닌 리눅스, 안드로이드, macOS, iOS 같은 운영체제의 원형이라 할 수 있습니다.

그렇다면 오랜 역사를 가지고 있고, 아직까지도 여러 분야에서 기본적으로 사용되는 C 언어를 배우려면 어디서부터 어떻게 시작해야 할까요?

대장장이가 일을 하려면 어디서 어떻게 하나요? 우선 대장간에서 망치와 같은 연장을 가지고 일을 할 것입니다. C 언어를 시작하려면 컴퓨터 앞에서 우리도 연장을 가지고 일을 해야 합니다. 이렇게 프로그래밍 언어를 개발하기 위한 환경과 연장을 **통합 개발 환경**(Integrated Development Environment, IDE)이라고 합니다.

통합 개발 환경의 종류에는 여러 가지가 있지만, 이 책에서는 전 세계 개발자들이 널리 사용하는 통합 개발 환경인 마이크로소프트(MicroSoft)의 비주얼 스튜디오(Visual Studio)를 사용하겠습니다.

> **TIP**
> Xcode나 Dev-C++ 개발 환경에 대한 설정 방법은 363쪽 '부록'을 참고하세요.

1.2 통합 개발 환경, 비주얼 스튜디오 설치하기

우선 비주얼 스튜디오를 설치하겠습니다.

❶ https://visualstudio.microsoft.com/ko/에 접속한 후 오른쪽 상단에 있는 **Sign in**을 클릭합니다.

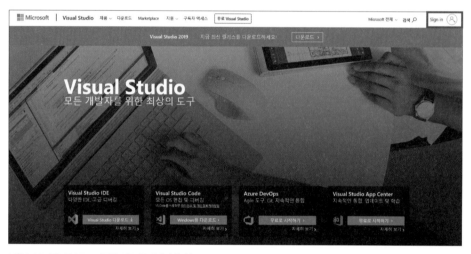

그림 1-3 | 마이크로소프트 비주얼 스튜디오 홈페이지 접속

❷ 마이크로소프트 계정이 있다면 그 계정으로 로그인을 하세요. 없다면 **새로 만드세요!**를 클릭하여 마이크로소프트 로그인 계정을 만들기 바랍니다. 이메일 주소나 휴대폰 번호만 있으면 손쉽게 만들 수 있습니다.

그림 1-4 | 마이크로소프트 계정이 있을 경우 로그인하고, 없으면 새로 만들기

③ 계정을 생성하였으면 마이크로소프트에 로그인을 하고, 상단에 있는 **다운로드** 버튼을 클릭합니다.

그림 1-5 | 로그인 후 다운로드 버튼 클릭

④ 다음과 같이 Visual Studio 2019와 관련된 세 가지 항목이 나타납니다. 가장 왼쪽에 있는 **Community** 버전의 **무료 다운로드** 버튼을 클릭합니다.

그림 1-6 | Community 무료 다운로드 버튼 클릭

⑤ 설치 파일을 원하는 경로에 내려받고 더블클릭하여 설치를 진행합니다.

그림 1-7 | 원하는 경로에 다운로드 후 설치 파일 실행

> TIP
> '시작하기 전에 설치를 구성할 수 있도록 몇 가지 항목을 설정해야 합니다'라는 창이 뜨면 '계속' 버튼을 클릭하세요.

⑥ 다음과 같은 설치 화면이 나타나면 **C++를 사용한 데스트톱 개발**에 체크하고 **설치** 버튼을 클릭하세요.

그림 1-8 | 'C++를 사용한 데스크톱 개발'에 체크 후 설치 버튼 클릭

⑦ 컴퓨터 환경마다 조금씩 다르지만, 설치할 때 보통 10분에서 15분 정도 시간이 걸립니다.

그림 1-9 | 설치 진행

⑧ 설치를 마쳤으면 컴퓨터를 다시 시작합니다.

> **TIP** 이 책은 비주얼 스튜디오 2019를 기준으로 하지만, 버전이 달라도 이 책의 내용을 학습하는 데는 큰 문제가 없습니다. 만약 비주얼 스튜디오가 아닌 다른 통합 개발 환경(Xcode나 Dev-C++)을 사용하고 싶다면 363쪽 '부록'을 참고하세요.

1.3 나의 첫 C 프로그래밍: Hello, World 출력하기

이제 여러분의 컴퓨터에 비주얼 스튜디오가 설치되었습니다. 바로 이어서 우리의 첫 C 언어 프로그래밍을 진행하겠습니다.

① 작업 표시줄의 **윈도** 키를 눌러서 **Visual Studio 2019** 아이콘을 클릭하여 실행합니다.

그림 1-10 | Visual Studio 2019 아이콘 클릭

> TIP
> 이 책은 윈도(Windows)를 기준으로 설명하지만, macOS에서도 비주얼 스튜디오 사용법은 비슷합니다.

② 다음과 같은 화면이 나오면 **새 프로젝트 만들기**를 클릭합니다.

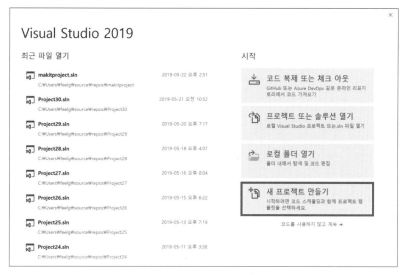

그림 1-11 | 새 프로젝트 만들기 클릭

③ '새 프로젝트 만들기' 창이 뜨면 **Windows 데스크톱 마법사**를 선택하고 **다음** 버튼을 클릭합니다.

그림 1-12 | Windows 데스크톱 마법사 선택

④ '새 프로젝트 구성' 창이 뜨면 원하는 프로젝트 이름을 작성한 후 경로를 확인하고 **만들기** 버튼을 클릭합니다.

그림 1-13 | 프로젝트 이름 작성 후 만들기 버튼 클릭

⑤ 'Windows 데스크톱 프로젝트' 창이 뜨면 **빈 프로젝트**에 체크하고 다른 옵션에는 체크를 해
제한 뒤 **확인** 버튼을 클릭합니다.

그림 1-14 | 빈 프로젝트에 체크 후 확인 버튼 클릭

⑥ 비주얼 스튜디오 전체 창이 뜨면서 다음과 같이 왼쪽에 '솔루션 탐색기'가 화면에 나타납니다.

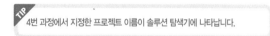
4번 과정에서 지정한 프로젝트 이름이 솔루션 탐색기에 나타납니다.

그림 1-15 | 왼쪽에 솔루션 탐색기 확인

 잠 깐 만 요

솔루션 탐색기가 보이지 않아요!

만약 솔루션 탐색기가 보이지 않는다면 다음과 같이 상단 메뉴에서 **보기 → 솔루션 탐색기**를 클릭하
세요. 앞으로 프로그래밍을 하다가 실수로 솔루션 탐색기나 다른 창을 닫았을 때에도 이와 같은 방
법으로 다시 창을 열어주면 됩니다.

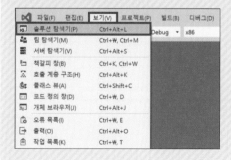

❼ 솔루션 탐색기에서 **소스 파일**을 클릭하고 오른쪽 마우스 버튼을 누르면 나오는 팝업 창에서 **추가 → 새 항목**을 클릭합니다.

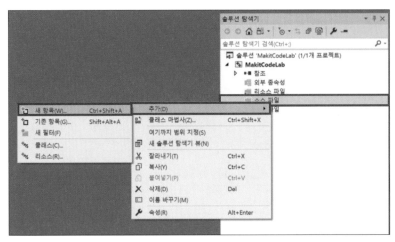

그림 1-16 | 소스 파일에서 마우스 오른쪽 버튼 클릭한 후 추가 → 새 항목 클릭

❽ '새 항목 추가' 창에서 **C++ 파일(.cpp)**을 클릭하고 이름(N)에 원하는 파일 이름을 작성한 후 **추가** 버튼을 클릭합니다. 여기서는 **makitcodelab_project.c**라고 입력했습니다. 이때 소스 코드 이름이 반드시 *.c 확장자로 끝나야 합니다.

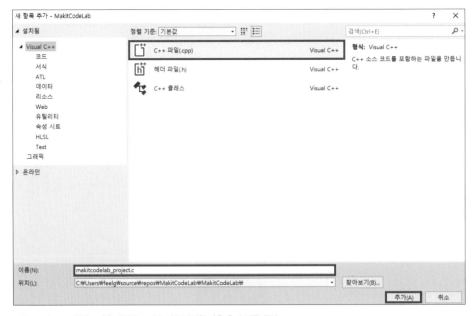

그림 1-17 | C++ 파일(.cpp)을 선택하고 파일 이름 작성한 다음 추가 버튼 클릭

❾ 다음과 같은 화면이 뜨면 이제 코드를 작성할 준비가 다 된 것입니다.

그림 1-18 | 코드 작성 준비 완료

❿ 빈 곳에 다음과 같이 코드를 작성합니다.

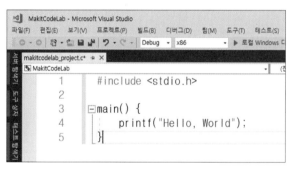

그림 1-19 | C 언어 코드 작성

TIP 비주얼 스튜디오에서는 명령어 자동 완성 기능을 제공합니다. 명령어에 익숙해지도록 처음에는 코드를 끝까지 입력하는 훈련을 하세요.

```
#include <stdio.h>

main() {
    printf("Hello, World");
}
```

TIP 들여쓰기는 Space로 지정하며 4칸이든 2칸이든 상관 없지만 이 책에서는 4칸을 기준으로 하겠습니다. 비주얼 스튜디오에서는 자동으로 들여쓰기를 해 줍니다.

⑪ `Ctrl` + `F5`를 누르면 코드가 수행되고 검은 창이 뜨면서 결과를 확인할 수 있습니다.

```
GN Microsoft Visual Studio 디버그 콘솔                                              —  □
Hello, World
C:\Users\feelg\source\repos\MakitCodeLab\Debug\MakitCodeLab.exe(16232 프로세스)이(가) 0 코드로 인해 종료되었습니다.
이 창을 닫으려면 아무 키나 누르세요.
```

그림 1-20 | 실행 결과 확인

> **TIP** 이 책은 윈도를 기준으로 합니다. 시스템 환경이나 컴파일러 종류에 따라 warning generated 에러가 발생할 경우 main() 함수를 int main()
> 으로 수정하고 return 0을 추가해 주세요.

1.4 컴파일과 실행: 프로그램의 일생

그럼 지금부터 코드가 어떻게 작성되고 결과가 나왔는지 알아보겠습니다. 우리가 작성한 다섯 줄짜리 코드를 **소스 코드**(source code)라고 합니다.

```c
#include <stdio.h>

main() {
    printf("Hello, World");
}
```

소스 코드는 프로그래머가 직접 작성한 프로그램 파일이며 C 언어에서는 *.c 확장자를 가집니다. 소스 코드는 우리가 직접 작성한 텍스트입니다. 이러한 텍스트를 컴퓨터가 이해할 수 있을까요? 얼핏 생각하면 C 언어로 작성했으니 컴퓨터가 이해할 수 있을 것 같다는 생각이 들지만, 사실 컴퓨터는 이 텍스트를 전혀 이해할 수 없습니다. 컴퓨터가 이해하는 것은 오로지 0과 1로 된 데이터뿐입니다. 따라서 컴퓨터에게 소스 코드를 이해시키려면 먼저 0과 1로 바꿔줘야 합니다. 이렇듯 우리가 작성한 소스 코드를 0과 1로만 구성된 코드로 변환하는 과정을 **컴파일**(compile)이라고 합니다.

컴파일 과정을 통해 소스 코드는 컴퓨터가 이해할 수 있는 또 다른 언어인 기계어로 변환됩니다. 이렇게 기계어로 변경된 파일을 **목적 파일**(object file)이라고 합니다. ∗.c 소스 코드 파일이 컴파일 과정을 거치면 ∗.obj를 생성하는 것이지요.

이제 기계어가 생성되었으니 컴퓨터가 소스 코드의 의미를 이해할 수 있겠지요? 그러나 아직 끝난 것이 아닙니다. 우리가 작성한 소스 코드에 있는 printf()라는 명령어가 보이나요? 이 명령어는 뒤에서 배우겠지만, 출력을 하는 함수입니다. 그러면 이런 명령어들은 도대체 누가 만들었을까요?

이미 오래 전부터 C 언어 개발자들이 다 만들어 놓았고 우리는 만들어진 명령어를 그저 사용하면 됩니다. 이렇게 자주 사용하는 명령어를 미리 만들어서 모아둔 파일을 **헤더 파일**이라고 합니다.

printf() 함수는 stdio.h(standard input/output, 범용 입/출력)라는 헤더 파일에 그 내용이 저장되어 있습니다. 즉, printf() 함수를 사용하려면 stdio.h 파일을 소스 코드에 포함시켜야(include) 하는데, 그 명령이 바로 첫 번째 줄에 있는 #include <stdio.h> 문장입니다.

기계어로 작성된 목적 파일은 링크(link), 즉 연결 과정을 거칩니다. 연결 과정이라는 의미는 헤더 파일을 내가 작성한 소스 코드에 연결한다는 의미입니다. 헤더 파일을 연결하고 이제 내 프로그램에 싣는 로더(loader) 과정까지 거치고 나면 비로소 소스 코드는 실행될 준비를 모두 갖춘 상태가 됩니다. 그런 다음 파일 확장자가 ∗.exe인 실행 파일(execution file)이 생성되어 소스 코드의 수행 결과가 화면에 나타나는 것입니다.

지금까지 설명한 프로그램 개발 및 실행 과정을 요약하면 그림 1–21과 같습니다.

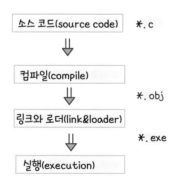

그림 1–21 | 프로그램의 개발 및 실행 과정

우리는 앞서 비주얼 스튜디오에서 Ctrl + F5 를 눌러 소스 코드를 실행했습니다. 컴파일, 링크, 로더 과정을 한번에 수행하는 단축키가 바로 이 Ctrl + F5 입니다.

소스 코드가 정확하게 작성되었다면 수행 결과가 화면에 나옵니다. 하지만 만약 소스 코드에 문제가 있다면 어떻게 될까요? 예를 들어 C 언어에서는 명령어의 끝에 세미콜론(;)을 붙여야 하는 문법이 있습니다. 만약 printf( ) 함수를 사용하고 세미콜론을 붙이지 않으면 어떻게 될까요?

우리말이나 영어를 사용하면서 문법에 맞지 않게 글을 쓰거나 말을 할 경우, 상대방은 우리가 전달하고자 하는 의미를 정확하게 파악할 수가 없듯이 프로그래밍도 마찬가지입니다. 컴퓨터가 소스 코드의 의미를 정확하게 파악하지 못한다는 말은 곧 컴파일 과정에서 정확하게 기계어로 번역을 하지 못했다는 뜻입니다. 그리고 기계어로 번역을 못했다는 말은 컴퓨터가 요구하는 규칙이나 문법이 틀렸음을 의미합니다.

그림 1-22 | 소스 코드 문법에 오류가 있을 경우 컴파일 과정에서 버그 발생

컴파일 과정에서 오류가 발생한 것을 버그(bug)가 발생되었다고 하고, 오류를 수정하는 작업을 **디버그**(debug) 또는 **디버깅**(debugging) 과정이라고 합니다.

> **TIP**
> 그림 1-22에서 발생한 버그는 세미콜론(;)을 추가하는 디버깅 과정을 통해 코드를 수정하여 실행할 수 있습니다. 디버깅에 관한 더 자세한 내용은 13장에서 배웁니다.

지금까지 비주얼 스튜디오라는 통합 개발 환경에서 C 언어 코드를 작성한 후 컴파일을 수행하고, 링크와 로더 과정을 거쳐 실행 파일을 수행하는 전 과정을 경험하였습니다. 이제 우리는 초보지만 진정한 개발자입니다. 세상의 그 어떤 위대한 개발자, 공학자, 과학자도 모두 "Hello, World!"를 화면에 출력하는 것부터 시작하였다는 것을 기억하세요. 여러분의 첫 시작을 축하합니다!

2장

기억 상자 만들기
-변수

여러분은 부모님 생일이 언제인지, 올해가 몇 년도인지, 친구랑 몇 시에 약속했는지 같은 다양한 기억을 어디에 저장하나요? 인간은 기억에 관련된 숫자, 문자 등의 정보를 뇌 세포에 저장합니다. 컴퓨터에도 이러한 정보를 저장하는 기억 공간이 있습니다. 바로 '메모리'입니다. 그리고 이런 메모리를 사용하기 위해 컴퓨터 언어에서는 '기억 상자'라고 할 수 있는 변수를 사용합니다. 이번 장에서는 변수에 대해서 차근차근 알아보겠습니다.

컴퓨터가 일을 하고, 명령어를 처리하려면 다양한 정보를 저장해야 합니다. 다시 말해 프로그 래밍을 하려면 값을 저장해 놓기도 하고, 저장된 값을 가져와서 다시 사용하기도 해야 합니다. 여기서 '값을 저장한다'는 말은 컴퓨터에 있는 하드웨어인 '메모리(memory)'에 저장한다는 의 미입니다.

여러분이 평소에 사용하는 컴퓨터나 노트북, 핸드폰에 들어 있는 HDD(Hard Disk Drive), SSD(Solid State Drive)에 대해 들어봤을 것입니다. 이를 포함하여 플래시(flash) 메모리나 SRAM, DRAM 같은 다양한 저장 매체가 모두 '메모리'입니다.

> **TIP** 램(RAM, Random access memory)은 데이터를 일시적으로 저장하는 휘발성 메모리로, 종류에는 정적 램(Static Ram)과 동적 램(Dynamic Ram) 등이 있습니다.

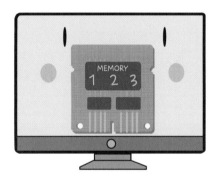

그림 2-1 | 컴퓨터 속 메모리에 정보를 저장

컴퓨터는 모든 정보를 0과 1, 즉 2진수(binary number) 체계로 저장합니다. 숫자와 문자도 0과 1로 저장합니다. 컴퓨터에서 숫자나 문자로 구성된 정보의 값을 저장하려면 정보의 최소 저장 단위인 **비트**(bit)를 사용합니다.

-10, -3, 1, 100처럼 소수점이 없는 숫자를 정수(integer)라고 합니다. 그리고 -10.8, -3.3, 1.7, 100.22처럼 소수점이 있는 숫자를 실수(real number)라고 합니다. 그림 2-2처럼 실수는 정수를 포함하는 개념입니다. 즉, 100은 정수이면서 실수이기도 합니다. 하지만 100.1은 실수 이지만, 정수는 아닙니다.

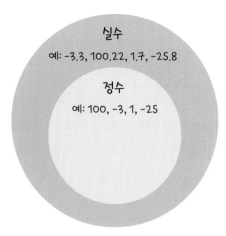

그렇다면 C 언어에서 정수를 저장하고 처리하려면 어떻게 해야 할까요?

쉽게 설명해 보겠습니다. 우진이 방이 장난감과 책 등으로 어질러져 있다면 어떻게 정리해야 할까요? 그림 2-3처럼 장난감을 담는 상자와 책을 담는 상자를 구분해서 만들면 됩니다. 먼저 장난감을 담을 만한 상자를 하나 만들고 '우진이 장난감 상자'라고 쓴 이름표를 붙입니다. 그리고 거기에는 장난감만 넣습니다. 마찬가지로 책을 담을 상자에는 '우진이 책 상자'라고 적어주면 되겠지요.

그림 2-3 | 장난감과 책을 구분해서 정리하는 상자와 정수를 담는 상자 'a'

이와 같이 C 언어에서도 -10, -3, 1, 100 같은 정수만 담으려면 정수만 들어가는 상자, 즉 정수를 저장하는 **변수**(variable)를 생성하면 됩니다. 이를 정수 자료형(data type)을 가진 변수라고 합니다.

우리가 정리함에 '우진이 장난감 상자'라고 이름표를 붙였듯이, C 언어에서 정수 상자를 만들려면 정수 자료형을 가진 변수의 이름이 있어야 합니다. 그리고 정수만 그 변수 안에 들어갈 수 있다고 알려줘야 합니다.

다시 말해서, 상자를 만든다는 것은 변수를 만든다는 것을 의미하고 '변수를 선언한다'라고 표현합니다. 그리고 상자에 장난감만 들어간다고 알려주는 것은 '변수의 자료형을 지정한다'는 것을 의미합니다. 이렇게 하면 지정한 자료형만 변수에 들어갈 수 있습니다.

우리가 상자에 '우진이 장난감 상자'라고 이름을 표시함으로써 수많은 상자 중에서 내가 원하는 상자를 쉽게 찾을 수 있듯이, 변수의 이름을 지정하면 다양한 변수 중에서 내가 원하는 것을 구분해서 사용할 수 있습니다.

그렇다면 그림 2–4처럼 C 언어에서 int a;라고 선언할 때 어떤 일이 일어날까요?

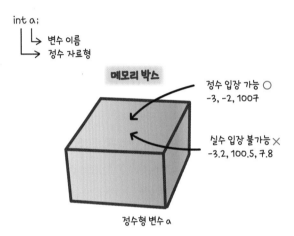

그림 2–4 | 정수 자료형일 경우 정수만 들어갈 수 있음

결론부터 얘기하면 먼저 a라는 이름의 상자가 생기고, 그 안에는 정수를 담을 수 있습니다. 다시 말해 이름이 a인 변수가 생기고 그 변수 안에는 다양한 정수를 저장할 수 있다는 이야기입니다.

int는 integer(정수)의 약자이며 a는 변수의 이름을 의미합니다. 그리고 C 언어에서는 한 가지 명령이 끝나면 ;(세미콜론) 기호를 붙여 명령이 끝났음을 표시합니다. 즉, 명령어의 범위를 표시한다고 보면 됩니다.

int a;라는 C 언어 코드를 만나는 순간을 C 컴파일러가 동작하는 관점에서 설명하겠습니다. 컴퓨터는 스스로 이름이 a라는 메모리 상자를 하나 만듭니다. 여기서 '스스로'라는 의미는 컴퓨터의 컴파일러가 내 컴퓨터에서 사용 가능한 메모리 중에서, 정수를 저장할 수 있는 메모리 상자(memory byte)를 직접 만든다는 의미입니다. 그러면 a라는 이름의 상자는 정수를 저장할 수 있겠지요?

> TIP
> 1장에서 설명했듯이, C 언어를 실행하려면 우리가 텍스트로 작성하여 구성된 C 언어 파일을 0과 1로 구성된 기계어로 변경해야 합니다. 이렇게 C 언어 파일을 컴퓨터가 이해하는 기계어로 변경하는 과정을 '컴파일(compile)'이라고 합니다.

그럼 실제로 a라는 메모리 상자에 숫자 5를 저장하겠습니다. 비주얼 스튜디오에 다음 코드를 입력하고 Ctrl + F5 를 눌러 코드를 실행하세요.

> TIP
> 메뉴를 이용하는 방법도 있습니다. **빌드 → 솔루션 빌드**를 클릭하면 컴파일이 수행됩니다. 컴파일이 정상적으로 수행되었으면 다시 메뉴에서 **디버그 → 디버그하지 않고 시작**을 클릭합니다. 이 과정을 한번에 수행하려면 처음부터 **디버그 → 디버그하지 않고 시작**을 클릭하면 됩니다. 하지만 이보다는 단축키를 이용하는 것이 더 편리할 것입니다.

variable.c

```
#include <stdio.h>

main() {
    int a;           // ❶ 정수형 변수 a를 선언하여 저장 공간을 확보
    a = 5;           // ❷ 확보된 공간에 숫자 5를 저장
    printf("%d", a); // ❸ 변수 a에 저장되어 있는 숫자 5를 화면에 출력
}
```

실행 결과

```
5
```

> TIP
> 실제로 프로그램을 실행하면 검은 창이 뜨면서 숫자 5 옆에 "계속하려면 아무 키나 누르십시오..."라는 메시지가 뜹니다. 책에서는 지면 관계상 이 문구를 생략하였습니다.

결과가 제대로 나왔나요? 아직은 여기에 적힌 코드를 이해하지 못해도 괜찮습니다. 이제부터 천천히 알아갈 테니깐요.

a = 5가 수학(math)에서는 'a는 5와 같다(equal)'를 의미하지만, 컴퓨터 과학(computer science)에서는 '오른쪽에 있는 5를 왼쪽에 있는 a에 넣는다'는 의미입니다. 등호 연산자(=)가 수학에서는 '같다'라는 의미이지만, 컴퓨터 과학에서는 '대입(assignment)'의 의미입니다. 즉, '5를 a에 저장 또는 할당, 대입한다'는 뜻입니다.

> **TIP** 등호 연산자(=)를 포함하여 '연산자'에 대해서는 94쪽 4장에서 자세하게 배웁니다.

정리하자면, a = 5는 정수 5를 정수형 변수 a에 넣으라는 명령입니다. 따라서 그림 2-5와 같이 5라는 숫자가, 이름이 a인 정수형 변수 상자에 들어가게 됩니다.

변수 a를 5로 초기화

정수형 변수 a

> **TIP** 초기화는 2.4절에서 설명합니다.

그림 2-5 | 컴퓨터 과학에서 a = 5의 의미

코드를 정리해 볼까요? 먼저 정수형 변수 a를 선언하여 저장 공간을 확보하고(❶), 해당 공간에 숫자 5를 저장합니다(❷). 그리고 printf( ) 함수를 사용하여 변수 a에 저장되어 있는 숫자를 화면에 출력합니다(❸).

> **TIP** 1장에서 봤던 printf("hello, world!");가 기억나나요? 이것이 바로 printf() 함수입니다. 함수에 대한 자세한 설명은 3장에서 하겠습니다.

1장에서 printf("hello, world!");를 실행했을 때는 큰따옴표("") 사이에 있는 문자 (hello, world!)가 화면에 출력되었습니다. 그러나 변수를 출력할 때는 특별한 형식을 사용합니다.

다음 명령을 실행하면 무슨 글자가 출력될까요?

```
printf("a 변수에 저장된 숫자는 바로바로 %d입니다.", a);
```

여는 큰따옴표(")와 닫는 큰따옴표(") 사이에 있는 문자들이 화면에 출력되겠지요. 하지만 여기서 유일하게 출력되지 않는 것이 있으니 바로 %d입니다.

%d는 **서식 지정자**(format specifier)로, 문자 그대로 출력되지 않고 해당하는 변수의 값이 화면에 출력됩니다. %d라는 서식 지정자를 만나면 바로 뒤를 살펴보세요. 반드시 콤마(,)가 있고 그 뒤에 변수 이름 또는 상수가 보일 것입니다. 여기서는 a가 보이네요.

> **TIP** '상수(constant)'는 변하지 않고 항상 같은 값을 가지는 수를 뜻합니다. 변수는 값을 계속 바꿀 수 있지만 상수는 값이 변하지 않습니다.

즉, 이 명령을 실행하면 %d 서식 지정자에 해당하는 변수 a의 값이 %d 대신에 화면에 출력됩니다. 변수 a에 어떤 값이 저장되어 있느냐에 따라 출력 결과는 달라지겠지요.

참고로 printf는 print format(형식을 출력하다)의 약자입니다. 서식 지정자를 이용해서 출력하는 함수라서 print라는 이름에 format(서식 또는 형식)이 붙은 것입니다.

만약 출력하고자 하는 변수가 여러 개일 때는 변수와 변수 사이를 ,(콤마)로 구분합니다. 물론 여는 큰따옴표(")와 닫는 큰따옴표(") 사이에도 출력하려는 변수의 개수만큼 서식 지정자가 있어야 합니다.

다음 예제 코드를 작성하고 실행하여 직접 결과를 확인하세요.

> **TIP** 책에 소개된 예제 코드를 다운로드해서 사용하는 방법은 9쪽을 참고하세요.

```c
#include <stdio.h>

main() {
    int a;
    int b;

    a = 7;
    b = 5;

    printf("시은이와 우진이를 소개하겠습니다!\n");
    printf("시은이 나이는 %d살이고 우진이 나이는 %d살입니다.\n", a, b);
}
```

실행 결과

```
시은이와 우진이를 소개하겠습니다!
시은이 나이는 7살이고 우진이 나이는 5살입니다.
```

format_1.c에서는 서식 지정자에 해당하는 내용에 a와 b라는 변수를 사용했습니다. 하지만 다음과 같이 상수를 사용하거나 a + b처럼 변수로 구성된 수식을 사용해도 됩니다.

format_2.c

```c
#include <stdio.h>

main() {
    int a;
    int b;

    a = 7;
    b = 5;

    printf("시은이 인형은 %d개이고 우진이 로봇은 %d개입니다.\n", 7, 5);
    printf("시은이와 우진이는 장난감을 %d개 갖고 있습니다.\n", a + b);
}
```

실행 결과

```
시은이 인형은 7개이고 우진이 로봇은 5개입니다.
시은이와 우진이는 장난감을 12개 갖고 있습니다.
```

서식 지정자 %d에 대해 좀 더 자세히 알아봅시다. d는 decimal(10진수)의 약자로, %d는 곧 '10진수로 값을 출력하겠다'는 의미입니다. 10진수는 정수이므로 %d에 해당하는 변수는 반드시 정수형 변수여야만 합니다.

만약 다음과 같이 사용하면 어떻게 될까요?

```
printf("강아지의 몸무게는 %d킬로그램입니다", 5.5);
```

에러가 발생합니다. 5.5는 실수이므로 10진수로 값을 출력하는 서식 지정자 %d로는 표현할 수 없기 때문입니다.

소수점이 있는 실수를 표현하려면 서식 지정자 %f를 사용해야 합니다. 이때 f는 부동 소수점 (floating point)의 약자입니다.

format_3.c
```
#include <stdio.h>

main() {
    printf("우리집 강아지 뭉치의 나이는 %d살입니다.\n", 3);
    printf("우리집 강아지 뭉치의 몸무게는 %f킬로그램입니다.\n", 5.5);
}
```

실행 결과
```
우리집 강아지 뭉치의 나이는 3살입니다.
우리집 강아지 뭉치의 몸무게는 5.500000킬로그램입니다.
```

여기서 잠깐! 변수를 선언하면 컴퓨터 안에 있는 메모리에 저장된다고 했었죠? 이를 메모리 공간 관점에서 좀 더 자세히 설명하겠습니다. C 언어에서는 정수형 변수를 저장하는 데 4바이트의 메모리가 할당됩니다. 코드로 확인해 봅시다.

```
#include <stdio.h>

main() {
    printf("integer가 사용하는 메모리 공간은 %d바이트입니다.", sizeof(int));
}
```

실행 결과

integer가 사용하는 메모리 공간은 4바이트입니다.

sizeof(a)는 a를 저장하는 데 필요한 바이트 수를 알려주는 연산자입니다. 따라서 sizeof(int)는 int 자료형 변수를 저장하는 데 몇 바이트를 사용하는지를 알려줍니다. 실행 결과로 4가 나왔으므로 정수형 변수를 저장하는 데는 4바이트(Byte)의 메모리가 할당됨을 확인할 수 있습니다.

이 코드에서처럼 int 자료형 변수를 선언하면 4바이트, 즉 32비트의 메모리 공간이 생깁니다.

만약 변수 a에 숫자 5를 저장한다고 하면, 그림 2-6처럼 2진수 101로 변환되어 저장됩니다.

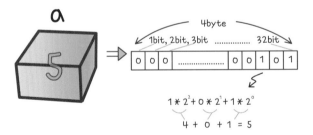

그림 2-6 | int 자료형 변수를 선언하면 4바이트(32비트) 메모리 공간이 생김

컴퓨터가 사용하는 숫자 체계인 2진수

사람이 사용하는 숫자는 0~9까지이며 10진수라고 합니다. 하지만 컴퓨터는 0과 1 두가지 숫자, 즉 2진수만 사용합니다. 컴퓨터는 '전기가 켜졌다' 또는 '전기가 꺼졌다'와 같이 두 가지 상태로 표시할 수 있으며, 다양한 문제를 모두 0과 1로만 표현하고 해결합니다. 2진수는 0과 1만 사용 가능하므로 0, 1, 10, 11, 100과 같은 순서로 표시됩니다. 0은 10진수로 0을 의미하고, 1은 10진수로 1을 의미합니다. 2진수 1에 1을 더하면 자릿수가 넘어가면서 10이 되고, 이 숫자는 10진수로 2를 의미합니다. 마찬가지 원리로 2진수 10에 1을 더하면 11이 되고, 이는 10진수로 3에 해당합니다. 2진수 11에 1을 더하면 100이 되고 이는 10진수로 4가 됩니다.

2.4 중복 사용 피하기: 변수 선언과 동시에 초기화

int a;는 앞서 설명한 바와 같이 정수를 담을 수 있고, 이름이 a인 변수를 만드는 명령입니다. 즉, '정수형 변수 a를 선언한다'고 말합니다. 그리고 a = 5;는 처음으로 5라는 값을 변수 a에 저장한 것이므로 '변수 a를 초기화한다'고 말합니다.

```
int a;      // 정수형 변수 a 선언
a = 5;      // 변수 a 초기화
```

이 두 줄을 다음과 같이 한 줄로 변경할 수 있습니다.

```
int a = 5;     // 정수형 변수 a 선언과 동시에 초기화
```

이를 '변수 a를 선언과 동시에 정수 값 5로 초기화한다'고 말합니다. 그럼 정수형 변수 5개를 각각 a, b, c, d, e라는 이름으로 선언하겠습니다.

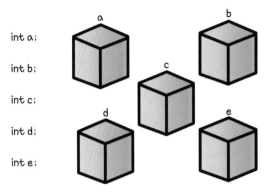

int a;

int b;

int c;

int d;

int e;

그림 2-7 | 정수형 변수 5개를 a, b, c, d, e라는 이름으로 선언

그림 2-7은 정확하게 5개의 변수를 지시한 이름으로 선언한 것이 맞습니다. 그러나 컴퓨터 프로그래밍 언어는 보통 같은 단어를 반복해서 사용하는 것을 피하려는 경향이 있습니다. 그러므로 같은 단어들이 반복 사용되는 것을 줄이는 방법을 프로그래밍 언어에서 제공하기 마련입니다. 5개의 변수 선언 예에서 중복 사용된 것은 무엇일까요?

네, 바로 int라는 자료형 선언 부분입니다.

이 다섯 줄을 다음과 같이 한 줄로 줄일 수 있습니다. 콤마(,)를 사용하여 5개의 정수형 변수를 한번에 선언하는 것입니다.

```
int a, b, c, d, e;    // 정수형 변수 a, b, c, d, e 선언
```

그럼 다음과 같은 코드도 가능할까요?

```
int a = 3;    // 정수형 변수 a를 3으로 초기화
int b, c;     // 정수형 변수 b, c 선언.
```

첫 번째 줄은 정수 a를 선언과 동시에 3으로 초기화한 것이고, 두 번째 줄은 정수형 변수 b와 c를 동시에 선언한 것입니다.

이 또한 다음과 같이 한 줄로 줄일 수 있습니다.

```
int a = 3, b, c;    // 정수형 변수 a를 3으로 초기화하고 b, c를 선언
```

이처럼 변수 a는 선언과 동시에 초기화하고, 변수 b, c는 선언만 할 수도 있습니다.

이와 같은 원리를 적용하면, 그림 2-8처럼 10줄 짜리 코드를 한 줄로 줄일 수도 있습니다.

```
int a;                int a, b, c, d, e;        int a, b, c, d, e;         int a=1, b=2, c=3, d=4, e=5;
int b;      ⇒        a = 1;          ⇒       a=1, b=2, c=3, d=4, e=5;   ⇒
int c;                b = 2;
int d;                c = 3;
int e;                d = 4;
a = 1;                e = 5;
b = 2;
c = 3;
d = 4;
e = 5;
```

그림 2-8 | 프로그래밍 언어는 중복 사용된 것을 최대한 줄여서 작성하는 방법을 제공

2.5 컴퓨터는 얼마나 큰 숫자를 저장할 수 있을까 : 변수의 저장 범위

C 언어에서는 int 자료형으로 얼마나 큰 정수를 표현할 수 있을까요? 예제 코드를 보면서 설명하겠습니다.

int_size.c

```
#include <stdio.h>

main() {
    int a, b, c, d;

    a = 2147483647;
    b = 2147483648;
    c = -2147483648;
    d = -2147483649;

    printf("a = %d\n", a);
    printf("b = %d\n", b);
```

```
    printf("c = %d\n", c);
    printf("d = %d\n", d);
}
```

a = 2147483647

b = −2147483648

c = −2147483648

d = 2147483647

> **TIP** 비주얼 스튜디오에서 이 코드를 실행하면 오류가 발생합니다. 정상적이지 않은 값을 유도하기 위해 처음부터 변수의 범위를 넘어서는 값을 초기화하였기 때문입니다.

실행 결과를 자세히 보면 a와 c는 정상적으로 결과가 나왔지만, b와 d는 정확한 값으로 출력되지 않았습니다. 왜 이런 현상이 발생했을까요?

int는 정수를 저장하는 데 필요한 메모리 공간을 4바이트 사용한다고 하였습니다. 설명한 바와 같이 컴퓨터는 모든 정보를 0과 1, 즉 2진수로 처리합니다. 이때 0 또는 1을 저장할 수 있는 메모리 공간을 비트(bit)라고 합니다. 비트는 컴퓨터가 정보를 저장하는 최소 공간으로, 8개의 비트가 모인 공간을 바이트(byte)라고 합니다. 그러므로 4바이트는 32비트와 같습니다. 1비트로 표현 가능한 숫자는 0과 1 두 개뿐입니다. 2비트로 표현 가능한 숫자는 2진수 00, 01, 10, 11, 즉 10진수로 0, 1, 2, 3을 표현하고 저장할 수 있습니다. 확장하여 3비트일 때는 어떨까요? 000, 001, 010, 011, 100, 101, 110, 111, 즉 정수 0~7까지 총 8개의 정수를 표현하고 저장할 수 있습니다. 그러므로 n비트로 저장 가능한 숫자의 범위는 **0 ~ 2^n(n은 비트의 개수) − 1**까지 입니다.

표 2-1 | 비트 개수에 따른 메모리 저장 가능 범위

비트 개수	저장 가능 범위			
	메모리	저장 가능 개수	저장 숫자 범위	
1비트	0, 1	2	0과 1	$0 \sim (2^1 - 1)$
2비트	00, 01, 10, 11	4	0~3	$0 \sim (2^2 - 1)$
3비트	000, 001 010, 011 100, 101 110, 111	8	0~7	$0 \sim (2^3 - 1)$
...		...	...	...

n비트	000 .... 00 000..... 01 .... 111 11	2^n	$0 \sim (2^n - 1)$

예를 들어, 4바이트로 표현할 수 있는 숫자를 계산해 볼까요? 4바이트는 32비트이므로 양의 정수로만 표현할 수 있는 숫자는 4,294,967,296($=2^{32}$)개 입니다. 그런데 모든 정수는 양수, 0과 음수까지 포함합니다. 따라서 음수까지 범위를 넓힌다면 32비트로 표현할 수 있는 정수의 범위는 4,294,967,296 / 2 = 2,147,483,648로 나누어, $-$2,147,483,648부터 2,147,483,647까지입니다. 다시 말해 이 범위를 넘어서는 정수는 int 자료형을 사용해서 저장할 수 없습니다.

만약 변수가 저장할 수 있는 범위를 넘어서는 수를 저장하면 어떻게 될까요? 이럴 경우 **오버플로**(overflow)가 발생했다고 합니다. 예를 들어 0~9까지만 저장할 수 있는 자료형이 있다고 가정하겠습니다. 이 자료형에 10을 저장하려고 하면 오버플로가 발생하여, 10은 저장하지 못하고 다시 처음 숫자인 0으로 되돌아가 저장됩니다. 즉, 0 → 1 → 2 → 3 → 4 → 5 → 6 → 7 → 8 → 9 → 0 → 1...과 같이 숫자가 반복된다고 생각하면 됩니다.

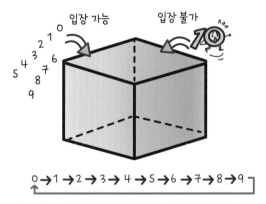

그림 2-9 | 0~9까지만 저장 가능한 자료형에 10은 못 들어감(오버플로의 예)

int_size.c 코드 실행 결과를 다시 보면, 변수 b와 d는 오버플로가 발생하여, 다시 처음으로 돌아간 값인 b=-2147483648과 d=2147483647이 출력된 것입니다.

그렇다면 범위를 넘어서는 정수는 저장할 수 없는 걸까요? 아닙니다. C 언어는 큰 숫자를 표현할 수 있도록 long이라는 또 다른 정수 자료형을 제공합니다. long 자료형은 4바이트의 두 배인 8바이트를 사용하여 정수를 담을 수 있는 상자라고 생각하면 됩니다. 하지만 이 책에서 C

프로그램을 만드는 동안에는 4바이트 이상으로 표현이 필요한 큰 숫자는 다루지 않을 예정이므로 long 자료형에 대한 설명은 생략하겠습니다.

> **TIP**
> 64비트 운영체제에서 long 자료형은 8바이트이나, 예외로 윈도 운영체제에서는 4바이트로 사용됩니다.

2.6 내 키를 정확하게 저장하기: 실수 자료형

지금까지 C 프로그램에서 변수를 선언할 때는 int 자료형을 사용하여 정수만 담을 수 있는 변수를 선언하였습니다. 그렇다면 실수를 담는 자료형은 무엇일까요?

우선 다음 코드를 실행해 봅시다.

```
float_1.c
#include <stdio.h>

main() {
    int height = 185.7;
    printf("우진이 키는 %dcm입니다.", height);
}
```

실행 결과
```
우진이 키는 185cm입니다.
```

이 프로그램의 결과를 확인하면 우진이 키가 정확하게 나오지 않았습니다. 분명 코드에는 185.7이라고 작성하였는데 185까지만 출력이 되었습니다. 왜 그럴까요?

그 이유는 정수를 담을 수 있는 상자인 height를 만들었는데 정수가 아닌 실수 185.7을 담으려 했기 때문입니다. 따라서 0.7은 들어오지 못하고, 소수점 이하 자리는 잘리고 185까지만 출력된 것입니다. 이 문제를 해결하려면 height 변수에 실수를 담을 수 있는 자료형을 선언해야 오류가 없어질 것입니다.

실수 자료형은 float와 double을 사용합니다. float 자료형은 4바이트 크기의 메모리를 사용하고 double 자료형은 말 그대로 두 배인 8바이트 크기의 메모리를 사용하여 실수를 저장합니다. 그러므로 double이라고 자료형을 사용하면 float보다 두 배 큰 값의 실수를 저장할 수 있습니다.

```
double height = 185.7;   // 실수 자료형인 double로 수정
```

이처럼 실수 자료형 double을 사용하여 선언과 동시에 초기화하고 다시 한번 프로그램을 수행해 볼까요?

우진이 키는 1610612736cm입니다.

정수 자료형 int를 실수 자료형 double로 올바르게 바꿨는데도 결과가 185.7이 아닌 이상한 값이 나왔네요! 이 오류의 원인은 서식 지정자를 잘못 사용하였기 때문입니다. 실수 변수에 해당하는 서식 지정자는 %f입니다. 서식 지정자를 %d가 아닌 %f로 수정해서 프로그램을 실행하면 결과가 제대로 나올 것입니다. 보통 float 자료형은 형식 지정자 %f를 사용하고, double 자료형은 %lf를 사용합니다. lf는 long float의 약자입니다.

float_2.c
```
#include <stdio.h>

main() {
    double height = 185.7;

    printf("우진이 키는 %fcm입니다.", height);   // 서식 지정자를 %f로 수정
}
```

실행 결과
우진이 키는 185.700000cm입니다.

여러분은 혹시 계산기에서 엄청나게 큰 숫자, 예를 들어 100조를 표현해 본 적이 있나요?

이 값을 입력하려면 100,000,000,000,000라고 표현하지 못하고 1.0e+14로 표현되는 것을 본 경험이 있을 것입니다.

그림 2-10 | 계산기에 100조를 입력했을 경우

100조는 0이 14개입니다. 하지만 자그마한 계산기 화면에 100,000,000,000,000라는 큰 수를 표현하기에는 공간의 제약이 있으므로 지수(exponent) 형식으로 표현하는 것입니다. C 언어에서도 서식 지정자 %e를 사용하여 지수 형식으로 표현할 수 있습니다. 코드를 직접 확인하세요.

exponential.c
```c
#include <stdio.h>

main() {
    double a = 100000;

    printf("a 변수를 소수점 형태로 표현하면 %f입니다\n", a);
    printf("a 변수를 지수 형태로 표현하면 %e입니다\n", a);
}
```

실행 결과
```
a 변수를 소수점 형태로 표현하면 100000.000000입니다.
a 변수를 지수 형태로 표현하면 1.000000e+05입니다.
```

지금까지 숫자 자료형인 정수와 실수를 C 언어에서 저장하고 표현하는 방법에 대해 알아봤습니다. 숫자를 저장하려면 자료형이 정수 또는 실수인 변수의 이름을 짓고 선언하여, 저장할 메모리 공간을 확보한 후, 저장하고 싶은 값을 대입하면 된다고 했습니다. 그러면 저장하려는 숫자는 2진수로 변환되고, 2진수로 변환된 값은 메모리 공간에 비트 단위로 저장됩니다.

그렇다면 C 언어에서 'A'라는 문자(character) 하나를 저장하려면 어떻게 할까요?

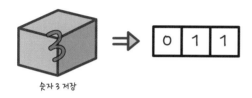

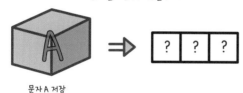

그림 2-11 | 문자는 2진수로 변환할 수 없음

문자는 0 또는 1로 이루어진 2진수로 변환되지 않습니다. A라는 알파벳 문자뿐만 아니라 !, @, #, $, %, ^, &, * 같은 특수 문자도 마찬가지입니다. 컴퓨터의 모든 정보는 0과 1로 저장되므로 2진수로 변환되지 않으면 아예 메모리에 저장할 수가 없습니다. 이 문제를 해결하려면 어떻게 해야 할까요?

저장하려는 문자에 해당하는 숫자를 각각 지정하고, 메모리에 저장할 때는 그 숫자를 비트 단위로 바꾸어 저장하면 문제가 해결될 것 같습니다.

그림 2-12 | 문자에 해당하는 숫자를 지정할 경우 문제가 발생

그런데 문자에 해당하는 숫자는 어떤 규칙으로 지정해야 할까요? 만약 사람마다 각자 방식대로 지정해서 저장하면 어떻게 될까요? 서로 다른 방식으로 저장했으므로 문자를 교환하는 데 문제가 발생하겠죠. 그러므로 문자를 숫자로 표현하려면 전 세계 사람이 공통으로 지켜야 할 표준 규격이 필요합니다. 이것이 바로 **아스키 코드**(ASCII code: American Standard Code for Information Interchange)입니다.

TIP 1960년대에 컴퓨터 과학이 상대적으로 발전했던 미국에서, 각 문자에 해당하는 정숫값을 표로 나타내고 이를 '아스키 코드'라고 제정하였습니다.

그림 2-13 | 문자를 숫자로 표현할 때 전 세계 사람이 지켜야 할 표준 규격인 아스키 코드

예를 들어, 표 2-2와 같이 A 문자를 10진수 숫자 65로 사용하고 !(느낌표)는 10진수 33으로 사용하자고 정리한 것이 바로 아스키 코드입니다.

표 2-2 | 아스키 코드 표의 예

아스키 코드 표	
문자	숫자
A	65
W	87
O	79
#	35
!	33
*	42
...	

키보드에 있는 모든 문자는 각각 정해진 값으로 대응됩니다. 아스키 코드를 외우지 않아도 필요할 때마다 코드 표를 찾아보면 됩니다. 아스키 코드로 약속을 했으니, 이제 전 세계 모든 사람이 'A'라는 문자를 저장할 때 10진수 65로 저장하면 됩니다.

우리는 앞서 정수를 저장할 때 int라는 정수 자료형을 사용한다고 배웠습니다. 그러면 문자도 똑같이 int를 사용하면 될까요? C 언어에서는 다른 자료형과 구별하기 위해서 문자 변수(character variable)를 저장할 수 있는데 자료형인 char를 제공합니다.

그러면 문자형 변수 a를 선언하고 해당되는 문자 A를 저장하겠습니다.

그림 2-14 | 문자는 아스키 코드 대응 표를 참고하여 숫자로 저장

이렇게 선언하면 문자를 저장할 수 있는 메모리 상자가 생성되고, 여기에 65라는 숫자를 넣으면 문자를 저장하는 상자가 되는 것입니다. 그러면 컴퓨터는 아스키 코드 표에 따라 '아~ 여기는 문자 A가 저장되는 곳이구나!'라고 생각합니다.

하지만 다음과 같이 선언하면 컴퓨터는 숫자로 인식합니다. 문자와 숫자의 차이가 이해되나요?

```
int b;      // 정수형 변수 b를 선언
b = 65;     // 숫자 65를 저장
```

그림 2-15 | 숫자를 저장하는 메모리 상자(65는 숫자 65)

특수 문자라도 이렇게 아스키 코드를 이용해서 저장할 수 있습니다. 예를 들어 문자 #을 문자형 변수 a에 저장하고 싶다면, 아스키 코드 값(# = 35)을 참조하여 다음과 같이 문자형 변수를 선언하고 초기화하면 됩니다.

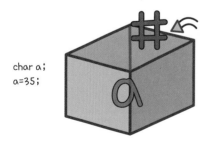

그림 2-16 | 특수 문자 #의 선언과 초기화

이제 문자형 변수 a에 저장된 문자 #을 문자 A로 변경해서 저장하겠습니다.

```
char a = 35;
a = 65;
```

그런데 이렇게 문자형 변수를 매번 초기화하고 저장할 때 문자에 해당하는 아스키 코드 값(# = 35, A = 65)을 찾아서 입력해야 한다면 상당히 번거롭겠죠. 그래서 C 언어에서는 아스키 코드 값 대신에 문자 자체를 변수에 저장하는 방식을 제공합니다.

```
char a = 35;
char a = '#';
```

이 두 줄은 같은 코드입니다. 작은따옴표(' ') 사이에 저장할 문자(여기서는 #)를 표기합니다. 그러면 해당하는 아스키 코드 값(여기서는 35)이 변수에 저장됩니다.

숫자 자료형인 정수형 변수와 실수형 변수는 각각 서식 지정자로 %d와 %f를 사용했던 것을 기억하나요? 마찬가지로 문자형 변수는 character(문자)의 약자인 c에 해당하는 서식 지정자 %c를 사용하여 출력합니다.

ascii.c
```
#include <stdio.h>

main() {
    char a = 35;    // 아스키 코드 값 35
    char b = '#';   // 문자 #을 저장

    printf("a 변수에 저장되어 있는 문자는 %c입니다.\n", a);
    printf("b 변수에 저장되어 있는 문자는 %c입니다.\n", b);
}
```

실행 결과
```
a 변수에 저장되어 있는 문자는 #입니다.
b 변수에 저장되어 있는 문자는 #입니다.
```

2.8 문자를 숫자로 바꾸기: 서식 지정자 %c와 %d

서식 지정자 %d를 사용하여 문자형 변수를 출력하면 아스키 코드 값에 해당하는 숫자로 출력됩니다. 물론 %c를 사용해도 문자 그 자체로 출력됩니다.

format_4.c

```c
#include <stdio.h>

main() {
    char a = 65;    // 아스키 코드 값 65에 해당하는 문자 저장
    char b = '#';   // 문자 # 저장

    printf("변수 a는 %c 문자입니다.\n", a);
    printf("변수 a의 아스키 코드 값은 %d입니다.\n", a);

    printf("변수 b는 %c 문자입니다.\n", b);
    printf("변수 b의 아스키 코드 값은 %d입니다.\n", b);
}
```

실행 결과

```
변수 a는 A 문자입니다.
변수 a의 아스키 코드 값은 65입니다.
변수 b는 # 문자입니다.
변수 b의 아스키 코드 값은 35입니다.
```

그러면 다음 두 변수의 차이는 무엇일까요? 똑같은 3일까요?

```c
int a = 3;
char b = '3';
```

첫 번째 줄에서는 정수형 변수 a를 선언하고 정수 3을 저장했습니다. 두 번째 줄에서는 문자형 변수 b를 선언하고 문자 '3'을 저장하였습니다. 똑같은 3처럼 보이지만 서로 다른 자료형인 것이지요. 즉, 변수 a는 정수 숫자 3을 저장하고 있는 것이고, 변수 b는 3이라는 문자를 저장한 것입니다.

예를 들어 정수 3과 3을 더하면 당연하게 결과는 6입니다. 그러나 '3'이라는 문자와 '3'이라는 문자를 더한다면 무엇일까요? '3'+'3'은 문자 '33'이 됩니다. 프로그래밍 언어에서 문자와 문자를 더한다는 것은 문자와 문자를 붙인다는 의미이기 때문입니다.

참고로 int 자료형은 4바이트의 저장 공간이 할당되어 정수가 저장됩니다. 반면 문자를 저장하기 위한 자료형인 char는 1바이트의 저장 공간이 할당됩니다. 1바이트는 8비트이므로 1바이트가 저장할 수 있는 숫자의 개수는 2^8 = 256입니다. C 언어에서는 1바이트를 사용하여 문자를 저장하므로, 표현할 수 있는 문자의 개수는 256개입니다.

2.9 고장 난 메모리 상자: 변수 사용 시 주의점

다음 코드는 정상적으로 수행될까요?

```
check_1.c
#include <stdio.h>

main() {
    a = 3;
    printf("변수 a의 값은 %d입니다\n", a);
}
```

실행 결과
error C2065: 'a': 선언되지 않은 식별자입니다.

정상적으로 수행되나요? 아마 에러가 발생할 것입니다. 왜 그럴까요?

a라는 변수를 3으로 초기화하려는데 앞서 a 변수가 선언되지 않았습니다. 선언되지 않았다면 메모리에 정보를 저장할 공간이 확보되지 않았다는 것이고, 따라서 a라는 변수는 사용할 수 없습니다. a라는 변수를 선언하지 않고는 초기화할 수가 없습니다. 사실 선언되지 않은 a는 변수라고 할 수조차 없습니다. 즉, 변수는 사용하기 전에 반드시 선언되어야 합니다.

다음 코드도 실행해 볼까요?

```
#include <stdio.h>

main() {
    int a;

    printf("변수 a의 값은 %d입니다\n", a);
}
```

error C4700: 초기화되지 않은 'a' 지역 변수를 사용했습니다.

이 코드 역시 에러가 발생하거나 의도하지 않은 결과가 나옵니다. 왜 그럴까요? 정수형 변수 a를 선언하여 4바이트 공간을 할당했지만, 값을 초기화하지 않은 상태에서 변수 a의 값을 출력하려고 했기 때문에 컴파일 에러가 발생한 것입니다.

TIP 어떤 컴파일러에서는 초기화하지 않은 정수 변수는 기본값을 0으로 간주하고 0을 출력하기도 합니다.

다음 예제처럼 변수의 초기화는 변수의 선언과 동시에 해도 되고, 변수 선언 후에 해도 됩니다. 하지만 변수를 사용하기 전에는 반드시 초기화해야 한다는 점을 꼭 기억하세요!

```
#include <stdio.h>

main() {
    int a = 3;    // 변수의 선언과 동시에 초기화
    int b;        // 변수 선언

    b = 7;        // 변수 선언 이후에 초기화

    printf("a의 값은 %d이고 b의 값은 %d입니다", a, b);
}
```

a의 값은 30고 b의 값은 7입니다.

변수 이름을 정할 때는 몇 가지 규칙이 있습니다. 해당되는 규칙을 지키지 않으면 컴파일 단계에서 에러가 발생합니다.

1 | 변수 이름은 문자나 숫자 또는 _(밑줄)로 구성할 수 있으나 숫자로 시작할 수는 없습니다.

   예 int a3;(가능), int 3a;(불가능), int _a3;(가능), int _3a;(가능)

2 | 변수 이름은 대/소문자를 구분합니다.

   예 int a;와 int A;는 서로 다른 변수입니다.

3 | C 언어에서 예약어 키워드는 사용할 수 없습니다.

   예 int float;(불가능), double int;(불가능)

4 | 특수 문자는 변수 이름에 들어갈 수 없습니다.

   예 int man$age;(불가능)

2.10 이박사와 함께 생각하는 C 언어 : 변수와 뉴턴의 운동 법칙

본문에서 설명했듯이 숫자나 문자를 저장하려면 변수를 선언해야 합니다. 변수를 선언할 때 저장하려는 데이터가 숫자인지 문자인지, 숫자일 경우 정수인지 실수인지, 아주 큰 숫자인지 상대적으로 작은 숫자인지에 따라 다양한 자료형을 선택해야 합니다. 이렇게 다양한 자료형이 존재하는 이유가 무엇인지 이박사와 함께 생각해 볼까요?

> TIP '이박사와 함께 생각하는 C 언어' 절에서는 본문에서 한 걸음 더 나아간 심화 내용을 다룹니다. 따라서 내용이 조금 어렵게 느껴진다면 해당 내용을 건너뛰고 책 전체를 학습한 후에 다시 읽어볼 것을 권장합니다.

그림 2-17 | 다양한 자료형이 필요한 이유

우리가 지금 저장하려는 변수가 전교생 수라고 생각해 보겠습니다. 사실 요즘은 전교생이 정말 많아도 1000명이 넘기 어려우므로, 이는 상대적으로 큰 숫자가 아닙니다. 저장하려는 숫자가 크지 않으므로 int 자료형을 사용하여 4바이트만 할당해도 충분한데, 굳이 long 자료형을 사용해서 8바이트를 할당하는 것은 메모리 낭비입니다. 그러므로 이럴 땐 long보다는 int를 사용하는 것이 바람직합니다.

보다 정확하게 코딩하면, 학생의 수는 음수가 될 수 없고 2바이트 메모리 공간으로도 충분히 저장할 수 있으므로 unsigned short라는 자료형을 사용하여 저장하는 것이 더 바람직합니다 (이 내용은 배우지 않았으므로 참고로만 알아 두세요).

메모리가 충분하다고 생각하면서 소프트웨어를 개발하는 것은 좋은 프로그래머라 할 수 없습니다. 예를 들어, 우리가 사용하는 다양한 전자제품 안에는 각 제품의 특성에 맞게 개발된 프로그램이 수행됩니다.

그림 2-18 | 각 제품의 특성에 맞게 개발된 프로그램이 들어간 전자제품

냉장고나 세탁기 안에도 프로그램이 코딩된 메모리가 들어갑니다. 컴퓨터와 다르게 이러한 전자제품의 경우 개발자가 사용할 수 있는 메모리 양이 제한되어 있습니다. 그러므로 1바이트라도 아껴서 코딩할 필요가 있습니다.

따라서 변수 하나를 선언하더라도 저장하고자 하는 값의 범위를 생각하고, 그에 맞는 자료형을 선택하여 메모리 사용을 최소화하는 쪽으로 코딩을 해야 합니다.

이처럼 변수에 대한 기본 지식만 있어도 상황에 맞는 바람직한 코딩을 할 수 있습니다. 지금부터 변수 자리 바꾸기, 즉 **스와핑**(swapping)을 활용한 코딩을 같이 해 봅시다.

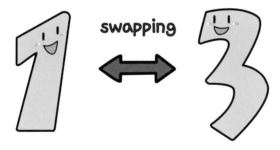

그림 2-19 | 두 변수의 자리 바꾸기

미션 1: 두 변수의 값 교환하기

정수형 변수 a와 b, 두 개를 선언하고 각각 10과 20을 저장합니다. 그리고 각 변수의 값을 출력합니다. 그다음 변수 a와 b의 값을 서로 교환해서 저장하고 다시 변수의 값을 출력하는 프로그램을 만들어 보세요.

> TIP
> 문제가 요구하는 것이 무엇인지 먼저 생각한 후에 코딩해 보세요!

```
#include <stdio.h>

main() {
    int a = 10;    // a 변수 선언과 동시에 10으로 초기화
    int b = 20;    // b 변수 선언과 동시에 20으로 초기화

    printf("a의 값은 %d이고 b의 값은 %d입니다.\n", a, b);

    a = 20;        // ❶ a 변수 값 변경
    b = 10;        // ❷ b 변수 값 변경

    printf("a의 값은 %d이고 b의 값은 %d입니다.\n", a, b);
}
```

실행 결과

a의 값은 10이고 b의 값은 20입니다.
a의 값은 20이고 b의 값은 10입니다.

미션을 제대로 수행하였나요? 그러면 한 가지 더 생각해 보겠습니다. ❶~❷와 같이 직접적으로 값을 지정하여 변경하지 않고, 미션을 수행하려면 어떻게 해야 할까요?

```
#include <stdio.h>

main() {
    int a = 10;    // a 변수 선언과 동시에 10으로 초기화
    int b = 20;    // b 변수 선언과 동시에 20으로 초기화
    int temp;      // 변수 값을 교환하기 위해 임시로 값을 저장할 변수 선언

    printf("a의 값은 %d이고 b의 값은 %d입니다.\n", a, b);

    temp = a;
    a = b;
    b = temp;

    printf("a의 값은 %d이고 b의 값은 %d입니다.\n", a, b);
}
```

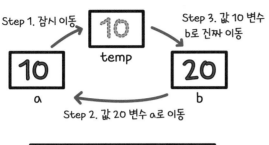

그림 2-20 | 변수 a의 값과 b의 값을 교환하는 원리

첫 번째 방법은 초기화를 한 변수에 직접 다시 값을 저장하여 변수의 값을 변경하는 방식이었습니다. 두 번째 방법은 또 다른 변수 temp를 선언하여 그림 2-20의 Step 1~3을 거쳐 변수 a와 b의 값을 서로 교환하였습니다. 여러분이 보기에는 어느 방법이 더 바람직해 보이나요? 스스로 생각해 보세요.

미션 2: 포탄의 세기 계산하기

이번에는 군사 과학 전략가가 되어 미션을 해결해 보겠습니다. 현재 개발 중인 A와 B 두 종류의 포탄이 있습니다. A 포탄은 무게가 10.5이고, 날아가는 가속도는 8.4입니다. B 포탄은 무게가 12.2이고, 날아가는 가속도는 6.3입니다. A 포탄이 B 포탄보다 몇 배 더 셀까요? 코딩으로 결과를 확인해 보세요. 단, 포탄의 무게와 가속도에 해당하는 단위는 생략합니다.

문제를 풀려면 만유인력의 법칙으로 유명한 아이작 뉴턴(Isaac Newton)의 운동 제2법칙을 알고 있어야 합니다. 뉴턴의 운동 제2법칙은 '힘과 가속도의 법칙'이라고도 하며, '물체의 가속도는 그 물체에 작용하는 힘의 크기에 비례하고 물체의 질량에는 반비례한다.'는 법칙입니다. 이를 공식으로 표현하면 다음과 같습니다.

Force(힘) = mass (질량) x acceleration(가속도)

포탄의 세기는 '힘'이라고 할 수 있습니다. A 포탄의 힘은 10.5(포탄 무게) × 8.4(포탄이 날아
가는 가속도)이므로 88.2가 됩니다.

그럼 문제가 요구하는 것을 생각해 보고 직접 코딩해 보세요!

```c
DR_think_3.c

#include <stdio.h>

main() {
    double force_a;     // a 포탄의 힘, 세기
    double force_b;     // b 포탄의 힘, 세기
    double ratio;

    force_a = 10.5*8.4;
    force_b = 12.2*6.3;

    ratio = force_a / force_b;

    printf("a 포탄의 힘은 %f, b 포탄의 힘은 %f입니다.\n", force_a, force_b);
    printf("a 포탄이 b 포탄보다 %f배 더 셉니다.\n", ratio);
}
```

실행 결과

a 포탄의 힘은 88.200000, b 포탄의 힘은 76.860000입니다.
a 포탄이 b 포탄보다 1.147541배 더 셉니다.

C 언어에서 사용하는 변수의 기본에 대해 알아보았습니다. 이로써 여러분은 변수를 선언하여
숫자도 저장할 수 있고, 문자도 저장할 수 있습니다. 앞으로는 저장된 여러 변수를 사용해 다양
한 연산은 물론, 더 복잡한 정보도 저장할 수 있습니다.

다음 장에서는 변수의 기본 지식을 바탕으로 변수의 저장 범위를 함수의 개념과 함께 알아보겠
습니다. 무슨 말인지 모르겠다고요? 다양한 예제와 함께 살펴보면 확실히 이해할 수 있으니 미
리 걱정하지 않아도 됩니다!

3장

마법 상자 만들기
- 함수

더운 여름에 자판기에서 뽑아 먹는 시원한 음료수는 아주 꿀 맛입니다. 이러한 자판기에는 입력과 출력이 있습니다. 입력 은 동전이나 지폐이고, 출력은 음료수입니다. 이렇게 입력을 하면 유의미한 결과가 출력되어 나오는 것이 함수의 성질입니 다. 그러므로 자판기도 함수라고 할 수 있습니다. 그럼 C 언 어에서는 함수를 어떻게 정의하고, 입력과 출력은 어떻게 처리하는지 알아볼까요?

컴퓨터가 이해하고 알아들을 수 있는 프로그래밍 언어로 프로그램을 작성하는 것을 '컴퓨터 프로그래밍', 즉 '코딩'이라고합니다. 프로그래밍 언어의 종류에는 우리가 배우는 C 언어 외에도 다양한 언어가 있습니다. 예를 들어 교육용 프로그래밍 언어인 스크래치(Scratch), 전 세계에서 개발자들이 많이 사용하는 앱 또는 유틸리티 개발 언어인 자바(Java)와 파이썬(Python) 등이 있습니다.

그림 3-1 | 다양한 컴퓨터 프로그래밍 언어

그중에서 C 언어는 구조적 프로그래밍(Structured Programming) 언어입니다. 구조적 프로그래밍 언어에는 몇 가지 특징이 있습니다.

첫째, 프로그래밍의 흐름이 순차적이어야 합니다. 여기서 '순차적'이란 다음 그림과 같이 프로그래밍 진행 순서가 위에서 아래로 흘러가면서 순서대로 실행된다는 의미입니다.

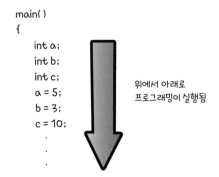

```
#include <stdio.h>

main( )
{
    int a;
    int b;
    int c;
    a = 5;
    b = 3;
    c = 10;
     .
     .
     .
```

위에서 아래로
프로그래밍이 실행됨

그림 3-2 | 순차적 프로그래밍의 예

구조적 프로그래밍의 두 번째 특징은 조건에 따른 분기(conditional branch)를 통해 흐름을 제어할 수 있어야 한다는 것입니다.

TIP 6장에서 C 언어에서 조건문을 통해 흐름을 제어하는 방법을 배웁니다.

즉, 다음과 같이 순차적으로 실행되다가 조건을 만나서 프로그래밍의 흐름이 나뉘기도 하고, 또 다시 합쳐지기도 하는 프로그래밍이 가능해야 합니다.

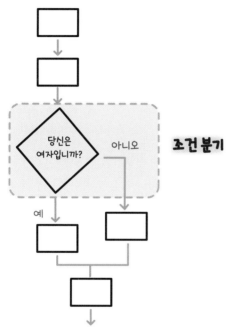

그림 3-3 | 조건에 따른 분기의 예

구조적 프로그래밍의 세 번째 특징은 반복문(iteration)을 사용해서 프로그래밍의 흐름을 반복하여 수행할 수 있다는 것입니다.

TIP 7장에서 반복문을 통해 흐름을 제어하는 방법을 배웁니다.

즉, 다음과 같이 프로그래밍의 흐름이 순차적으로 진행되다가 어떤 부분에서는 반복적으로 일을 수행하면서 진행할 수 있어야 합니다.

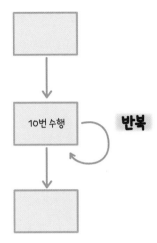

그림 3-4 | 반복을 통한 흐름 제어의 예

구조적 프로그래밍의 네 번째 특징은 특정한 기능을 모듈화(module)할 수 있어야 한다는 것입니다. '모듈화'란 프로그래밍에서 별도의 기능을 함수(function)로 구현한다는 의미입니다.

C 언어의 코드는 모두 함수들로 이루어져 있습니다. 우리가 지금까지 작성한 C 언어 코드는 main()이라는 함수 안에서 작성하였습니다. 즉, C 언어는 하나 이상의 함수로 이루어져 있으며 처음 코드를 수행하는 시작 지점은 main() 함수부터입니다.

그렇다면 함수란 무엇일까요? 함수는 '마법 상자'라고 생각하면 됩니다. 어떠한 상자에 정보를 넣으면 우리가 원하는 결과가 나타나는 상자입니다. 예를 들어 어떤 상자에 임의의 값을 넣으면 10배가 된 값이 나오는 상자가 곧 함수라고 할 수 있습니다.

그림 3-5 | 함수는 마법 상자

3.2 함수를 사용하는 이유

프로그래밍 언어에서 함수를 사용할 때와 사용하지 않을 때는 어떤 차이가 있을까요?

함수를 사용하지 않으면 비슷한 일을 할 때도 매번 그 일을 수행하도록 프로그래밍해야 합니다. 그림 3-6을 봅시다.

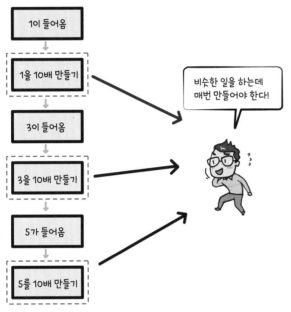

그림 3-6 | 함수를 사용하지 않은 경우

그러나 함수를 사용하면 입력이 달라지더라도 수행하는 일은 동일하므로 같은 모듈을 재사용할 수 있습니다.

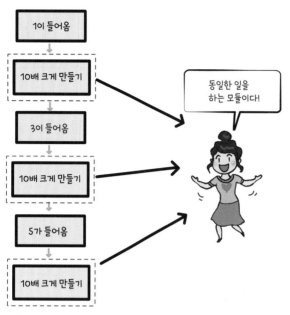

그림 3-7 | 함수를 사용한 경우

그림 3-8을 보면 같은 일을 하는 모듈을 함수로 만들고, 필요할 때 이 함수를 호출해서, 즉 불러서 일을 수행한 다음 호출한 곳으로 되돌아가는 것을 알 수 있습니다.

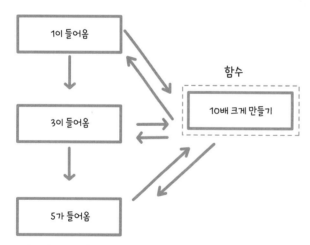

그림 3-8 | 동일한 일을 하는 모듈을 함수로 만들어 재사용

동일한 일, 즉 10배 크게 만드는 일을 하는 모듈을 함수로 처리하였으므로 이 모듈이 필요할 때 언제든 불러와서 사용하면 됩니다. 이렇게 함수로 처리하여 재활용이 가능하게 되어 코드를 효율적으로 작성할 수 있습니다.

3.3 함수의 선언

함수는 특정한 기능을 독립적으로 수행하도록 모듈화된 프로그램입니다. 앞서 입력한 숫자가 10배 커지는 경우를 프로그래밍하는 방법을 함수를 사용하지 않았을 때(그림 3-6)와 사용했을 때(그림 3-7, 3-8)의 경우로 나눠 각각 살펴보았습니다.

먼저 함수를 사용하지 않은 경우를 코드로 구현하면 다음과 같습니다.

Function_WO.c

```c
#include <stdio.h>

main()
{
    int a = 1, b = 3, c = 5;

    a = a * 10;
    printf("10배가 된 값은 %d입니다.\n", a);

    b = b * 10;
    printf("10배가 된 값은 %d입니다.\n", b);

    c = c * 10;
    printf("10배가 된 값은 %d입니다.\n", c);
}
```

실행 결과

```
10배가 된 값은 10입니다.
10배가 된 값은 30입니다.
10배가 된 값은 50입니다.
```

이번에는 함수를 사용했을 때의 코드와 실행 결과를 살펴보겠습니다. 그리고 이어서 C 언어에서 함수를 어떻게 정의하고 사용하는지 설명하겠습니다.

```
#include <stdio.h>

func10(int x);   // 함수 선언

main()
{
    int a = 1, b = 3, c = 5;

    func10(a);   // 함수 호출
    func10(b);
    func10(c);
}

func10(int x)     // 함수 몸체
{
    x = x * 10;
    printf("10배가 된 값은 %d입니다\n", x);
}
```

실행 결과

10배가 된 값은 10입니다
10배가 된 값은 30입니다
10배가 된 값은 50입니다

코드 두 번째 줄에서 함수를 선언했습니다. 함수를 선언한다는 것은 함수 형태가 어떠한지 보여주는 것입니다. 즉, 함수 이름, 함수의 입력과 출력이 무엇인지 명시합니다.

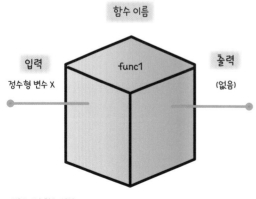

그림 3-9 | 함수 선언

함수를 선언할 때는 출력 자료형과 함수 이름을 먼저 쓰고 괄호( ) 안에 함수에 들어오는 입력 변수의 자료형과 변수 이름을 씁니다. 그리고 세미콜론(;)으로 함수 선언을 마무리합니다.

출력 데이터형 **함수이름**(입력 자료형과 변수, 입력 자료형과 변수, …);

그림 3-10 | 함수 선언 형식

다시 Function_W.c 코드로 돌아가 살펴봅시다. 두 번째 줄에서 함수 이름은 func1이고, 입력 으로는 정수형 변수 x가 들어오며, 출력은 사용하지 않는다고 명시했습니다.

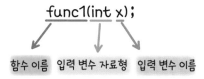

그림 3-11 | 함수 선언 예시 1 (입력이 하나일 때)

함수에 들어오는 입력이 하나가 아니라 두 개면 어떻게 될까요? 그림 3-12와 같이 정수형 변 수 x, y가 입력으로 들어오는 함수 func2는 ( ) 안에 콤마(,)를 사용하여 나열합니다.

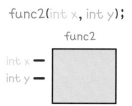

그림 3-12 | 함수 선언 예시 2 (입력이 두 개일 때)

문자형 변수 a, 정수형 변수 b, 실수형 변수 c 이렇게 세 개가 입력으로 들어오는 함수 func3 는 다음과 같이 선언합니다.

```
func3(char a, int b, double c);
```

3.4 함수의 호출

이번에는 Function_W.c 코드의 fun10(a) 부분을 봅시다.

```c
#include <stdio.h>

func10(int x);

main( )
{
    int a = 1, b = 3, c = 5;
    func10(a);
    func10(b);       ① 함수 호출
    func10(c);
}

func10(int x)    ② func10 함수 내 지역 변수 x  [  ] ← a의 값인 1이 저장됨
{
    x = x * 10;
    printf("10배가 된 값은 %d입니다.\n", x);
}
③ 함수 수행 후 복귀
```

그림 3-13 | 함수 호출의 과정

a는 정수 1이므로 메인 함수에서 func10( ) 함수를 호출하고 입력 값으로 1을 전달합니다. func10( )을 호출한다는 것은 main( ) 함수에서 제어가 func10( ) 함수로 넘어가는 것을 의미합니다. 이때 func10( ) 함수의 변수 x가 main( ) 함수에서 전달하려는 값 1을 저장합니다.

다음으로 코드 10번째 줄의 func10(int x)를 봅시다. func10( )은 입력받은 값을 10배로 만들고 이 값을 출력하는 함수입니다. func10(b)와 func10(c)도 마찬가지로 절차에 따라 실행됩니다.

그렇다면 구조적 프로그래밍의 특징인 함수를 사용하여 프로그래밍했을 때의 장점은 무엇일까요? 독립적인 기능들을 모듈화하고 함수를 처리하여 수행하면 프로그램을 단순하고 간결하게 표현할 수 있습니다. 그리고 이는 프로그램의 가독성(얼마나 쉽게 읽을 수 있는지를 나타내는 정도)을 높여 줍니다.

살펴본 예제에서도 함수를 처리하기 전에는 동일한 일을 여러 번 반복했지만, 함수로 처리한 이후에는 함수를 호출함으로써 단순화되었습니다.

그리고 함수를 사용해서 프로그래밍하면 전체적인 프로그램을 쉽게 이해할 수 있고 디버깅하기도 편리합니다. 함수 호출 전에는 문제가 없었는데, 함수를 수행하고 나서 문제가 발생한다면 함수를 중심으로 오류가 있는지를 먼저 확인함으로써 빠른 시간 안에 디버깅할 수 있습니다.

> **TIP**
> 디버깅은 13장에서 자세하게 다룹니다.

이처럼 기능별로 함수를 사용하여 프로그래밍을 할 경우 어떤 특정 기능이 달라졌다면 해당하는 함수만 수정하면 되므로 프로그램을 관리하기에도 편리합니다. 게다가 특정 기능을 함수 처리하였으므로 다른 프로그램에서 같은 기능을 구현할 때 재사용할 수 있어 효율적입니다.

그러므로 C 언어로 프로그래밍을 할 때는 특정 기능을 수행하도록 함수 처리하는 코딩 스타일을 익혀두는 것이 좋습니다.

3.5 함수의 결과 값 돌려주기

이번에는 정수형 변수 x, y를 입력으로 받고 그 합을 출력으로 전달하는 sum( ) 함수를 프로그래밍하겠습니다. 지금까지 예제 코드에서는 함수를 호출하고 결과를 돌려주지 않았습니다. 하지만 이번 예에서는 변수 x와 y를 합한 값, 즉 함수의 결과 값을 돌려줘야 합니다. 함수의 결과 값을 돌려줄 때는 함수 이름 앞에 돌려주는 값의 자료형을 지정합니다. 여기서는 정수 값이므로 int가 되겠지요?

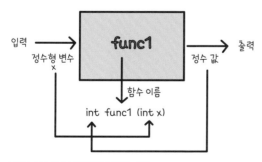

그림 3-14 | 함수의 결과 값을 돌려주는 함수

다음은 두 값의 합을 계산하여 돌려주는 sum( ) 함수를 사용하는 프로그램입니다.

```
Function_call.c

#include <stdio.h>

int sum(int x, int y); // ❶ sum() 함수 선언

main() {
    int x = 10, y = 20;
    int result;

    result = sum(x, y); // ❷ sum() 함수 호출
    printf("%d + %d = %d\n", x, y, result);
}

// ❸ sum() 함수의 몸체
int sum(int x, int y)
{
    return x + y;
}
```

실행 결과

10 + 20 = 30

이 코드를 보면 sum( ) 함수를 선언했고(❶) main( ) 함수 안에서 sum( ) 함수를 호출합니다(❷).
그리고 함수가 호출되면 sum( ) 함수의 몸체(❸)를 찾아가서 함수를 실행합니다.

함수의 몸체에는 함수 선언 부분 코드에서 세미콜론(;)을 뺀 나머지를 그대로 적고 중괄호 { }
안에 함수가 수행할 일을 작성합니다. 이를 '함수를 정의한다'고 합니다.

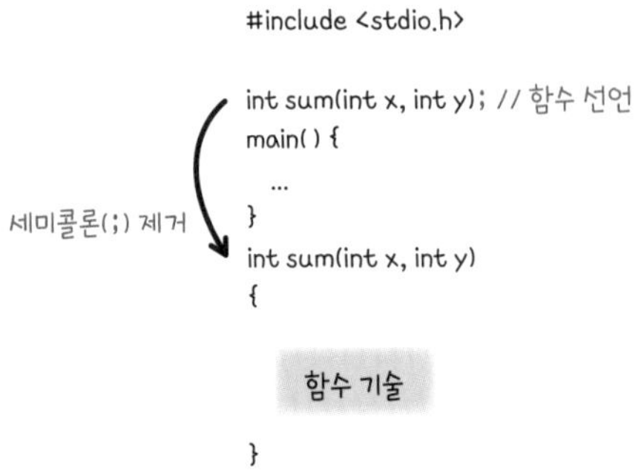

```
#include <stdio.h>

int sum(int x, int y); // 함수 선언
main( ) {
    ...
}
int sum(int x, int y)
{

    함수 기술

}
```

세미콜론(;) 제거

그림 3-15 | 결과 값을 반환하는 함수를 작성하는 방법

sum( ) 함수의 몸체를 보면 return이라는 키워드가 있습니다. 이 키워드는 함수를 호출한 프로그램에 호출된 함수의 실행 결과 값을 돌려줄 때 사용합니다. sum( ) 함수는 입력으로 받은 x와 y를 합하여 그 결과를 sum( ) 함수를 호출한 main( ) 함수에 돌려주므로 수식 x + y 앞에 return 키워드를 추가합니다. 그리고 이 수식의 결과 값은 자료형이 int이므로 sum( ) 함수 이름 앞에 int라고 명시합니다. sum( ) 함수의 결과 값을 돌려받은 main( ) 함수는 그 값을 정수형 변수 result에 저장합니다.

> **TIP** 함수에서 값을 돌려주지 않고, 함수를 호출한 곳으로 바로 제어가 넘어갈 때는 결과 값을 입력하지 않고, 그냥 return;이라고만 사용합니다.

그럼 정수형 변수 x, y를 입력으로 받아 x + y + 3.14의 결과 값을 돌려주는 함수 abc는 어떻게 선언할까요?

```
double abc(int x, int y);
```

함수의 몸체 역시 다음과 같이 작성하면 됩니다.

```
double abc(int x, int y)
{
    return x + y + 3.14;
}
```

여기서 주의할 점은 '정수 x' + '정수 y' + '실수 3.14'를 더한 값은 실수이므로 abc( ) 함수의 결과 값 자료형은 double 또는 float로 지정해야 한다는 것입니다.

전체 코드는 다음과 같습니다.

```
function_2input.c
  #include <stdio.h>

  double abc(int x, int y);    // 함수 선언

  main() {
      int x, y;
      double z;
```

```
        printf("정수 x의 값 입력: ");
        scanf("%d", &x);

        printf("정수 y의 값 입력: ");
        scanf("%d", &y);

        z = abc(x, y);
        printf("z의 값은: %f\n", z);
    }

    double abc(int x, int y)
    {
        return x + y + 3.14;
    }
```

실행 결과

```
정수 x의 값 입력: 3
정수 y의 값 입력: 5
z의 값은: 11.140000
```

이 코드에서 main( ) 함수 몸체 전에 abc( ) 함수 선언을 하였습니다. 이는 "abc( )라는 함수를 뒤에서 정의하여 사용하겠다!"라고 컴파일러에게 알려주는 것입니다. 만약 이렇게 미리 컴파일러에 함수 선언을 하여 알려주지 않고, 바로 함수를 정의해서 사용한다면 금방 컴파일 오류가 발생할 것입니다.

그 이유는 abc( ) 함수 정의에 대한 코드에 도달하기 전에 main( ) 함수에서 abc( ) 함수를 호출하여 사용하기 때문입니다. 컴파일러가 abc( ) 함수의 존재를 모르는 상태인데, 이 시점에서 abc( ) 함수를 사용하려고 하니 에러가 발생하는 것입니다.

그러나 다음 코드처럼 main( ) 함수 이전에 abc( ) 함수를 정의하면, 함수 몸체는 함수 선언에 대한 내용을 포함하고 있으므로 함수 선언을 생략해도 됩니다.

function_declare.c

```
#include <stdio.h>

double abc(int x, int y) // 함수 선언과 동시에 정의
{
    return x + y + 3.14;
```

```
    }

main() {
    int x, y;
    double z;

    printf("정수 x의 값 입력: ");
    scanf("%d", &x);

    printf("정수 y의 값 입력: ");
    scanf("%d", &y);

    z = abc(x, y);
    printf("z의 값은: %f\n", z);
}
```

이러한 방식으로 코드를 작성했을 때의 문제점은 무엇일까요? 함수의 종류가 많아질수록 main() 함수는 아주 긴 코드의 아래쪽에 자리잡게 됩니다. main() 함수를 바로 찾아보기 어려우므로 코드 가독성이 상대적으로 떨어집니다.

 잠깐만요

scanf() 함수에 대해

scanf() 함수는 사용자로부터 입력을 받는 함수입니다. 사용자로부터의 입력은 주로 키보드 입력을 의미합니다. C 언어 코드 수행 중 scanf() 함수를 만나면, 수행을 멈추고 화면에는 커서가 깜빡거립니다. 이것은 사용자로부터 입력을 받기 위해 대기 중인 상태란 뜻입니다. 그리고 사용자가 정수를 입력하면 그 숫자는 정수 변수에 입력됩니다.

예를 들어 scanf("%d", &x);라는 문장을 볼까요? 이 문장은 사용자로부터 10이라고 입력을 받으면 변수 x에 10을 저장합니다. 여기서 &는 주소 연산자로, scanf() 함수를 통해 입력받은 정수를 변수에 저장하기 위해 '& 변수이름'처럼 사용합니다. 아직 포인터를 배우지 않았으므로 우선 여기까지만 알고 넘어가도 됩니다.

단, 비주얼 스튜디오에서 scanf() 함수를 실행하면 보안상 이유로 오류가 발생하는 경우가 있습니다.

```
#include <stdio.h>

main() {
    int a;
    scanf("%d", &a);
    printf("%d\n", a);
}
```

```
출력                                                                    ▾ ⅼ ×
출력 보기 선택(S): 빌드                          ▾ │ ⅼ │ ⅼⅼ ⅼⅼ ⅼⅼ │ ⅼⅼ
1>------ 빌드 시작: 프로젝트: Project57, 구성: Debug Win32 ------
1>makitcodelab_project.c
1>d:₩메이킷코드랩₩이형우박사₩c_project₩makitcodelab_project.c(5): error C4996: 'scanf': This function or variable may be unsafe.
1>c:₩program files (x86)₩windows kits₩10₩include₩10.0.15063.0₩ucrt₩stdio.h(1272): note: 'scanf' 선언을 참조하십시오.
1>'Project57.vcxproj' 프로젝트를 빌드했습니다. - 실패
========== 빌드: 성공 0, 실패 1, 최신 0, 생략 0 ==========
```

이런 경우에는 코드 맨 위에 #define _CRT_SECURE_NO_WARNINGS를 추가해 주면 해결이 됩니다.

```c
#define _CRT_SECURE_NO_WARNINGS
#include <stdio.h>

main() {
    int a;
    scanf("%d", &a);
    printf("%d\n", a);
}
```

3.6 들어오고 나가는 게 없을 때 사용하는 void

이번에는 조금 특이한 함수를 살펴볼게요. 그림 3-16의 test1( ) 함수와 같이 입력이 없고 출력은 정수인 함수가 있을까요? 네, C 언어에서는 가능합니다.

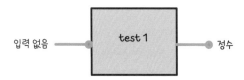

그림 3-16 | 입력이 없는 함수

function_int.c
```c
#include <stdio.h>

int test1(void);
```

```
main() {
    int result;
    result = test1();

    printf("test1 함수로부터 돌려받은 값은 %d\n", result);
}

int test1(void)
{
    return 10;
}
```

test1 함수로부터 돌려받은 값은 10

코드 둘째 줄을 보니 함수를 선언할 때 void라는 키워드를 사용하였습니다. C 언어에서 함수의 입력 또는 출력이 없을 때는 void라는 키워드를 사용하기도 하고 아무것도 적지 않기도 합니다.

> **TIP**
> void는 '빈', '아무것도 없는', '공허한'이라는 뜻을 가진 단어입니다.

사실 int test1(void)와 int test1()은 같은 의미입니다. 입력으로 들어오는 것이 아무것도 없으며 출력으로 정수 값이 나가는 test1이라는 이름의 함수를 사용하겠다는 의미입니다. 실제로 test1() 함수의 몸체를 보면 test1을 호출한 main() 함수로 정수 값 10을 전달하지만, main() 함수로부터는 어떤 정보도 입력받지 않습니다.

void는 함수에서 출력이 없을 때도 사용합니다. 다음 예제를 볼까요?

function_void.c
```
#include <stdio.h>

void test2(int x);

main() {
    test2(3);
}
```

```
void test2(int x)
{
    printf("메인 함수로부터 받은 값은 %d입니다\n", x);
}
```

메인 함수로부터 받은 값은 3입니다

test2( ) 함수는 main( ) 함수에게 3을 전달받아 test2( ) 함수 안에 있는 변수 x에 저장하고 변수 x의 값을 출력하였지만, main( ) 함수로 어떠한 값도 돌려주지 않습니다. 그러므로 test2( ) 함수 이름 앞에 void라고 명시하거나 생략할 수 있습니다.

그렇다면 입력도 없고 출력도 없는 함수는 가능할까요? 수학의 함수에서는 불가능하나 프로그래밍 언어의 함수에서는 가능합니다.

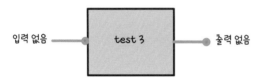

그림 3-17 | 입력도 없고 출력도 없는 함수

다음 코드의 test3( ) 함수는 호출되도 값을 전달하지 않고, main( ) 함수는 호출이 완료되도 값을 돌려받지 않습니다. 이 프로그램은 단지 main( ) 함수가 test3( ) 함수를 호출할 때마다 화면에 "Hello"라고 출력할 뿐입니다.

function_void2.c
```
#include <stdio.h>

void test3(void); // ❶ 함수 선언 test3()

main()
{
    test3();
    test3();
    test3();
}
```

```
void test3(void)  // ❷ 함수 몸체 test3()
{
    printf("Hello\n");
}
```

```
Hello
Hello
Hello
```

void test3(void) 함수의 선언(❶)과 몸체(❷)에서 void는 생략할 수 있으므로 test3( )이라고 코
딩해도 됩니다. 그런데 자세히 보면 지금까지 사용한 무엇과 무척 닮은 것을 확인할 수 있습니다.

바로 main( ) 함수입니다. 바로 앞에서, 그리고 지금까지 우리가 프로그래밍하면서 무심코 사
용한 main( ) 함수가 바로 입력도 출력도 없는 함수입니다.

```
main()
{
    test3();
    test3();
    test3();
}
```

보통 main( ) 함수를 선언할 때는 그림 3-18처럼 출력을 int로 지정하고 return 0를 사용하
여, main( ) 함수를 호출한 프로그램으로 0을 돌려줍니다. main( ) 함수는 C 프로그래밍의 최
상위 단계로, 그 위에는 운영체제(Operating System, OS), 즉 컴퓨터 동작을 운영하는 시스템
이 있습니다. 따라서 main( ) 함수에서 return 0이라고 지정하면, C 프로그래밍이 종료되면서
운영체제에 0을 전달하여 C 프로그래밍이 정상적으로 종료되었음을 알려줍니다.

TIP 0은 C 프로그램의 정상 종료를, 1은 비정상 종료를 의미합니다.

그러나 일반적으로 사용하는 비주얼 스튜디오 개발 환경에서는 C 프로그램이 종료되면 자동으
로 시스템에 0을 반환합니다. 따라서 main( ) 함수 앞에 int를 쓰거나 함수 끝에 return 0을
쓰지 않아도 됩니다.

```
#include <stdio.h>

main( )
{
  printf("h1");
}
```

⇕ 동일한 코드

```
#include <stdio.h>

int main( )
{
  printf("h1");
  return 0;

}
```

그림 3-18 | 입력도 출력도 없는 main( ) 함수

3.7 이박사와 함께 생각하는 C 언어 : 함수와 레스토랑 사장님

함수가 동작하는 원리는 간단합니다. 함수를 호출하고 호출한 함수로 이동하여 함수에 정의된 동작을 수행하고, 완료 시 호출했던 곳으로 다시 넘어와서 순차적으로 작업을 수행하는 것입니다.

구조적 프로그래밍을 하려면 프로그래밍 단위를 함수로 나눠서 처리하는 것이 효율적입니다. 하지만 함수를 호출하고 수행하는 과정에서는 함수 호출 상태의 메모리 레지스터(register, CPU 내부에 있는 연산 가능한 메모리)를 저장하고 복구하는 실행 시간의 오버헤드(overhead, 어떤 처리를 하기 위해 들어가는 간접적인 처리 시간이나 메모리)가 발생합니다.

참고로 아주 간단한 일은 함수를 호출해서 수행하는 것보다 함수의 내용을 main( ) 함수에서 직접 수행하는 것이 실행 시간 관점에서는 더욱 효율적일 수 있습니다.

C++에서는 함수 선언을 할 때 inline이라는 키워드를 사용하여 함수를 호출하지 않고 호출한 곳에 직접 코드를 삽입하여 수행하기도 합니다. 이 책에서는 이러한 방법도 있다는 정도만 참고로 알아두시기 바랍니다.

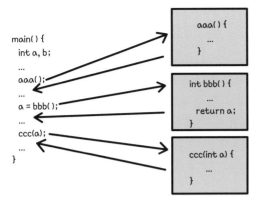

그림 3-19 | 함수의 호출 원리

함수가 호출됐을 때 함수의 몸체를 수행한 뒤 함수를 호출한 곳으로 결과 값을 전달하는 경우도 있고, 전달하지 않는 경우도 있습니다. 값을 전달하는 경우에 전달하는 값의 종류는 정수, 실수, 문자 등 다양합니다. 또한 변수나 수식, 또 다른 함수를 전달하기도 합니다.

```c
function_return.c
#include <stdio.h>

int function1() {
    return 1;      // 상수를 반환
}

char function2() {
    return 'A';    // 문자를 반환
}

int function3() {
    int x = 1;
    return x;      // 변수를 반환
}

double function4() {
    double x = 1.2, y = 3.5;
    return x + y; // 수식을 반환
}

main() {
    printf("%d\n", function1());
```

```
    printf("%c\n", function2());
    printf("%d\n", function3());
    printf("%f\n", function4());
}
```

```
1
A
1
4.700000
```

함수에서 생성한 변수는 함수 사용이 끝나면 사라지는데, 이러한 변수를 '지역 변수'라고 합니다. 이때 변수가 사라진다는 의미는 이 변수를 함수 안에서만 사용할 수 있고 함수 사용이 끝나면 지역 변수도 더 이상 사용할 수 없어서 변수에 할당된 메모리를 C 프로그램에서 시스템으로 반환한다는 뜻입니다. 그러므로 지역 변수는 함수가 호출될 때 함수가 실행됨과 동시에 생성되고 함수 사용이 완료되면 없어집니다. 한마디로 '함수'라는 지역 안에서만 사용하는 변수입니다.

TIP
지역 변수에 대해서는 3.8절에서 더 자세하게 배웁니다.

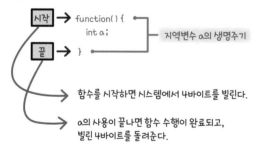

그림 3-20 | 지역 변수

다음 코드를 보고 결과가 어떻게 나올지 생각해 보세요.

```c
#include <stdio.h>

void abc(int a, int b) {
    a = a * 10;
    b = b * 10;
}

main() {
    int a;
    int b;

    a = 1;
    b = 2;

    abc(a, b);

    printf("a의 값은 %d이고 b의 값은 %d입니다.\n", a, b);
}
```

실행 결과

a의 값은 1이고 b의 값은 2입니다.

아마 출력 결과가 "a의 값은 10이고 b의 값은 20입니다."라고 생각한 사람도 많을 것입니다. 그렇다면 어떤 이유에서 a = 1, b = 2라는 결과가 나왔을까요?

그림 3-21과 같이 main() 함수에서 변수 a와 b가 생성되고 각각 1과 2로 초기화됩니다. 그리고 abc(a, b) 함수 호출로 abc() 함수 지역 안에서 지역 변수 a와 b가 생성됩니다. abc() 함수 안의 변수 a와 b의 값은 각각 main() 함수에게 전달받은 1과 2로 초기화됩니다. 그리고 abc() 함수 안에서 각각 10과 20으로 계산되어 a = 10, b = 20이 됩니다.

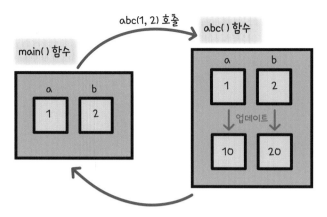

그림 3-21 | abc(a, b) 함수의 동작 원리

여기서 유의할 점은 main( ) 함수의 a, b와 abc( ) 함수의 a, b는 서로 다른 별개의 변수라는 점입니다. 그저 변수의 이름이 같을 뿐입니다. 서울에 사는 '김철수'와 인천에 사는 '김철수'는 전혀 다른 사람인 것과 같은 이치입니다. 전혀 다른 변수일 뿐만 아니라 abc( ) 함수가 호출되어 실행 및 완료된 후 main( ) 함수로 제어가 다시 넘어갈 때는 abc( ) 함수에서 사용된 지역 변수인 a와 b의 메모리는 시스템에 반환됩니다. 즉, 아예 없어집니다. 따라서 이 프로그램을 실행하면 a와 b는 main( ) 함수에서 초기화된 값 1, 2가 출력되는 것입니다.

지금부터 여러분이 레스토랑 사장님이라고 생각해 보세요. 이 레스토랑은 손님이 자리에 배치된 벨을 눌러 메뉴를 주문하는 시스템이라고 합시다. 그렇다면 오늘 하루 손님이 얼마나 많은 주문을 했는지 계산하는 프로그램을 작성하고자 합니다. 벨을 호출할 때마다 식당 전광판에 현재까지 주문이 몇 번 들어왔는지를 알려주는 프로그램을 작성해 봅시다.

```c
static_variable.c

#include <stdio.h>

void bell();

main()
{
    bell(); // 첫 번째 주문
    bell(); // 두 번째 주문
    bell(); // 세 번째 주문
}
```

```
void bell()
{
    int order = 0;

    order++;
    printf("현재 주문 번호는 %d입니다.\n", order);
}
```

실행 결과

현재 주문 번호는 1입니다.
현재 주문 번호는 1입니다.
현재 주문 번호는 1입니다.

이렇게 코딩하면 우리가 원하는 바와 같이 현재 주문 번호를 알려주는 프로그램을 작성한 것 같습니다. 그러나 결과를 확인하면 주문 번호는 언제나 1이 나옵니다. 무엇이 잘못되었을까요?

원인은 order 변수입니다. 정확히 말하면 지역 변수 order의 사용입니다. 앞에서 설명한 바를 다시 한번 생각하며 레스토랑 프로그램을 차근차근 살펴보겠습니다.

그림 3-22처럼 bell( )이라는 함수를 반복적으로 호출하면 어떤 일이 수행될까요?

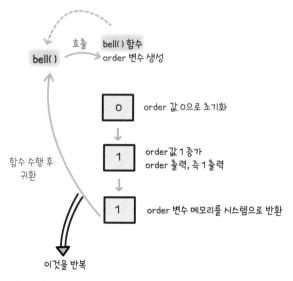

그림 3-22 | bell() 함수를 반복적으로 호출할 경우

main( ) 함수에서 bell( ) 함수가 호출되면 bell( ) 함수로 제어가 넘어갑니다. bell( ) 함수 안에서는 정수형 변수 order를 선언하고 0으로 초기화합니다. 그리고 order 값을 하나 증가 시켜 order 값이 1이 되고 이 값이 출력된 것이지요.

bell( ) 함수 수행이 끝나고 main( ) 함수로 다시 제어가 넘어갈 때 bell( ) 함수에서 사용했던 order 변수를 위한 메모리는 시스템에 반환됩니다. 즉, order 변수는 bell( ) 함수 안에서만 사용되는 지역 변수입니다.

다시 bell( ) 함수가 호출된다 하더라도 order는 호출될 때마다 지역 변수로 선언되고 생성되어 0으로 초기화되고 1이 증가되는 과정을 반복할 것입니다. 그렇다면 우리가 원하는 대로 다음과 같은 결과가 나오려면 어떻게 해야 할까요?

실행 결과

현재 주문 번호는 1입니다.
현재 주문 번호는 2입니다.
현재 주문 번호는 3입니다.

지역 변수의 한계를 극복하는 **정적 변수**(static variable)를 알아볼 때가 되었습니다. 정적 변수는 예제를 중심으로 설명하겠습니다.

static_variable2.c

```
#include <stdio.h>

void bell();

main()
{
    bell(); // ❶ 첫 번째 주문
    bell(); // ❷ 두 번째 주문
    bell(); // ❸ 세 번째 주문
}

void bell() // ❹ bell() 함수 실행
{
    static int order = 0; // ❺ 정적 변수 order 선언
    order++;
```

```
        printf("현재 주문 번호는 %d입니다.\n", order);
    }
```

현재 주문 번호는 1입니다.
현재 주문 번호는 2입니다.
현재 주문 번호는 3입니다.

기존 코드와 달라진 점은 ➎에서 정수형 변수 order 앞에 static이라는 키워드입니다. 이 키워드를 넣었더니 우리가 원하는 결과가 나왔네요. 이때 static(정적)은 지역 변수를 정적 변수로 변환해 주는 키워드입니다. 이때 정적 변수란 함수 실행이 끝나더라도 사라지지 않고 계속 유지되는 변수를 말합니다.

정적 변수의 특징을 코드를 중심으로 살펴봅시다. main( ) 함수에서 처음으로 bell( ) 함수를 호출하여(➊) bell( ) 함수가 실행됩니다(➍). 그런 다음 bell( ) 함수에서 order라는 정수형 변수를 선언하고 값을 0으로 초기화하면서 int 앞에 static이라는 키워드를 넣었습니다(➎).

즉, 정적 정수형 변수 order를 선언한 것입니다. 정적 변수 order가 0으로 초기화되어 저장되는 것까지는 기존 일반 변수와 동일합니다. 하지만 함수 호출 후 실행이 끝나도 정적 변수의 메모리는 시스템에 반환되지 않고 그대로 남아 있다는 점에서 다릅니다. 따라서 bell( ) 함수의 실행이 끝나고 main( ) 함수로 제어가 넘어가더라도 order 변수는 사라지지 않습니다.

main( ) 함수에서 두 번째 bell( ) 함수가 호출되어 bell( ) 함수로 제어가 넘어가면 정적 변수 order를 선언하는 명령문을 다시 만나지만, 정적 변수는 단 한 번만 생성되고 초기화된다는 특징이 있습니다. 그래서 두 번째 bell( ) 함수 호출에서는 ➎를 수행하지 않고 넘어갑니다. 그 다음 줄에서 바로 order 값이 하나 증가하고 마찬가지로 order 변수의 메모리를 반환하지 않은 채 다시 main( ) 함수로 제어가 넘어갑니다. 그러므로 우리가 원하는 바와 같이 bell( ) 함수를 호출할 때마다 ➊, ➋, ➌이 차례대로 출력됩니다.

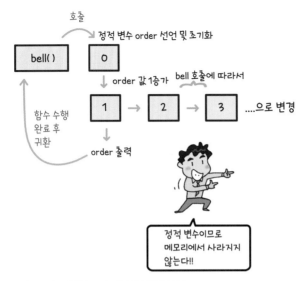

그림 3-23 | bell() 함수로 보는 정적 변수의 동작 원리

정적 변수의 특징을 정리하면 다음과 같습니다.

1 │ static이라는 키워드를 사용하여 정적 변수를 선언한다.

2 │ 함수가 호출되어 함수 실행이 끝나도 정적 변수는 사라지지 않는다.

3 │ 정적 변수는 프로그램 실행 중에 딱 한 번만 생성되고 초기화된다.

3.8 지역 변수와 전역 변수

앞에서 말했듯이 함수 안에서 생성된 변수는 static이라는 키워드를 사용해서 선언했느냐 아니냐에 따라, 함수가 끝날 때 메모리를 반환하지 않을 수도 있고 반환할 수도 있습니다. 즉, 변수의 생명 주기가 달라집니다.

또한, 변수는 선언 위치에 따라 변수를 접근하는 범위가 달라집니다. 함수 밖에서 선언된 변수를 **전역 변수**(global variable)라 하고 함수 안에서 선언된 변수를 **지역 변수**(local variable)라고 합니다. 전역 변수로 선언하면 그 변수는 현재 우리가 프로그래밍하고 있는 C 프로그램 안의 모든 함수에서 자유롭게 접근해 사용할 수 있습니다. 그리고 프로그램이 끝날 때까지 메모리를 반환하지 않기 때문에 프로그램이 끝날 때까지 변수가 살아 있습니다.

지역 변수는 말그대로 우리가 작성하고 있는 특정 함수 지역에서 생성하고 바로 자기 자신이 생성된 함수 안에서만 사용하는 변수입니다. 정적 변수에서 설명한 바와 같이 함수가 완료되면 사라집니다.

전역 변수와 지역 변수의 특징을 요약하면 다음과 같습니다.

표 3-1 | 전역 변수와 지역 변수의 특징

전역 변수	지역 변수
• 함수 밖에서 선언 • 어떤 함수에서도 접근 가능하고 사용 가능 • 프로그램이 끝날 때까지 살아 있는 변수	• 함수 안에서 선언 • 변수가 선언된 함수 안에서만 사용 가능 • 함수가 끝나면 사라지는 변수(변수가 사용한 메모리를 반환)

지역 변수와 전역 변수의 특징을 예제를 통해 확인해 보겠습니다.

```
global_variable.c

#include <stdio.h>

int a = 1;      // ❶ 전역 변수

void func1();

main()
{
    int b = 2;   // ❷ 지역 변수

    printf("여기는 main() 함수입니다.\n");
    printf("main() 함수에서 a값은 %d 입니다.\n", a); // ❸ a값 출력
    printf("main() 함수에서 b값은 %d 입니다.\n", b);

    func1();    // ❹ 함수 호출

}

void func1()
{
    printf("여기는 func1 함수입니다.\n");
    printf("func1 함수에서 a값은 %d입니다.\n", a);  // ❺ a값 출력
    printf("func1 함수에서 b값은 %d입니다.\n", b);  // ❻ b값 출력
}
```

이 코드를 수행하면 어떤 결과가 나올까요? 차근차근 생각해 보세요.

❶에서 정수형 변수 a를 함수 밖에서 선언하였으므로 전역 변수 a를 선언한 것입니다. main( ) 함수에서 정수형 변수 b를 지역 변수로 선언하고 ❸에서 변수 a의 값을 출력하고자 합니다. main( ) 함수에서는 변수 a가 선언되어 있지 않았으나 함수 밖에 전역 변수 a가 선언되어 있으므로 main( ) 함수에서는 전역 변수 a를 참조하여 출력할 수 있습니다. 물론 b의 값은 main( ) 함수에서 선언하고 지역 변수 b의 초깃값 2가 출력될 것입니다.

그리고 ❹에서는 func1( ) 함수를 호출하여 수행합니다. ❺에서 a의 값을 출력합니다. 역시 func1에서도 변수 a가 선언되어 있지 않지만, 전역 변수 a를 참조하여 출력할 수 있습니다. 그러나 b는 func1( ) 함수 안(지역)에서도 함수 밖(전역)에서도 선언되어 있지 않습니다. main( ) 함수 안에 선언된 변수 b는 main( ) 함수 안에서만 사용 가능한 지역 변수므로 접근이 불가능합니다. 결국 이 코드는 마지막 줄인 ❻ 때문에 컴파일 에러가 발생합니다.

코드	설명 ▲
❌ C2065	'b': 선언되지 않은 식별자입니다.
⚞ E0020	식별자 "b"이(가) 정의되어 있지 않습니다.

그림 3-24 | 실행 결과 컴파일 에러 발생

그러면 다음 코드의 결과는 무엇일까요?

```
static_global.c

#include <stdio.h>

int a = 1;

main( ) {
    int a = 2;

    printf("a의 값은 %d입니다.\n", a);
}
```

1 또는 2 중 어떤 값이 출력될까요?

정답은 2입니다. 전역 변수 a를 생성하고 1로 초기화하였으며 main( ) 함수에서 지역 변수 a를 선언하고 2로 초기화하였습니다. main( ) 함수 안에서 변수 a의 값을 출력하고자 할 때 같은 이름의 전역 변수와 지역 변수가 존재한다면 지역 변수가 우선함을 알 수 있습니다.

미션 3: func1~func4까지 네 개의 함수 만들기

func1()은 정수 1을 전달하는 함수이고, func2()는 문자 a를 전달하는 함수입니다. 또 func3()은 호출 즉시 무조건 "hello"를 출력하는 함수입니다. 마지막으로 func4()는 main() 함수로부터 실수를 입력받아서 저장하고 그 값을 즉시 출력하는 함수입니다.

이를 참고하여 func1~func4까지 네 개의 함수와 main() 함수 코드를 여러분이 직접 작성해 보세요.

```
function_mission1.c

 #include <stdio.h>

 int func1(void);
 char func2(void);

 void func3(void);
 void func4(float x);

 main() {
     int a;
     char b;
     float c;
     a = func1();
     b = func2();

     printf("func1() 함수로 받은 전달받은 값은 %d입니다.\n", a);
     printf("func2() 함수로 받은 전달받은 문자는 %c입니다.\n", b);

     func3();

     printf("func4() 함수로 전달할 실수를 입력하세요: ");
     scanf("%f", &c);

     func4(c);
 }

 int func1(void)
 {
     return 1;
 }

 char func2(void)
 {
```

```
        return 'a';
}

void func3(void)
{
    printf("hello\n");
}

void func4(float x)
{
    printf("main() 함수로부터 받은 실수 값은 %f입니다.\n", x);
}
```

```
func1() 함수로 받은 전달받은 값은 1입니다.
func2() 함수로 받은 전달받은 문자는 a입니다.
hello
func4() 함수로 전달할 실수를 입력하세요: 3.14
main() 함수로부터 받은 실수 값은 3.140000입니다.
```

함수의 입력과 출력, 즉 main( ) 함수로부터 전달받는 데이터가 있는지 없는지, 또 함수를 수행하고 나서 main( ) 함수로 다시 전달할 값이 있는지 없는지에 유의하면서 코드를 작성하세요.

4장

컴퓨터는 더하기와 빼기 외에 또 무엇을 할까 - 연산자

아마 여러분이 수학에서 처음 배운 연산자는 더하기, 빼기, 곱하기, 나누기일 것입니다. 컴퓨터 언어에서도 수학에서 사용하는 연산자를 그대로 사용할 수 있습니다. 컴퓨터는 숫자 정보와 문자 정보를 다양하게 처리해야 하므로 다양한 연산자를 사용해서 계산을 수행합니다. 이 장에서는 컴퓨터 언어에서 사용 가능한 연산자에는 무엇이 있는지 차근차근 알아보겠습니다.

4.1 연산자란 무엇일까

우선 연산(operation)이 무엇인지 생각해 보겠습니다. **연산**이란 우리가 어릴 때 배우는 더하기, 빼기, 곱하기, 나누기 같은 계산을 의미합니다. 여기서 +, −, *, /와 같은 기호를 **연산자**(operator)라고 합니다.

C 언어를 포함하여 여러 프로그래밍 언어에서는 다양한 연산자를 제공합니다. 변수와 상수 그리고 연산자를 사용하여 하나의 수식을 만들기도 하고, 프로그래밍 문장 한 줄을 구성하기도 합니다. 지금부터 C 언어에서 제공하는 다양한 연산자에 대해 하나씩 알아보겠습니다.

4.2 대입 또는 할당 연산자 =

"a = 3은 무엇을 의미할까요?"라고 물어보면 쉽게 대답할 수 있을 것입니다. 바로 "a는 3이다. 즉, a는 3과 같다."라고요. 그러나 이는 수학적인 관점일 뿐입니다.

컴퓨터 과학에서 a = 3은 '3을 a에 넣는다' 또는 '3을 a에 대입한다' 또는 '3을 a에 할당한다'라는 의미입니다. =(등호) 연산자는 '같다(equal)'가 아니라 '대입 또는 할당(assignment)'을 의미합니다.

> **TIP**
> 프로그래밍 언어에서 '같다'를 의미하는 연산자로는 == 기호를 사용합니다. 101쪽에서 관계 연산자를 배울 때 다시 다루겠습니다.

대입 연산자(=)는 다음과 같은 특징이 있습니다.

- a = 3;   // 상수를 변수에 대입할 수 있습니다.
- a = b;   // 변수를 변수에 대입할 수도 있습니다.
- a = 3 * b;   // 수식을 변수에 대입할 수도 있습니다.

이제 우리는 대입 연산자가 무엇인지 그리고 a = b;가 무엇을 의미하는지 이해하였습니다. 그렇다면 a = b = c;는 무엇일까요?

대입 연산자가 두 개 사용되었을 뿐 같은 의미입니다. C 프로그래밍은 순차적으로 수행될 때 수행 순서가 오른쪽에서 왼쪽으로 진행되는 법칙이 있습니다. 따라서 이 문장은 c 값이 b로 대입되고 다시 b 값이 a로 대입되는 것입니다. 만약 c 값이 10이였다면 a와 b의 값은 모두 10이 됩니다.

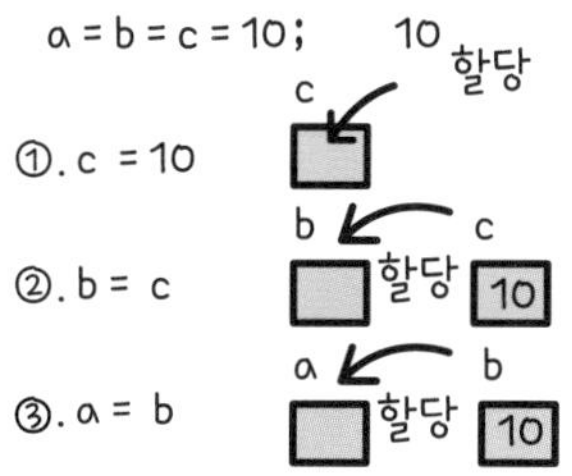

a = b = c = 10;
10
할당
c
①. c = 10
b
c
②. b = c
할당
10
a
b
③. a = b
할당
10

그림 4-1 | 대입 연산자 예시

다음 코드를 실행하여 대입 연산자를 확인해 보세요.

assignment.c

```
#include <stdio.h>

main() {
    int a, b, c;

    c = 10;
    a = b = c;

    printf("a의 값은 %d\n", a);
    printf("b의 값은 %d\n", b);
    printf("c의 값은 %d\n", c);
}
```

실행 결과

```
a의 값은 10
b의 값은 10
c의 값은 10
```

4.3 산술 연산자 +, -, *, /, %, ++, --

C 언어에서 사용하는 **산술 연산자**(mathematical operator)에는 우리가 흔히 수학에서 사용하는 더하기, 빼기, 곱하기, 나누기 연산자(+, −, *, /)를 포함합니다. 더하기, 빼기, 곱하기, 나누기 는 피연산자 하나로 연산을 수행할 수 없습니다. 이 말은 '하나의 항으로는 연산을 수행할 수는 없다'는 의미입니다.

예를 들어, 3 + 또는 5 * 이렇게 하나의 피연산자 3 또는 5만으로는 연산을 할 수 없습니다. 최소 두 개의 항, 즉 두 개의 피연산자 있어야 산술이 가능하므로 **이항 연산자**라고도 합니다.

C 언어에는 항이 하나만 존재하는(피연산자가 하나인) **단항 산술 연산자**도 있습니다. 단항 산 술 연산자로는 ++ 와 -- 가 있는데 이 연산자들을 '증감(증가&감소) 연산자'라고 합니다.

증감 연산자는 피연산자 앞 또는 뒤에 붙어서 값을 1 증가시키거나 값을 1 감소시키는 역할을 합니다.

```
inc_dec.c
#include <stdio.h>

main() {
    int a = 1, b = 1;

    a++;
    ++b;

    printf("a의 값은 %d\n", a); // 증감 연산자 ++을 사용하여 a를 1 증가
    printf("b의 값은 %d\n", b); // 증감 연산자 ++을 사용하여 b를 1 증가

    a--;
    --b;

    printf("a의 값은 %d\n", a); // 증감 연산자 --를 사용하여 a를 1 감소
    printf("b의 값은 %d\n", b); // 증감 연산자 --를 사용하여 b를 1 감소
}
```

a와 b의 값을 각각 1씩 증가시켜서 출력한 뒤 다시 각각 1씩 감소하여 출력한 결과입니다. ++와 --를 통해 1씩 증가하고 감소하는 것을 확인할 수 있습니다. 그리고 증감 연산자 ++와 --가 변수의 앞에 있든지 뒤에 있든지 동일하게 변수의 값이 1씩 증가 또는 감소하는 것을 알 수 있습니다.

그러나 증감 연산자가 다른 연산자와 결합될 경우, 증감 연산자가 변수의 앞에 놓이느냐(++a 또는 --a)과 변수의 뒤에 놓이느냐(a++ 또는 a--)에 따라 결과는 달라집니다. 코드로 직접 확인해 보세요.

inc_dec2.c

```c
#include <stdio.h>

main() {
    int a = 1, b;

    b = ++a;  // 증감 연산자 ++ 가 변수 a 앞에 놓임

    printf("a의 값은 %d\n", a);
    printf("b의 값은 %d\n", b);
    printf("\n");

    a = 1;
    b = a++;  // 증감 연산자 ++ 가 변수 a 뒤에 놓임

    printf("a의 값은 %d\n", a);
    printf("b의 값은 %d\n", b);
}
```

a의 값은 2
b의 값은 2
a의 값은 2
b의 값은 1

b = ++a; 이 문장에는 두 개의 연산자가 있습니다. 대입 연산자(=)와 증감 연산자(++)입니다. 증감 연산자가 변수 a의 앞에 있는데 이때 두 연산자의 수행 순서는 어떨까요?

++ 증감 연산을 먼저 수행하고 나서, 그 결과를 변수 b에 대입(=)합니다. 반대로 b = a++;의 경우 a의 값을 b에 먼저 대입하고 나서 변수 a의 증감 연산을 수행합니다.

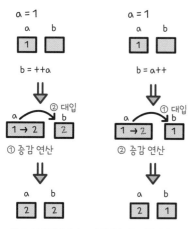

그림 4-2 | 증감 연산자 ++의 위치에 따른 실행 순서

이항 산술 연산자는 앞에서도 말한 바와 같이 두 개의 피연산자를 가지고 산술 연산을 수행하는 연산자입니다. 우리가 흔히 사용하는 사칙 연산(+, −, *, /)이 바로 이항 산술 연산자에 속합니다.

```
math_operator.c

#include <stdio.h>

main() {
    int a = 10, b = 2;

    printf("a 더하기 b = %d\n", a + b);
    printf("a 빼기   b = %d\n", a - b);
```

```
    printf("a 곱하기 b = %d\n", a * b);
    printf("a 나누기 b = %d\n", a / b);
    printf("a 나머지 b = %d\n", a % b);   // 나머지 연산자 %
}
```

```
a 더하기 b = 12
a 빼기   b = 8
a 곱하기 b = 20
a 나누기 b = 5
a 나머지 b = 0
```

%(modulo) 연산자는 '나머지 연산자'라고 합니다. a % b 연산의 결과는 a를 b로 나누었을 때의 나머지 값입니다. 예를 들어, 0보다 큰 어떤 양의 정수를 2로 나머지 연산을 수행하면, 결과는 0 또는 1이 됩니다. 나머지 연산 결과가 0이 나왔다면 무엇을 의미할까요? 또는 1이 나왔다면 무엇을 의미할까요?

0이 나오면 그 양의 정수는 짝수임을, 1이 나오면 홀수임을 의미합니다.

odd_even.c
```
#include <stdio.h>

main() {
    int a;

    printf("양의 정수를 입력하세요: ");
    scanf("%d", &a);

    if (a % 2)   // a % 2가 1이라면, 즉 if(1)은 조건을 만족한다는 의미
        printf("입력한 양의 정수는 홀수입니다.\n");
    else
        printf("입력한 양의 정수는 짝수입니다.\n");
}
```

TIP 조건문은 5장에서 자세히 배웁니다. 지금은 'if 조건을 만족할 경우 else 조건은 만족하지 않는다' 정도로만 코드를 이해하면 됩니다.

그렇다면 a = a + b;는 무엇을 의미할까요?

앞에서 설명했듯이 프로그래밍 언어는 보통 오른쪽에서 왼쪽으로 수행합니다. 따라서 이 명령은 a + b의 결과를 a에 대입하라는 의미로 생각할 수 있습니다.

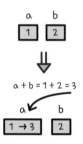

그림 4-3 | a = a + b 명령의 의미

a = a + b;에는 a라는 변수가 중복해서 표현되었습니다. 연산식에서 두 번 사용되었다는 의미입니다. 대입 연산자(=)를 기준으로 왼쪽과 오른쪽에서 모두 a가 사용되었습니다. 컴퓨터 언어에서는 중복된 것을 간단하게 표현하는 방식이 자주 사용됩니다.

a = a + b;는 a += b;로 간소화할 수 있습니다. 그리고 이때 사용된 += 연산자를 **복합 대입 연산자**라고 합니다. a = a * 10;은 a *= 10;과 같으며, a /= 2;는 a = a / 2;로 자유롭게 변환할 수 있습니다.

다음 코드를 실행하여 직접 확인해 보세요.

```
shorthand.c

#include <stdio.h>

main() {
    int a = 1;
    int b = 2;
```

```
    a = a + b;

    printf("a의 값은 %d, b의 값은 %d\n", a, b);
    a *= b;
    b *= 10;

    printf("a의 값은 %d, b의 값은 %d\n", a, b);
}
```

실행 결과

a의 값은 3, b의 값은 2
a의 값은 6, b의 값은 20

4.4 관계 연산자 〉, 〈, 〉=, 〈=, ==, !=

두 개의 피연산자의 값을 비교하여 그 결과를 참(1) 또는 거짓(0)으로 나타내는 연산자를 **관계 연산자**(relational operator)라고 합니다.

1 │ 두 연산자의 값이 같은지를 비교하는 연산자: ==

2 │ 두 연산자의 값이 같지 않은지를 비교하는 연산자: !=

3 │ 두 연산자의 값이 서로 큰지 작은지를 비교하는 연산자: 〉, 〈

4 │ 두 연산자의 값이 서로 크거나 같은지, 작거나 같은지를 비교하는 연산자: 〉= , 〈=

10 == 10 연산의 결과는 무엇일까요? 연산자 ==를 기준으로 왼쪽 피연산자와 오른쪽 피연산자가 같으면 1을, 같지 않으면 0을 결과로 가집니다. 현재는 두 피연산자가 모두 10으로 같으므로 연산 결과는 '참'을 의미하는 1이 나옵니다.

10 != 10은 '10과 10이 같지 않다'라는 의미입니다. 이 문장은 거짓이므로 '거짓' 값을 의미하는 0이 결과로 나옵니다. 그림과 코드로 다시 한번 확인해 보세요.

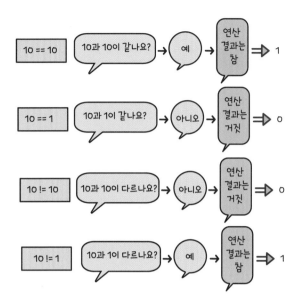

그림 4-4 | ==와 != 연산자는 1과 0을 결과로 가짐

---

relational.c

```c
#include <stdio.h>

main() {
    printf("10 == 10의 값은 %d입니다.\n", 10 == 10);
    printf("10 != 10의 값은 %d입니다.\n", 10 != 10);
    printf("10 > 5의   값은 %d입니다.\n", 10 > 5);
    printf("10 < 5의   값은 %d입니다.\n", 10 < 5);
    printf("10 >= 10의 값은 %d입니다.\n", 10 >= 10);
    printf("10 <= 5의  값은 %d입니다.\n", 10 <= 5);
}
```

실행 결과

```
10 == 10의 값은 1입니다.
10 != 10의 값은 0입니다.
10 > 5의   값은 1입니다.
10 < 5의   값은 0입니다.
10 >= 10의 값은 1입니다.
10 <= 5의  값은 0입니다.
```

4.5 논리 연산자 &&, ||, !

논리 연산자(logical operator)는 연산식의 조합이 참이냐 거짓이냐의 판단이 필요한 경우 사용하는 연산자입니다.

논리 연산자는 세 가지 종류가 있습니다.

1 │ 모두 참일 때만 참인 and 연산자: &&

2 │ 하나라도 참이면 참인 or 연산자: ||

3 │ 참은 거짓으로, 거짓은 참으로 not 연산자: !

and 연산자 &&를 기준으로 왼쪽 연산식과 오른쪽 연산식으로 표현할 수 있습니다. 이 두 피연산식의 결과는 모두 참(1) 또는 거짓(0)으로 계산되며, 그 결과를 && 연산자에 적용합니다.

예를 들어 (5 > 3) && (3 < 2)을 볼까요? (5 > 3)는 참이고, (3 < 2)는 거짓입니다. 3은 2보다 크기 때문이죠. 즉, 이 피연산식은 (참) && (거짓)의 연산식으로 변경할 수 있습니다. 결국 and 연산자의 피연산식이 모두 참이 아니므로 결과는 거짓, 0이 됩니다.

or 연산자 ||는 피연산식이 하나라도 참이면 결과가 참입니다.

> **TIP** |는 키보드 Enter 위에 있는 키를 Shift와 함께 눌러서 입력할 수 있습니다.

(5 > 3) || (3 < 2) 연산식에서 || 연산자 왼쪽과 오른쪽에 있는 피연산식을 수행하면, (참) || (거짓)의 연산식으로 변경할 수 있습니다. 앞서 || 연산자는 피연산식이 하나라도 참이므로 결과는 참, 즉 1이 된다고 했습니다. 즉, 이 문장의 결과는 참(1)입니다.

표 4-1 | 논리 연산자 진리표

AND 수식	결과	OR 수식	결과
거짓 && 거짓	거짓	거짓 || 거짓	거짓
거짓 && 참	거짓	거짓 || 참	참
참 && 거짓	거짓	참 || 거짓	참
참 && 참	참	참 || 참	참
0 && 0	0	0 || 0	0
0 && 1	0	0 || 1	1
1 && 0	0	1 || 0	1
1 && 1	1	1 || 1	1

not 연산자 !는 연산 수식의 반대로 논리를 평가합니다. 연산 수식이 거짓이면 참으로, 참이면
거짓으로 판별합니다. 그러므로 !(5 > 3)는 !(참)이므로 !(1)이 되어, 최종 결과는 참(1)의 반
대 논리인 거짓(0)이 됩니다.

```
logical.c

#include <stdio.h>

main() {
    int a = 5;
    int b = 3;
    int c = 2;

    printf("0 && 0 = %d\n", (a<b) && (b<c)); // 거짓 && 거짓
    printf("0 && 1 = %d\n", (a<b) && (b>c)); // 거짓 && 참
    printf("1 && 0 = %d\n", (a>b) && (b<c)); // 참 && 거짓
    printf("1 && 1 = %d\n", (a>b) && (b>c)); // 참 && 참

    printf("0 || 0 = %d\n", (a<b) || (b<c)); // 거짓 || 거짓
    printf("0 || 1 = %d\n", (a<b) || (b>c)); // 거짓 || 참
    printf("1 || 0 = %d\n", (a>b) || (b<c)); // 참 || 거짓
    printf("1 || 1 = %d\n", (a>b) || (b>c)); // 참 || 참

    printf("!0 = %d\n", !(5<3)); // !(거짓)
    printf("!1 = %d\n", !(5>3)); // !(참)
}
```

```
0 && 0 = 0
0 && 1 = 0
1 && 0 = 0
1 && 1 = 1
0 || 0 = 0
0 || 1 = 1
1 || 0 = 1
1 || 1 = 1
!0 = 1
!1 = 0
```

5장에서 조건문을 자세하게 설명하겠지만, 조건문은 참과 거짓에 따라 명령어 수행의 분기가 이루어집니다. 즉, 명령어가 두 갈래 이상의 길로 나뉩니다.

참과 거짓이란, 그림 4-5처럼 "당신은 남자인가요?"라는 조건에 따라 참이면 a 건물로, 거짓이면 b 건물로 간다는 것을 의미합니다.

그림 4-5 | 참과 거짓에 따른 수행의 분기 예시

그림 4-5를 간단히 사람이 읽을 수 있는 코드로 나타내면 다음과 같습니다.

```
if (당신은 남자인가요 ? )
    printf("a 건물로 가세요.\n");

else
    printf("b 건물로 가세요.\n");
```

"당신은 남자인가요?"라는 조건식 질문에 대한 답이 참이면 a 건물로, 거짓이면 b 건물로 가도록 하는 코드입니다. 조건문에는 조건식이 필요하고 논리 연산자의 결과는 참과 거짓만을 가지므로 논리 연산자는 조건문의 조건식으로 주로 사용됩니다.

다음 코드는 조건식에 논리 연산자를 사용하여 참과 거짓으로 나누어, 서로 다른 정수의 크기 관계를 판별하는 예제입니다.

if_else.c
```
#include <stdio.h>

main() {
    int a, b, c;

    printf("서로 다른 정수 3개를 입력하세요:\n");
    printf("a = ");

    scanf("%d", &a);
    printf("b = ");

    scanf("%d", &b);
    printf("c = ");

    scanf("%d", &c);

    if ((a>b) && (a>c))
        printf("a는 b와 c보다 큰 수이다.\n");
    else
        printf("a는 적어도 b와 c중 하나 보다는 작다.\n");
    if ((b>a) || (b>c))
        printf("b는 적어도 a와 c중 하나 보다는 크다.\n");
    else
        printf("b는 가장 작은 수이다.\n");
}
```

서로 다른 정수 3개를 입력하세요:

a = 3

b = 7

c = 1

a는 적어도 b와 c중 하나 보다는 작다.

b는 적어도 a와 c중 하나 보다는 크다.

4.6 이박사와 함께 생각하는 C 언어 Ⅰ : 반도체 회로 설계

여러분은 반도체 회로 설계를 위한 컴퓨터 공학과 전자 공학의 차이를 알고 있나요? 처음부터 너무 질문이 어려웠나요? 질문을 바꾸어 보겠습니다.

컴퓨터는 어떻게 만들까요? 핸드폰은 어떻게 만들까요? 그리고 이를 만들려면 어디서부터 시작해야 할까요? 컴퓨터, 핸드폰, TV는 모두 디지털 회로 설계(digital circuit design)가 그 시작이라고 할 수 있습니다. 그렇다면 디지털 회로는 무엇일까요? 디지털은 무엇이고, 회로는 무엇일까요?

우리는 지금 C 언어를 배우는 중인데, 갑자기 회로 설계에 대해서 얘기하는 데는 이유가 있습니다. 필자는 반도체 회로 설계 전문가로서 컴퓨터 과학과 전자 공학의 상관 관계에 대해서 간단히 소개하고자 합니다.

다시 돌아가서 "핸드폰은 어떻게 만들까요?"에 대한 답을 하겠습니다. 핸드폰은 특정 명령을 수행하는 기기입니다. 특정 명령은 주로 디지털 신호로 전달되고, 디지털 신호는 우리가 배웠듯이 0과 1의 신호입니다. 한마디로 특정 디지털 신호가 입력으로 들어오고, 출력으로 나가는 것이 디지털 회로입니다. 우리 주변에 있는 다양한 전자 기계는 모두 디지털 회로로 구성되어 있다고 해도 과언이 아닙니다.

입력으로 0이 들어오면 출력으로 1이 나가는 디지털 회로를 설계한다고 가정하겠습니다. 바로 앞에서 배운 not 연산자를 사용해서 이 회로를 만들 수 있습니다.

또 다른 예를 들어 볼까요? 그림 4-6과 같이 입력으로 10, 01, 00이 들어오면 출력이 0이 나가고, 11이 들어오면 출력이 1이 나가는 것은 and 연산자(&&)로 구현할 수 있답니다.

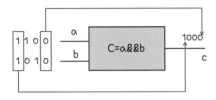

그림 4-6 | and 연산자로 구현한 디지털 회로

반도체 회로 설계는 크게 다음 과정을 거칩니다. 이 과정은 컴퓨터 공학과 전자 공학의 이론적 배경을 기반으로 학문간의 융합을 통해 설계 과정을 진행합니다.

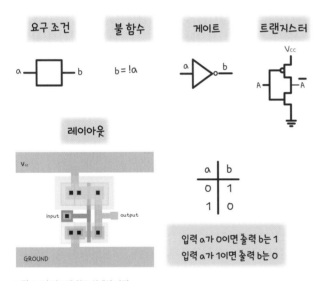

그림 4-7 | 반도체 회로 설계의 과정

입력 a가 0이면 출력 b는 1이 되고, 입력 a가 1이면 출력 b는 0이 나가는 회로를 만든다고 할 때, 이를 바로 **회로의 요구 조건**(specification)이라고 부릅니다. 과학/공학 분야에서는 이렇게 문장으로 되어 있는 요구 조건을 간단하게 표현해야 이해하거나 정보를 전달하는 데 효율적입니다.

참 또는 거짓, 즉 1과 0의 상태를 가지고 and, or, not 연산을 사용하여 만든 함수를 **불 함수**(Boolean function)라고 합니다. 앞에서 언급한 회로의 요구 조건을 불 함수를 사용해서 표현하면 뭐가 될까요?

b = not a 또는 b = !a라고 표현할 수 있습니다. 말로 표현된 요구 조건을 불 함수를 사용하니 좀 더 일목요연하네요!

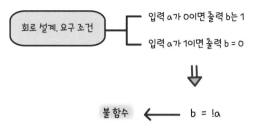

그림 4-8 | 회로의 요구 조건을 불 함수를 사용해 간단하게 표현

불 함수는 논리 게이트를 통해 상징적인 그림으로 표현할 수 있습니다. 논리 게이트는 우리가 배운 논리 연산자 AND 연산자(&&), OR 연산자(||), NOT 연산자(!)를 표식으로 상징화한 것입니다.

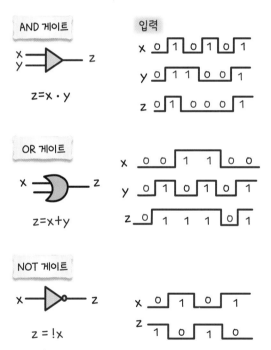

그림 4-9 | 논리 연산자를 상징화한 논리 게이트

논리 게이트는 그림을 통해 회로를 상징적으로 표현한 것으로, 이로 인해 개발자들은 회로를 더욱 쉽게 이해할 수 있습니다. 이제 회로를 실질적으로 동작하기 위해 트랜지스터 수준으로 회로 수준을 구체화할 차례입니다.

> **TIP** 반도체 회로를 설계 과정은 어느 정도 깊이와 배경 지식이 필요한 내용이므로 이해가 어려울 수 있습니다. 따라서 지금부터 나오는 내용은 편하게 읽고 넘어가도 됩니다.

모든 디지털 회로는 CMOS 트랜지스터로 구성되어 있다고 할 수 있습니다. 트랜지스터에 대한 구체적인 설명은 여기서는 생략하겠습니다. 그림 4-10처럼 not 게이트는 inverter 트랜지스터로 변환하여 표시할 수 있습니다.

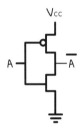

그림 4-10 | inverter 트랜지스터

inverter 트랜지스터 A 입력으로 전압 5V가 가해지면, 즉 디지털 값 1이 전달되면 출력 A에는 0V, 즉 디지털 값 0이 출력됩니다. 마찬가지로 입력에 0이 전달되면 출력에는 1이 나오도록 CMOS 트랜지스터로 설계되어 있습니다.

쉽게 말해 실제 회로의 동작을 그림으로 표현하고자 논리 게이트를 트랜지스터 형태로 변환한 것입니다. 이를 통해 개발자들은 전류(current)의 흐름과 전압(voltage)의 차이를 쉽게 이해할 수 있습니다.

트랜지스터 수준의 회로 설계가 완료된 후에는 실질적으로 그림 4-11과 같이 회로 설계의 레이아웃을 전류가 통하는 도체의 선(wire)을 통해 직접 배치합니다. 그러면 회로가 구현되어 완성되는 것입니다. 우리가 사용하는 핸드폰이나 컴퓨터 회로도 모두 이와 같은 방법으로 설계하여 회로를 구현하는 것입니다.

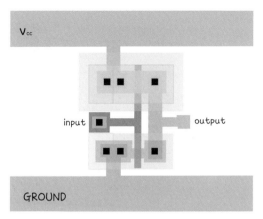

그림 4-11 | 회로 설계 레이아웃

다시 말하지만, 반도체 회로 설계 과정은 깊이와 배경 지식이 필요한 내용이므로, 여기서는 그저 편하게 읽고 넘어가도 괜찮습니다. 그러면 왜 C 언어 책에서 이 얘기를 하는 걸까요?

우리는 C 언어를 배우면서 컴퓨터 과학을 공부하고 있다고 생각하지만, 조금만 넓게 생각해 보면 모든 학문은 서로 연관되어 있습니다. 특히 전자공학과는 아주 밀접한 관계에 있다는 것을 조금이나마 느끼고 생각하면 좋을 것 같습니다.

지금까지 C 언어에서 배우는 && ¦¦ ! 연산자가 전자 공학 관점에서 게이트와 트랜지스터로 모델링되고 확장되어, 반도체 회로 설계가 이루어지는 것을 알아보았습니다. 우리가 사용하는 모든 전자 기기와 제품들은 컴퓨터공학과 전자공학의 상호 연계에 의해서 이루어진 것이라고 할 수 있습니다. 그러므로 우리는 컴퓨터 언어를 공부한다고 해도 넓은 시야를 가지고 사물을 바라보고 인지할 수 있어야 한다는 것을 꼭 기억하세요.

4.7 조건 연산자

조건 연산자(conditional operator)는 세 개의 피연산자를 항으로 가집니다. 항이 세 개 있어 삼항 연산자라고도 합니다. 조건 연산자는 그림 4-12와 같은 형태입니다.

A ? B : C

A → 조건식

B → 조건식 A가 참이면 수행

C → 조건식 A가 거짓이면 수행

그림 4-12 | 조건 연산자의 형태

A항은 조건식을 의미하고, 이 조건식은 참과 거짓의 결과를 갖습니다. B와 C항은 변수 또는 연산자, 명령어 등 다양하게 구성될 수 있습니다. A항의 조건식이 참이면 조건 연산자의 결과는 B가 되고, A항의 조건식이 거짓이면 조건 연산자의 결과는 C가 되는 것이 삼항 연산자입니다.

즉, 조건식이 참이거나 0이 아닌 값을 가지면 B를 수행하고 조건식이 거짓이거나 0인 값을 가지면 C를 수행합니다.

다음 예제 코드에서 조건 연산자를 이해한 뒤 b의 출력 값이 무엇일지 생각해 보세요.

```
conditional.c

#include <stdio.h>

main() {
    int a, b;

    printf("a 입력 값이 10보다 크면 b는 2 그렇지 않으면 b는 1의 값이 됩니다.\n");
    printf("a 값을 입력하세요: ");
    scanf("%d", &a);

    b = a > 10 ? 2 : 1; // 삼항 연산자

    printf("b의 값은 %d입니다.\n", b);
}
```

a 입력 값이 10보다 크면 b는 2 그렇지 않으면 b는 1의 값이 됩니다

a 값을 입력하세요: 15

b의 값은 2입니다

또는

a 입력 값이 10보다 크면 b는 2 그렇지 않으면 b는 1의 값이 됩니다

a 값을 입력하세요: 7

b의 값은 1입니다

조건식 a > 10의 결과는 입력 값에 의해 참 또는 거짓이 판별됩니다. 참이라면 조건 연산자의 결과는 2가 되고 거짓이라면 1이 됩니다. 조건 연산자 수행 후 결과 2 또는 1은 변수 b에 대입됩니다.

일반적으로 0은 거짓이고 1은 참이라고 알고 있지만, 사실 0 이외의 값은 모두 참입니다. 0만 거짓인 것이지요. 그렇다면 다음 예제 코드 결과가 어떻게 나올지 생각해 보세요.

true.c

```c
#include <stdio.h>

main() {
    if (-3.3)
        printf("TRUE 1\n");
    if (3)
        printf("TRUE 2\n");
    if (1)
        printf("TRUE 3\n");
    if (0)
        printf("TRUE 4\n");
}
```

TRUE 1

TRUE 2

TRUE 3

미션 4: 조건 연산자 사용하기

다음은 두 수를 입력받아 입력된 두 수 중 큰 수를 출력하는 코드를 if 조건문을 사용하여 구현한 프로그램입니다. 이 코드와 동일한 결과가 수행되도록 조건 연산자(삼항 연산자)를 사용하여 if-else 부분의 코드를 변경하세요.

condition_mission1.c

```c
#include <stdio.h>

main() {
    int a, b;

    printf("두 개의 서로 다른 정수를 입력하세요:\n");
    printf("a = ");
    scanf("%d", &a);
    printf("b = ");
    scanf("%d", &b);

    if (a > b)          // 만약 a가 b보다 크면
        printf("입력된 두 수 중 큰 값은 %d입니다.\n", a);
    else                // a가 b보다 같거나 작다면
        printf("입력된 두 수 중 큰 값은 %d입니다.\n", b);
}
```

실행 결과

```
두 개의 서로 다른 정수를 입력하세요:
a = 3
b = 7
입력된 두 수 중 큰 값은 7입니다.
```

정답을 공개합니다. 여러분이 작성한 코드와 같은지 확인해 보세요.

condition_mission2.c

```c
#include <stdio.h>

main() {
    int a, b;

    printf("두 개의 서로 다른 정수를 입력하세요:\n");
    printf("a = ");
    scanf("%d", &a);
    printf("b = ");
    scanf("%d", &b);
```

```
    printf("입력된 두 수 중 큰 값은 %d입니다.\n", a > b ? a : b);
}
```

4.8 비트 연산자 &, |, ^, ~, <<, >>

컴퓨터에서 정보를 저장하는 최소 단위는 **비트**(bit)라고 하였습니다. 컴퓨터는 복잡한 연산을 수행하는 것처럼 보이지만, 사실은 0과 1이라는 단순한 값을 갖는 정보 단위 비트를 이용하여 모든 것을 처리합니다.

비트 연산자(bit operator)는 비트 논리 연산자(bit logic operator)와 비트 시프트 연산자(bit shift operator), 비트 보수 연산자(bit complementary operator)로 나뉩니다.

비트 논리 연산자

먼저 비트 논리 연산자는 네 가지로 나뉩니다.

❶ **&(AND 비트 연산자)**: 두 입력 비트의 값이 모두 1일 때만 출력 결과 비트를 1로 설정합니다.

입력 1	입력 2	출력
0	0	0
0	1	0
1	0	0
1	1	1

❷ **|(OR 비트 연산자)**: 두 입력 비트의 값이 하나라도 1인 경우 출력 결과 비트를 1로 설정합니다.

입력 1	입력 2	출력
0	0	0
0	1	1
1	0	1
1	1	1

③ ^(XOR 비트 연산자): 두 입력 비트의 값이 서로 다른 경우에만 출력 결과 비트를 1로 설정합니다.

입력 1	입력 2	출력
0	0	0
0	1	1
1	0	1
1	1	0

④ ~(tild 보수 연산자): 단항 연산자이고, 각 비트의 값을 반대로 바꿉니다. 1의 보수라고도 합니다.

~(1010) → (0101)

> **TIP**
> 1의 보수는 4.9절 '이박사와 함께 생각하는 C 언어'에서 소개합니다.

다음 예제 코드를 통해 비트 연산을 이해하겠습니다.

bit_operator.c

```c
#include <stdio.h>

main() {
    int a = 178;
    int b = 104;
    int c = 10;

    printf("%d & %d = %d\n", a, b, a & b);
    printf("%d | %d = %d\n", a, b, a | b);
    printf("%d ^ %d = %d\n", a, b, a ^ b);
    printf("c = %d, ~c = %d\n", c, ~c);
}
```

실행 결과

```
178 & 104 = 32
178 | 104 = 250
178 ^ 104 = 218
c = 10, ~c = -11
```

이 프로그램은 정수형 변수 a의 값 178과 정수형 변수 b의 값 104의 비트 연산을 수행하고자 합니다. 문득 '178은 비트가 아닌데 비트 연산을 어떻게 해야 할까?'라는 생각이 들 것입니다.

하지만 잊지 마세요. 컴퓨터는 모든 숫자를 비트로 변환해서 저장하고 연산을 수행한다고 하였습니다. 정수 178을 비트 연산하려면 비트로 변환해서 사용하면 됩니다.

printf 출력에서 %d, 즉 10진수(decimal)로 표현하라고 하였으므로 비트 연산의 결과는 10진수 형태로 출력됩니다.

또 정수형 변수 c의 값 10에 보수 연산(~)을 수행한 결과를 확인해 보세요.

10진수 10을 2진수로 변환하면 1010이고, ~(1010)을 수행하면 0101이 되어 결과는 10진수 5가 출력될 것이라 예상됩니다. 그러나 결과를 보면 10진수 −11이 출력되었네요. 그 이유가 무엇인지 4.9절 '이박사와 함께 생각하는 C 언어'에서 다루겠습니다.

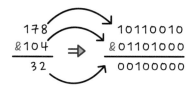

그림 4-13 | 비트 연산의 과정

비트 시프트 연산자

시프트 연산자는 정수형 변수 또는 상수 값의 비트를 지정된 수만큼 이동하는 연산자입니다.

① x ≪ n : 비트를 지정된 수 n만큼 왼쪽으로 이동하는 연산자입니다. 이동 후 오른쪽에 생기는 빈 자리는 0으로 채워집니다.

예 00000010 ≪ 2 → 00001000

❷ **x >> n** : 비트를 지정된 수 n만큼 오른쪽으로 이동하는 연산자입니다. 이동 후 왼쪽에 생기
는 빈 자리는 0으로 채워집니다.

예 00001000 >> 2 → 00000010

x << n은 x의 값을 2^n으로 곱하는 결과와 같고 x >> n은 x의 값을 2^n으로 나누는 결과와 같습
니다. 코드를 실행하여 직접 확인해 보세요.

bit_shift.c

```c
#include <stdio.h>

main() {
    int x = 4;
    int n = 2;

    printf("%d << %d = %d\n", x, n, x << n);
    printf("%d >> %d = %d\n", x, n, x >> n);
}
```

실행 결과

```
4 << 2 = 16
4 >> 2 = 1
```

**4.9 이박사와 함께 생각하는 C 언어 Ⅱ
: 모든 방의 불을 제어하자**

이번 코너에서는 두 가지를 이야기하고자 합니다.

첫 번째는 "C 언어에서는 음수를 어떻게 표현하는가?"이고, 두 번째는 비트 연산을 실제로 응
용하는 코드를 작성하면서 비트 연산의 활용에 대해 소개하겠습니다.

C 언어에서 음수를 표현하는 방법

먼저 음수 표현부터 알아봅시다. 지금까지 우리는 C 언어 프래그래밍을 하면서 음수에 대해
깊이 있게 생각하지 않고 사용하였습니다. 예를 들어 정수형 변수 a에 음수 -10을 저장하고자
int a = -10;과 같이 쉽게 표현하였습니다.

그렇다면 −10은 메모리 비트에 어떻게 저장될까요? 10진수 10을 저장하려면 2진수 1010으로 변경한 다음 비트에 저장된다고 배웠습니다. 그런데 음수, 즉 마이너스(−)는 어떻게 표현해야 할까요?

> **TIP** 음수를 표현하지 못하면 뺄셈을 할 수가 없습니다. 예를 들어 10 − 5는 (+10) + (−5)와 같이 양수 10과 음수 −5를 더한 결과라고 생각하면 됩니다. −5를 2진수로 표현할 수 있다면 10 − 5라는 뺄셈을 계산할 수 있을 것입니다.

음수를 표현하려면 특별한 조치를 취해야 하는데, 먼저 세 가지 법칙을 알아야 합니다.

첫 번째 법칙은 양수와 음수를 구분하기 위한 **부호와 절대치**(sign and magnitude)입니다.

다른 말로 **MSB**(Most Significant Bit) **방법**이라고도 하는데, 이는 최상위 비트를 사용하여 숫자가 양수인지 음수인지를 구분하는 방법입니다.

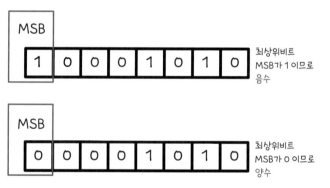

그림 4-14 | 최상위 비트로 양수와 음수를 구분하는 방법

앞서 비트 연산자 ~는 '1의 보수'라고 말한 것을 기억하나요? 그리고 1의 보수는 2진수로 된 숫자의 비트를 모두 반전시키는 것이라고 했습니다. 예를 들어 ~(1010)은 (0101)이 됩니다. 다시 말해 (1010)의 1의 보수 값은 (0101)이라고 할 수 있습니다.

'2의 보수'도 있습니다. 2의 보수는 1의 보수의 과정을 거친 값에 1을 더한 값입니다. 예를 들어 (1010)의 2의 보수는 1의 보수인 (0101)에 1을 더한 값인 (0110)이 됩니다.

특정 숫자를 1의 보수와 2의 보수 과정을 차례대로 거치면 음수로 표현할 수 있습니다. 그 예로, 5를 이용하여 1의 보수, 2의 보수 과정을 거쳐 −5를 표현하면 그림 4-15와 같습니다.

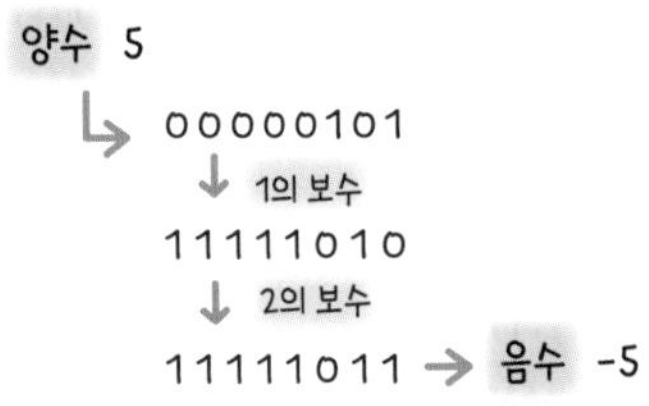

그림 4-15 | C 언어에서 5를 음수로 표현하는 과정

이제 우리는 수식 5 − 5가 어떻게 비트로 저장되고 계산되는지 이해할 수 있습니다. 그림 4-16 과 같은 과정을 거쳐 5 − 5 = 0이 되는 것입니다.

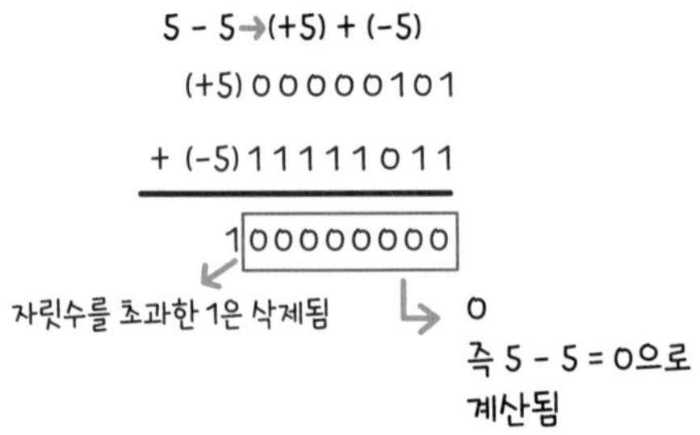

그림 4-16 | 5 − 5를 계산하는 과정

지금까지 특정한 숫자가 1의 보수와 2의 보수를 거쳐 음수로 표현되고 뺄셈이 수행되는 과정을 알아보았습니다.

이제 앞의 예제 코드에서 ~10의 결과가 −11인 것도 이해할 수 있을 것입니다. 특정 숫자 a를 음수로 표현하려면 1의 보수를 취한 값에 1을 더하면 되므로 (~a) + 1을 하면 됩니다. 즉, -a == (~a) + 1이라고 할 수 있습니다. 그러므로 (~a) == -a -1이라고도 표현할 수 있습니다. (~10) == -10 - 1이므로 −11이 나오는 것입니다.

```
complement.c
#include <stdio.h>

main() {
    int c = 10;
    printf("%d\n", ~c);
}
```

−11

비트 연산자 응용하기

예제를 통해 비트 연산자를 어떻게 응용하는지 설명하겠습니다. 비트 연산자는 주로 어떤 목적을 위해 사용할까요? 예제를 통해서 비트 연산의 필요성을 이해해 봅시다.

> **TIP** 이 내용은 조건문과 반복문을 이해하고 있어야 하므로 처음에는 눈으로만 읽고, 5장과 6장을 학습한 후 다시 돌아와서 살펴보세요!

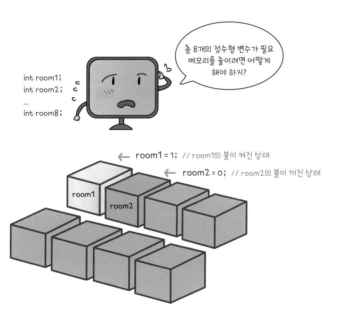

그림 4-17 | 8개의 정수형 변수가 필요한 상황

8개 방의 불이 켜져 있는지 꺼져 있는지 확인하려면 정수형 변수 8개가 필요합니다. 따라서 8 * 4바이트=총 32바이트의 메모리를 사용해야 합니다. 변수 8개를 사용하여 방의 상태를 점검하기 위한 코드의 예는 다음과 같습니다. 다른 식으로 작성할 수도 있습니다.

```c
#include <stdio.h>

main() {
    // 8개 방에 대한 정수형 변수를 각각 생성, 4 * 8 = 32바이트 사용
    // 각 변수가 0이면 불이 꺼진(off) 상태, 1이면 켜진(on) 상태
    // 모든 방을 불이 꺼진 상태로 초기화
    int room1 = 0, room2 = 0, room3 = 0, room4 = 0;
    int room5 = 0, room6 = 0, room7 = 0, room8 = 0;

    // 2번 방과 7번 방의 불을 켜진(on) 상태로 변경
    room2 = room7 = 1;

    // 1번 방, 2번 방, 7번 방의 불의 상태를 확인하여 출력
    if (room1 == 1)  // if (room1)로 표현 가능
        printf("1번 방의 불은 켜져(on) 있습니다.\n");
    else
        printf("1번 방의 불은 꺼져(off) 있습니다.\n");
    if (room2 == 1)
        printf("2번 방의 불은 켜져(on) 있습니다.\n");
    else
        printf("2번 방의 불은 꺼져(off) 있습니다.\n");

    if (room7 == 1)
        printf("7번 방의 불은 켜져(on) 있습니다.\n");
    else
        printf("7번 방의 불은 꺼져(off) 있습니다.\n");
}
```

실행 결과

1번 방의 불은 꺼져(off) 있습니다.
2번 방의 불은 켜져(on) 있습니다.
7번 방의 불은 켜져(on) 있습니다.

8개의 방에 각각 정수형 변수를 사용하여 1과 0을 저장함으로서 방에 불이 켜져 있는지 꺼졌는지 확인하는 코드를 작성하였습니다. 그러나 이 방법은 메모리 사용 측면에서 효율적이지 않습니다. 메모리를 절약하기 위한 방법으로 문자형 변수 하나만 사용하고, 비트 연산을 통해 8개 방의 불이 켜졌는지 꺼졌는지에 대한 정보를 저장할 수 있습니다.

문자형 변수는 1바이트의 메모리를 사용하므로 8비트 메모리로 구성되어 있습니다. 비트 8개를 각 방의 점등 상태를 저장하는 비트로 지정할 수 있습니다.

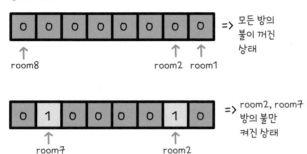

그림 4-18 | 8개의 비트로 각 방의 점등 상태를 저장 및 수정할 수 있음

이처럼 비트 연산자를 사용해 각 방의 불이 켜졌는지 꺼졌는지 상태를 확인할 수 있습니다. 또한 불이 켜진 방의 불을 끄고, 불이 꺼진 방은 켤 수도 있습니다.

세부적인 예제 코드는 다음과 같습니다. 코드를 하나하나 보면서 어떻게 동작하는지 이해해 보세요.

room_onoff2.c

```
#include <stdio.h>

main() {
    char room = 0;
    int i, j;

    printf("2번 방과 7번 방의 불을 on합니다.\n\n");

    room |= 2;       // 0000 0010 마스크와 비트 OR 연산으로 두 번째 비트를 켬
    room |= 64;      // 0100 0000 마스크와 비트 OR 연산으로 일곱 번째 비트를 켬

    if (room & 1)    // & 연산자로 0000 0001 비트가 켜져 있는지 확인
        printf("1번 방은 켜져(on) 있습니다.\n");
    else
        printf("1번 방은 꺼져(off) 있습니다.\n");

    if (room & 2)    // & 연산자로 0000 0010 비트가 켜져 있는지 확인, 2번 방 확인
        printf("2번 방은 켜져(on) 있습니다.\n");
```

```c
    else
        printf("2번 방은 꺼져(off) 있습니다.\n");

    if (room & 64)  // & 연산자로 0100 0000 비트가 켜져 있는지 확인, 7번 방 확인
        printf("7번 방은 켜져(on) 있습니다.\n");
    else
        printf("7번 방은 꺼져(off) 있습니다.\n");
    printf("\n");

    printf("2번 방의 불을 끄겠습니다\n");
    room &= ~2;      // 2번 방의 비트를 1 –> 0으로 반전하고 & 연산

    if (room & 2)    // & 연산자로 0000 0010 비트가 켜져 있는지 확인
        printf("2번 방은 켜져(on) 있습니다.\n");
    else
        printf("2번 방은 꺼져(off) 있습니다.\n");
    printf("\n");
    printf("1번 방이 켜져 있다면 끄고 꺼져 있다면 켜겠습니다\n");

    room ^= 1;

    if (room & 1)  // & 연산자로 0000 0001 비트가 켜져 있는지 확인
        printf("1번 방은 켜져(on) 있습니다.\n");
    else
        printf("1번 방은 꺼져(off) 있습니다.\n");
    printf("\n");

    printf("현재 모든 방의 점등 상태를 확인하겠습니다!\n");

    for (i = 1, j = 1; i <= 128; i = i * 2, j++) {
        if (room & i)
            printf("%d번 방은 켜져(on) 있습니다.\n", j);
        else
            printf("%d번 방은 꺼져(off) 있습니다.\n", j);
    }
}
```

실행 결과

2번 방과 7번 방의 불을 on합니다.

1번 방은 꺼져(off) 있습니다.
2번 방은 켜져(on) 있습니다.

7번 방은 켜져(on) 있습니다.

2번 방의 불을 끄겠습니다
2번 방은 꺼져(off) 있습니다.

1번 방이 켜져 있다면 끄고 꺼져 있다면 켜겠습니다
1번 방은 켜져(on) 있습니다.

현재 모든 방의 점등 상태를 확인하겠습니다!
1번 방은 켜져(on) 있습니다.
2번 방은 꺼져(off) 있습니다.
3번 방은 꺼져(off) 있습니다.
4번 방은 꺼져(off) 있습니다.
5번 방은 꺼져(off) 있습니다.
6번 방은 꺼져(off) 있습니다.
7번 방은 켜져(on) 있습니다.
8번 방은 꺼져(off) 있습니다.

8비트를 사용하여 각 방의 점등 상태를 on 또는 off로 저장하였습니다. 왜 이렇게 했을까요?

예를 들어 현재 방들의 점등 상태가 2번 방과 7번 방만 불이 켜진(on) 상태인 경우, 1번 방의 점등 상태를 확인하고자 하는 수식은 그림 4-19처럼 & 비트 연산을 수행하면 됩니다. 즉, 점등 상태를 알고자 하는 비트 위치와 1을 & 연산을 수행하여, 0이면 해당 방은 꺼진 상태이고 1이면 켜진 상태인 것으로 확인하는 것입니다.

참고로 room & i 는 01000010 & 00000000 = 00000000이 되어 모든 비트의 값은 0이 되고, 조건문 if의 수식 결과도 false가 됩니다.

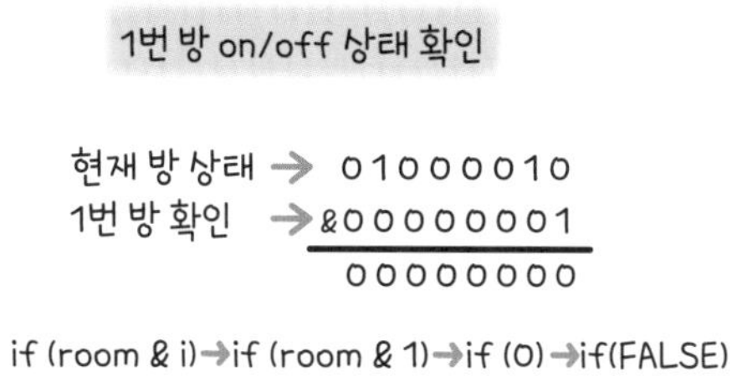

1번 방 on/off 상태 확인

현재 방 상태 → 01000010
1번 방 확인 → &00000001
00000000

if (room & i)→if (room & 1)→if (0)→if(FALSE)

그림 4-19 | 1번 방의 상태를 확인하려면 & 연산을 수행

마찬가지로 2번 방과 7번 방의 상태를 확인하려면 그림 4-20처럼 하면 됩니다.

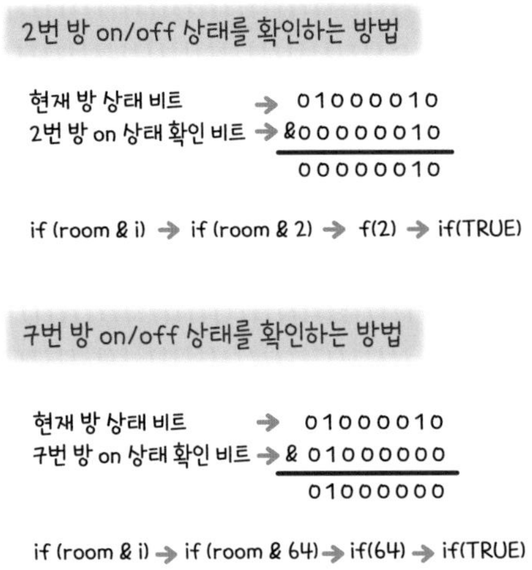

2번 방 on/off 상태를 확인하는 방법

```
현재 방 상태 비트        → 01000010
2번 방 on 상태 확인 비트 → &00000010
                          00000010
```

if (room & i) → if (room & 2) → f(2) → if(TRUE)

구번 방 on/off 상태를 확인하는 방법

```
현재 방 상태 비트        → 01000010
구번 방 on 상태 확인 비트 → & 01000000
                          01000000
```

if (room & i) → if (room & 64) → if(64) → if(TRUE)

그림 4-20 | 2번 방과 7번 방의 상태를 확인하는 방법

이렇게 비트 연산자를 이용하면 8비트만으로 8개의 방에 불을 켜거나 끌 수 있습니다. 또 불이 켜진 방은 끄고 꺼진 방은 켜기도 할 수 있으며 언제든지 방의 점등 상태를 확인할 수 있습니다. 만약 비트 연산을 사용하지 않았다면 프로그램을 수행하기 위해 몇 배의 메모리를 사용해야 했을 것입니다.

프로그램이 정상적으로 동작하는 것도 중요하지만, 좋은 개발자는 정상 동작하는 것은 물론 최적화된 메모리를 사용하여 빠르게 동작하는 프로그램을 작성해야 합니다.

5장

여자는 1번 방으로,
남자는 2번 방으로
- 조건문

"오늘 점심은 무얼 먹을까?", "과자를 살까, 아니면 음료수를 살까?", "아침에 6시에 일어날까, 7시에 일어날까?" 등 우리는 매일 결정해야 되는 상황들을 마주합니다. 컴퓨터도 어떤 일을 처리하려면 수없이 많은 결정을 해야 하는데, 이러한 결정은 어떤 조건인지에 따라서 달라집니다. "배가 고프면 사과를 먹고, 아니라면 먹지 않는다."와 같이 컴퓨터에게 어떤 조건을 알려주고 결정을 하도록 하는 것은 프로그래밍에서 필수적입니다. 지금부터 C 언어에는 어떤 조건문이 있으며, 어떻게 컴퓨터가 조건문을 가지고 결정을 내리고 일을 수행하는지 알아보겠습니다.

구조적 또는 절차적(순차적) 컴퓨터 언어(structural language)의 특징은 무엇일까요? 말 그대로 절차적으로 프로그램의 순서가 진행된다는 의미입니다. 코드가 작성된 순서대로 위에서 아래로 명령어의 흐름이 이어진다는 것입니다. 그러면 위에서 아래로 흘러가기만 하면 모든 복잡한 명령어가 제대로 수행될 수 있을까요?

당장 오늘 점심 먹는 일을 예로 들어 봅시다. "오늘 점심으로 햄버거를 먹을까?"라는 간단한 일에도 "그래! 햄버거를 먹자!" 또는 "아니! 난 햄버거 먹기 싫어!"와 같이 여러 가지로 수행이 나뉩니다. 이처럼 어떤 일에는 수행 흐름의 분기가 필요합니다.

그림 5-1 | 점심 먹는 일도 여러 가지로 수행이 나뉨

컴퓨터 언어에서는 명령어를 수행하는 과정에서 흐름 제어(flow control)가 되어야 의도한 대로 동작이 이루어집니다. 다른 말로 컴퓨터 언어는 명령어 흐름을 제어할 수 있다는 뜻이지요. 흐름을 나누려면 이 역할을 하는 명령어 문장, 즉 '제어문'이 있어야 하는데, 이를 프로그래밍 언어의 '조건문'이라고 합니다.

C 언어에서는 두 개의 조건문이 있습니다. 하나는 if 조건문이고 나머지 하나는 switch 분기문입니다. if 조건문은 프로그래밍 흐름의 갈림길이라고 할 수 있습니다. '조건'이 참이면 '문장 1'을 수행하는 형식입니다.

그림 5-2 | if 조건문에 따라 문장이 분기됨

```
if (조건문) 문장 1;
문장 2
```

```
if (조건문)
  문장 1;
문장 2
```

if 조건문에 따라 문장을 분기하며 조건문의 결과는 참(TRUE, 1) 또는 거짓(FALSE, 0)이 나옵니다. 참이면 문장 1을 수행한 후에 문장 2를 수행하고, 거짓이면 문장 1을 수행하지 않고 바로 문장 2를 수행합니다. 조건문의 결과에 따라 문장 1이 수행되거나 수행되지 않거나 하는 것이지요. 다시 말해 if 조건문이 참이면 문장 1을 수행하고 문장 2로 제어가 넘어가지만, 거짓이라면 문장 1을 수행하지 않고 바로 다음 문장 2로 제어가 넘어가는 것입니다.

다음 코드에서처럼 조건문에는 5 > 3, 5 + 3 같은 수식이 들어갈 수도 있습니다. 또는 변수로 구성된 수식도 조건문이 될 수 있습니다. 단, 조건문의 결과는 항상 참 또는 거짓 두 가지만 나올 수 있습니다.

> **TIP**
> C 언어에서 숫자 0은 거짓이고, 0 이외의 모든 숫자는 참이라는 것을 기억하세요!

condition_if.c

```c
#include <stdio.h>

main() {
    int a = 5, b = 3;

    if (5 > 3) // if (참)
        printf("A\n");
    printf("B\n");

    if (5 + 3) printf("C\n"); // if (참)
    printf("D\n");

    if (5 - 5) printf("E\n"); // if (거짓)

    if (a > b) printf("F\n"); // if (참)
    printf("G\n");

    if (a < 3) printf("H\n"); // if (거짓)
    printf("I\n");
}
```

실행 결과

```
A
B
C
D
F
G
I
```

조건문이 참일 때 수행하고 싶은 문장이 여러 개이면 어떻게 할까요?

중괄호 { } 사이에 수행하고 싶은 문장을 순서대로 나열하면 됩니다. 이처럼 여러 문장이 있을 때 { }를 사용하여 묶는 방식은 조건문에서뿐만 아니라 C 언어에서 전체적으로 통용되는 원칙 중 하나입니다.

condition_if2.c

```c
#include <stdio.h>

main() {
    if (5 > 3) {
        printf("A\n");
        printf("B\n");
    }
    printf("C\n");

    if (5 < 3) {
        printf("D\n");
        printf("E\n");
    }
    printf("F\n");
}
```

실행 결과

```
A
B
C
F
```

5.3 참이면 A, 거짓이면 B: if~else

지금까지는 조건문이 참이면 A를 출력하고 그렇지 않으면 A를 출력하지 않는 if 조건문을 사용하였습니다. 조건문이 참이면 A를 출력하고 그렇지 않으면 B를 출력하는 조건문은 if~else를 사용하여 프로그래밍합니다.

```
condition_ifelse.c
#include <stdio.h>

main() {
    int a = 5;

    if (a > 3)                  // if (참)
        printf("A\n");          // 조건문이 참이면 실행
    else
        printf("B\n");          // 조건문이 거짓이면 실행
    printf("C\n");

    if (a > 8) printf("D\n");   // 조건문이 참이면 실행

    else printf("E\n");         // 조건문이 거짓이면 실행

    printf("F\n");
}
```

실행 결과
```
A
C
E
F
```

미션 5: 홀수와 짝수를 구분하라!

하나의 정수를 입력받아 홀수면 "홀수입니다."를, 짝수면 "짝수입니다."를 출력하는 프로그래밍을 작성하시오.

※ 힌트: 정수 입력을 위한 scanf() 함수, 조건 분기를 위한 if~else, 홀수/짝수 구분을 위한 % 연산자를 사용하시요.

```
#include <stdio.h>

main() {
    int a;

    printf("하나의 정수를 입력하세요:");
    scanf("%d", &a);

    if (a % 2)   // 2로 나누어서 나머지가 1이면 참
        printf("홀수입니다.\n");   .
    else
        printf("짝수입니다.\n");
}
```

실행 결과

하나의 정수를 입력하세요: 3
홀수입니다.

미션 6: 정수를 양의 정수, 음의 정수 그리고 0으로 구분하기

하나의 정수를 입력받아 양수, 음수, 0으로 구분하는 프로그래밍을 작성하시오.

※ 힌트: if~else 조건문과 삼항 연산자

condition_mission2.c

```
#include <stdio.h>

main() {
    int a;

    printf("하나의 정수를 입력하세요: ");
    scanf("%d", &a);

    if (a == 0)
        printf("입력된 수는 0 입니다.\n");
    else
        (a > 0 ? printf("입력된 수는 양수입니다.\n") : printf("입력된 수는
음수입니다.\n"));
}
```

5.4 여러 갈래길 사용하기: if ~ else if ~ else

이것 아니면 저것 둘 중 하나만 선택하는 흑백 논리로 모든 것이 가능할까요?

예를 들어 "당신은 남자인가요?"라는 질문은 "네, 나는 남자입니다." 또는 "아니오. 나는 남자가 아닙니다."처럼 흑백 논리로 대답이 가능한 질문과 답입니다.

그림 5-3 | 흑백 논리로 대답이 가능한 질문

그러나 "당신은 사과, 키위, 복숭아, 수박 중에서 어떤 과일을 가장 좋아하나요?"라는 질문에 "네, 아니오"로 대답하려면 "사과인가요?", "키위인가요?", '복숭아인가요?', "수박인가요?" 이렇게 여러 조건을 중복해서 체크해야 합니다. 이럴 경우에는 if ~ else if ~ else 문을 사용합니다.

다음과 같이 if 조건문과 else if 조건문을 사용하여 여러 개의 조건문을 사용할 수 있습니다.

```
if ("사과를 좋아하나요?")
    printf("사과를 좋아하는군요!");    // 출력 후 if~else if~else 구문 완료, 11번 라인으로 이동

else if ("키위를 좋아하나요?")         // 1번 라인 if 조건문 거짓인 경우 검사
    printf("키위를 좋아하는군요!");     // 11번 라인으로 이동
```

```
    else if ("복숭아를 좋아하나요?")    // 3번 라인 else if 조건문 거짓인 경우 검사
        printf("복숭아를 좋아하는군요!");

    else if ("수박을 좋아하나요?")      // 5번 라인 else if 조건문 거짓인 경우 검사
        printf("수박을 좋아하는군요!");

    else                               // 7번 라인 else if 조건문 거짓인 경우 수행
        printf("당신은 아마도 과일을 좋아하지 않는 것 같군요");

    printf("좋아하는 과일 조사 끝");
```

이 예제 코드는 if ~ else if ~ else 구문의 시작과 끝인 코드입니다. 만약에 "사과를 좋아하나요?" 조건문에서 참이라면 화면에 "사과를 좋아하는군요!"라고 출력하고 조건문의 끝으로 제어가 이동합니다.

반면 사과를 좋아하지 않아서 거짓이라면 다음 조건문인 "키위를 좋아하나요?"를 참인지 거짓인지 체크합니다. 여기서도 마찬가지로 키위를 좋아하면 "키위를 좋아하는군요!"를 출력하고 제어가 조건문의 끝으로 이동하고, 아니라면 다음 조건문을 체크합니다. 만약 모든 조건문의 결과과 거짓이어서 else 구문에 오면 else 구문에서 수행하는 문장을 수행하고 조건문의 끝으로 제어가 이동되면서 조건문이 끝납니다.

어떤 과일을 좋아하는지 판가름하는 프로그래밍을 다음과 같이 작성할 수도 있습니다.

condition_multiple.c

```
#include <stdio.h>

main() {
    int a;

    printf("당신이 좋아하는 과일은 무엇인가요? 아래 번호를 선택해주세요.\n");
    printf("사과=1, 키위=2, 복숭아=3, 수박=4, 모두 좋아하지 않는다=0\n");

    printf("선택한 번호를 입력해주세요: ");
    scanf("%d", &a);

    if (a == 1)
        printf("당신은 사과를 좋아하는군요!\n");
    else if (a == 2)
```

```
            printf("당신은 키위를 좋아하는군요!\n");
        else if (a == 3)
            printf("당신은 복숭아를 좋아하는군요!\n");
        else if (a == 4)
            printf("당신은 수박을 좋아하는군요!\n");
        else
            printf("당신은 아마도 과일을 별로 좋아하지 않는 것 같군요!\n");
}
```

당신이 좋아하는 과일은 무엇인가요? 아래 번호를 선택해주세요.
사과=1, 키위=2, 복숭아=3, 수박=4, 모두 좋아하지 않는다=0
선택한 번호를 입력해주세요: 3
당신은 복숭아를 좋아하는군요!

TIP 여러분이 선택한 과일에 따라 실행 결과는 달라집니다.

미션 7: 이번 중간 고사에서 내 학점은 얼마일까?

점수를 입력받아 90점 이상이면 A 학점, 80점 이상이면 B 학점, 70점 이상이면 C 학점, 60점 이상이면 D 학점,
60점 미만이면 F 학점을 출력하는 프로그래밍을 작성하시오.

condition_mission3.c

```c
#include <stdio.h>

main() {
    int score;

    printf("당신의 점수를 입력하세요: ");
    scanf("%d", &score);

    if (score >= 90)
        printf("A 학점\n");
    else if (score >= 80)
        printf("B 학점\n");
    else if (score >= 70)
        printf("C 학점\n");
    else if (score >= 60)
```

```
        printf("D 학점\n");
    else
        printf("F 학점\n");
}
```

당신의 점수를 입력하세요: 97
A 학점

여기서 잠깐 생각해 볼 것이 있습니다. 여러분 중 else if (score >= 80 && score < 90) 스타일로 코딩한 경우가 있을 것입니다. 그러나 이렇게 코딩할 경우엔 오히려 컴퓨터 연산의 횟수가 증가하여 결국엔 프로그래밍 수행 시간이 늘어나는 결과가 발생합니다. 왜 그럴까요?

입력된 점수가 88점이라고 가정해 봅시다. 우선 첫 번째 조건문에서 '90점 이상인지'를 체크할 것이고 참이 아니므로, 두 번째 조건문에서 '80점 이상인지'를 체크할 것입니다. 여기서 두 번째 조건문을 검사한다는 것은 입력된 값이 90점 미만이므로 두 번째 조건문을 수행하는 것입니다. 그러므로 두 번째 조건문에서는 '90점 미만인지'를 군이 체크할 필요가 없습니다. 물론 세 번째 네 번째 조건문에서도 같은 이치로 조건식을 작성해야 합니다.

else if (score >= 80) 형태로 코드를 작성하든, else if (score >= 80 && score < 90) 형태로 작성하든 수행 결과는 정상적으로 나올 것입니다. 그러나 두 번째 방식으로 코드를 작성하는 것은 score >= 80을 검사하고 score < 90까지 한 번 더 검사하고, 두 결과에 대해서 && 연산까지 수행합니다. 이것은 의미 없는 연산을 수행하는 꼴이므로 결국 프로그램의 수행 시간이 늘어나게 되는 원인이 됩니다.

미션 8: 두 개의 정수를 입력받아 큰 수 출력하기

정수 두 개를 입력받아 큰 수를 출력하는 프로그램을 작성해 보세요. 큰 숫자를 결정하는 함수를 사용해야 합니다.

function_mission4.c

```
#include <stdio.h>

int max(int a, int b);

main()
{
```

```
    int a, b;

    printf("서로 다른 두 개의 정수를 입력하세요.\n");

    printf("첫 번째 정수를 입력해주세요: ");
    scanf("%d", &a);

    printf("두 번째 정수를 입력해주세요: ");
    scanf("%d", &b);

    printf("첫 번째 입력된 정수는 %d이고 두 번째 입력된 정수는 %d이며 두 개 중 큰 수는
%d입니다.\n", a, b, max(a, b));
}

int max(int a, int b)
{
    if (a > b)
        return a;
    else
        return b;
}
```

실행 결과

서로 다른 두 개의 정수를 입력하세요.
첫 번째 정수를 입력해주세요: 3
두 번째 정수를 입력해주세요: −5
첫 번째 입력된 정수는 3이고 두 번째 입력된 정수는 −5이며 두 개 중 큰 수는 3입니다.

미션 9: 두 수를 입력받아 절댓값이 큰 수 출력하기

두 수를 입력받아 절댓값이 큰 수를 출력하는 코드를 작성해 보세요. 단, 절댓값을 구하는 함수를 사용하세요.

function_mission5.c

```
#include <stdio.h>

int compare(int a, int b);
int absolute(int n);

main()
```

```
{
    int a, b;

    printf("서로 다른 두 개의 정수를 입력하세요.\n");

    printf("첫 번째 정수를 입력해주세요: ");
    scanf("%d", &a);

    printf("두 번째 정수를 입력해주세요: ");
    scanf("%d", &b);

    printf("첫 번째 입력된 정수는 %d 이고 두 번째 입력된 정수는 %d이며 두 개 중
절댓값이 큰 수는 %d입니다.\n", a, b, compare(a, b));      // compare() 함수 호출
}

int compare(int a, int b)
{
    if (absolute(a) > absolute(b))      // absolute() 함수 호출
        return a;
    else
        return b;
}

int absolute(int n)
{
    if (n < 0)                          // n이 음수라면
        return (-1) * n;
    else
        return n;
}
```

서로 다른 두 개의 정수를 입력하세요.
첫 번째 정수를 입력해주세요: 3
두 번째 정수를 입력해주세요: -5
첫 번째 입력된 정수는 3 이고 두 번째 입력된 정수는 -5이며 두 개 중 절댓값이 큰 수는 -5입니다.

compare( ) 함수는 두 정수를 입력받아 절댓값이 큰 수를 돌려주는 함수입니다. compare( ) 함수에서 또 다른 함수 absolute( ) 함수를 호출합니다. absolute( )는 하나의 정수를 입력받는

데, 입력받은 정수가 양수이면 값을 그대로 돌려주고, 음수이면 −1을 곱한 값을 돌려줍니다. 즉, absolute( ) 함수는 어떤 정수를 입력받으면 절댓값을 돌려주는 함수입니다. 이 두 함수를 이용하면 입력받은 두 수 중에서 절댓값이 큰 수를 출력할 수 있습니다.

5.5 갈래길 빠르게 나누기: switch 분기문

다양한 조건 중 선택을 해야 하는 경우에는 if~else if~else 조건문을 사용한다고 배웠습니다. 그러나 다양한 조건을 매번 체크하고 선택하는 과정은 프로그래밍하기가 복잡하고 코드의 가독성이 떨어집니다. 개발자는 여러 조건이 어디에 어떻게 있는지, 또 어떤 조건이 있는지를 살펴봐야 할 뿐만 아니라 매번 조건식을 검사해야 하기 때문이지요. 그리고 이는 코드의 수행 시간이 늘어나는 원인이 되기도 합니다.

C 언어는 순서대로 명령어를 수행하는 순차적 언어(sequential language)입니다. 명령어가 적힌 순서대로 명령어를 하나 하나 순서대로 수행한다는 의미입니다. 따라서 순차적 언어인 C 언어의 조건문은 위에서 아래로 순서대로 조건식을 체크하면서 참과 거짓을 구분하여 수행합니다.

최악의 경우, 만족하는 조건식이 맨 아래에 있다면, 맨 위에서부터 마지막까지 모든 조건을 체크하고 나서야 해당하는 명령을 수행하게 됩니다. 당연히 수행 시간에 상당한 부담이 되겠지요.

```
if (조건문 1)
    printf("1");

else if (조건문 2)
    printf("2");

else if (조건문 3)
    printf("3");

else if (조건문 4)
    printf("4");
...

else if (조건문 99)
    printf("99");
```

```
else
    printf("100");
```

언제 화면에 100이 출력될까요? 우리가 화면에서 100을 봤다면, 조건문 1에서 조건문 99까지 모두 참인지 거짓인지 검사를 마친 후에만, 즉 그동안의 모든 수행 시간을 거친 후에야 실행이 된 것입니다.

이처럼 if~else if~else 구문을 이용하면 다양한 조건문을 체크하고 분기하도록 프로그래밍할 수 있지만, 수행 시간 측면에서 비효율적이라는 단점이 있습니다. 이러한 if~else if~else 조건문의 문제를 해결 가능하게 해주는 조건문이 바로 switch 분기문입니다. switch 분기문은 조건에 따라 문장 제어를 빠르고 쉽게 해줍니다.

switch 분기문은 다음과 같은 표현할 수 있습니다.

```
switch (수식 또는 변수) {
case 값:
    A;
case 값:
    B;
case 값:
    C;
default:
    D;
}
```

이때 switch 구문 옆에 있는 수식 또는 변수의 결과는 반드시 −1, 0, 1, 2 같은 정수 값이어야 합니다. 수식 또는 변수의 결과인 정수 값이 나오면 그 값에 해당하는 case 값을 찾아 해당하는 명령어를 수행하고 switch 구문을 종료합니다.

만약 수식 또는 변수의 결과에 해당하는 정수 값을 갖는 case 구문이 없을 때는 default 구문을 수행하고 switch 구문을 종료합니다. default 구문은 프로그래밍을 해도 되고 하지 않아도 됩니다. 그런데 만약 case 값 중에 수식 또는 변수 결과의 정수 값이 없고 default 구문도 없다면, 전체 case 조건문에서는 어떠한 구문도 수행하지 않고 종료하게 됩니다.

5.6 if 조건문과 switch 분기문 서로 호환하기

5.4절에서 if ~ else if ~ else 조건문을 사용해서 프로그래밍했던 다음 코드를 기억하나요?

```c
condition_example.c

#include <stdio.h>

main() {
    int a;

    printf("당신이 좋아하는 과일은 무엇인가요? 아래 번호를 선택해주세요.\n");
    printf("사과=1, 키위=2, 복숭아=3, 수박=4, 모두 좋아하지 않는다=0\n");

    printf("선택한 번호를 입력해주세요: ");
    scanf("%d", &a);

    if (a == 1)
        printf("당신은 사과를 좋아하는군요!\n");
    else if (a == 2)
        printf("당신은 키위를 좋아하는군요!\n");
    else if (a == 3)
        printf("당신은 복숭아를 좋아하는군요!\n");
    else if (a == 4)
        printf("당신은 수박을 좋아하는군요!\n");
    else
        printf("당신은 아마도 과일을 별로 좋아하지 않는 것 같군요!\n");
}
```

여기서 if ~ else if ~ else 조건문을 switch 분기문으로 변경하면 어떻게 될까요?

```
#include <stdio.h>

main() {
    int a;

    printf("당신이 좋아하는 과일은 무엇인가요? 아래 번호를 선택해주세요.\n");
    printf("사과=1, 키위=2, 복숭아=3, 수박=4, 모두 좋아하지 않는다=0\n");

    printf("선택한 번호를 입력해주세요: ");
    scanf("%d", &a);

    switch (a) {    // 입력된 a값은 정수
    case 1:         // a == 1인 경우
        printf("당신은 사과를 좋아하는군요!\n");
    case 2:         // a == 2인 경우
        printf("당신은 키위를 좋아하는군요!\n");
    case 3:         // a == 3인 경우
        printf("당신은 복숭아를 좋아하는군요!\n");
    case 4:         // a == 4인 경우
        printf("당신은 수박을 좋아하는군요!\n");
    default:        // a가 1,2,3,4 모두 아닌 경우
        printf("당신은 아마도 과일을 별로 좋아하지 않는 것 같군요!\n");
    }
}
```

실행 결과

```
당신이 좋아하는 과일은 무엇인가요? 아래 번호를 선택해주세요.
사과=1, 키위=2, 복숭아=3, 수박=4, 모두 좋아하지 않는다=0
선택한 번호를 입력해주세요: 1
당신은 사과를 좋아하는군요!
당신은 키위를 좋아하는군요!
당신은 복숭아를 좋아하는군요!
당신은 수박을 좋아하는군요!
당신은 아마도 과일을 별로 좋아하지 않는 것 같군요!
```

만약 여러분이 수박을 좋아한다고 가정했을 때, if 조건문을 사용한 코드에서는 총 네 번의 조건식을 체크하고 나서야 if 조건문이 끝이 났습니다. 하지만 switch 분기문을 사용한 코드에서는 수박에 해당하는 case 구문으로 바로 가서 문장을 수행하고, switch 분기문이 끝납니다.

앞서 switch 구문을 적용한 코드가 훨씬 효율적인 것 같아 보입니다. 그러나 몇 번 수행해 보면 결과가 조금 이상하게 나오는 것을 확인할 수 있습니다. 예를 들어 사과를 좋아해서 1을 선택하면 사과를 좋아하는 것뿐만 아니라, 키위, 복숭아, 수박 등에 해당하는 case 구문의 문장이 모두 출력됩니다. 만약 키위를 좋아해서 2를 선택하면 키위는 물론이고 복숭아, 수박을 포함하여 case 구문의 끝까지 모든 문장이 수행됩니다. 왜 그럴까요?

switch 구문은 해당하는 case 구문으로 제어가 바로 이동하여 해당하는 문장을 수행한다고 하였습니다. 그러나 해당하는 문장을 수행하고 switch 구문이 끝나야 함을 알려줘야 합니다. "해당하는 구문의 끝은 여기다"라고 알려주는 것이 바로 break입니다. switch 구문에서 break를 만나지 않으면 순차적으로 다음 코드를 수행합니다. 왜 우리가 의도하지 않는 결과가 연속적으로 나왔는지 이해가 되나요?

```c
switch_break.c

#include <stdio.h>

main() {
    int a;

    printf("당신이 좋아하는 과일은 무엇인가요? 아래 번호를 선택해주세요.\n");
    printf("사과=1, 키위=2, 복숭아=3, 수박=4, 모두 좋아하지 않는다=0\n");

    printf("선택한 번호를 입력해주세요: ");
    scanf("%d", &a);

    switch (a) {
    case 1:
        printf("당신은 사과를 좋아하는군요!\n");
        break;
    case 2:
        printf("당신은 키위를 좋아하는군요!\n");
        break;
    case 3:
        printf("당신은 복숭아를 좋아하는군요!\n");
        break;
```

```
        case 4:
            printf("당신은 수박을 좋아하는군요!\n");
            break;
        default:
            printf("당신은 아마도 과일을 별로 좋아하지 않는 것 같군요!\n");
    }
}
```

당신이 좋아하는 과일은 무엇인가요? 아래 번호를 선택해주세요.
사과=1, 키위=2, 복숭아=3, 수박=4, 모두 좋아하지 않는다=0
선택한 번호를 입력해주세요: 1
당신은 사과를 좋아하는군요!

5.8 break 유용하게 사용하기

각 case 구문에서 수행하고자 하는 문장을 완료한 뒤 break를 만나면 switch 구문 전체를 완료합니다. 그렇다고 모든 case 구문에 break를 사용하는 것은 아닙니다. 필요에 따라 사용하기도 하고 하지 않아도 됩니다. 다음 예제에서 확인하겠습니다.

switch_break2.c

```
#include <stdio.h>

main() {
    int a;

    printf("당신이 좋아하는 과일은 무엇인가요? 아래 번호를 선택해주세요.\n");
    printf("사과=1, 키위=2, 복숭아=3, 수박=4, 모두 좋아하지 않는다=0\n");

    printf("선택한 번호를 입력해주세요: ");
    scanf("%d", &a);

    switch (a) {
    case 1:
    case 2:
```

```
            printf("당신은 사과 또는 키위를 좋아하는군요!\n");
            break;
        case 3:
            printf("당신은 복숭아를 좋아하는군요!\n");
            break;
        case 4:
            printf("당신은 수박을 좋아하는군요!\n");
            break;
        default:
            printf("당신은 아마도 과일을 별로 좋아하지 않는 것 같군요!\n");
    }
}
```

실행 결과(예시1) ▶

당신이 좋아하는 과일은 무엇인가요? 아래 번호를 선택해주세요.
사과=1, 키위=2, 복숭아=3, 수박=4, 모두 좋아하지 않는다=0
선택한 번호를 입력해주세요: 1
당신은 사과 또는 키위를 좋아하는군요!

실행 결과(예시2) ▶

당신이 좋아하는 과일은 무엇인가요? 아래 번호를 선택해주세요.
사과=1, 키위=2, 복숭아=3, 수박=4, 모두 좋아하지 않는다=0
선택한 번호를 입력해주세요: 2
당신은 사과 또는 키위를 좋아하는군요!

사과를 좋아해서 1번을 선택했을 때와 키위를 좋아해서 2번을 선택했을 때의 실행 결과가 같은 것을 볼 수 있습니다. 우선 1번 사과를 선택한 경우를 봅시다.

사과는 case 1에 해당하는 문장을 수행하는데, 출력문이 없으므로 아무것도 출력하지 않고 break도 만나지 않았으므로 바로 밑에 있는 문장으로 제어가 넘어갑니다. 즉, case 2에 해당하는 문장("당신은 사과 또는 키위를 좋아하는군요!")을 출력하고 break를 만나 전체 switch 구문을 종료합니다.

미션 10: 이 달은 몇 일까지 있을까요?

한 해의 달력을 보면 2월은 28일까지 있고, 12월은 31일까지 있습니다. 이렇듯 매월 마지막 날짜가 다릅니다. 1월에서 12월 중 월에 해당하는 숫자를 입력받으면 해당하는 월의 마지막 날을 출력하는 프로그램을 작성하세요.

※ 힌트: 각 달의 마지막 날은 다음과 같습니다. switch 분기문과 break의 특성을 이용하세요.

1월	31일	7월	31일
2월	28일	8월	31일
3월	31일	9월	30일
4월	30일	10월	31일
5월	31일	11월	30일
6월	30일	12월	31일

condition_mission6.c

```c
#include <stdio.h>

main() {
    int mon;
    int day;

    printf("1월에서 12월달을 선택하세요: 입력 1에서 12까지 숫자: ");
    scanf("%d", &mon);

    switch (mon) {
    case 2:
        day = 28;
        break;
    case 4:
    case 6:
    case 9:
    case 11:
        day = 30;
        break;
    default:
        day = 31;
        break;
```

```
        }
        printf("%d월의 마지막 날은 %d일입니다.\n", mon, day);
    }
```

1월에서 12월달을 선택하세요: 입력 1에서 12까지 숫자: 12
12월의 마지막 날은 31일입니다.

4, 6, 9, 11월에는 30일까지 있고 2월은 28일까지 있습니다. 나머지 1, 3, 5, 7, 8, 10, 12월은 31일까지 있습니다. 그러므로 3개의 그룹으로 나누어서 case, break, default 구문을 사용하여 구현하였습니다.

1~12월까지 중에 월을 선택하라고 했는데, 만약 실수로 13을 입력하면 어떤 결과가 나올까요?

"13월의 마지막 날은 31일입니다."라고 출력될 것입니다. 이는 잘못된 결과이지요. 이 문제를 어떻게 해결하면 좋을지 스스로 먼저 생각해 보세요.

생각해 보았나요? 다음과 같이 잘못된 입력이 주어졌을 경우를 대비하여 default 구문에서 "잘못된 입력입니다."를 출력하도록 하면 해결될 것입니다. 코드를 수정하고 실행해 보세요.

condition_default.c

```
#include <stdio.h>

main() {
    int mon;
    int day;

    printf("1월에서 12월달을 선택하세요: 입력 1에서 12까지 숫자 : ");
    scanf("%d", &mon);

    switch (mon) {
    case 2:
        day = 28;
        break;
    case 1:
    case 3:
    case 5:
```

```
        case 7:
        case 8:
        case 10:
        case 12:
            day = 31;
            break;
        case 4:
        case 6:
        case 9:
        case 11:
            day = 30;
            break;
        default:
            printf("잘못된 입력입니다.\n");
            return;
    }
    printf("%d월의 마지막 날은 %d 일입니다\n", mon, day);
}
```

미션 11: switch 구문으로 학점 프로그램 작성하기

미션 7에서 if ~ else if ~ else 조건문을 사용하여 만든 학점 프로그램을 switch 분기문을 사용해서 코딩하세요 (136쪽 참고).

condition_mission7.c

```
#include <stdio.h>

main() {
    int score;

    printf("당신의 점수를 입력하세요: ");
    scanf("%d", &score);

    switch (score / 10) { // 소수점은 버려집니다
    case 10:                // score == 100인 경우
    case 9:                 // 90 <= score <= 99인 경우
```

```
            printf("A 학점\n");
            break;
        case 8:                     // 80 <= score <= 89인 경우
            printf("B 학점\n");
            break;
        case 7:                     // 70 <= score <= 79인 경우
            printf("C 학점\n");
            break;
        case 6:                     // 60 <= score <= 69인 경우
            printf("D 학점\n");
            break;
        default:                    // score <= 59
            printf("F 학점\n");
    }
}
```

실행하면 앞에서 작성한 `if~else if~else` 구문과 결과는 동일하게 나옵니다. 그러나 수행 속도에서는 얼마나 차이가 날지 `switch` 분기문을 사용해서 프로그래밍했을 때와 비교해서 생각해 보세요.

미션 12: 이번 시험은 합격일까? 탈락일까?

세 과목에 대한 점수를 입력받아 평균을 구하고, 90점 이상이면 A 학점, 90점 미만~80점 이상이면 B 학점, 80점 미만~70점 이상이면 C 학점, 70점 미만~60점 이상이면 D 학점, 59점 미만이면 F 학점을 출력하는 코드를 작성하세요.

단, 시험 결과가 다음 두 조건 중 하나라도 만족하면 Fail을, 아니면 Pass를 출력하는 프로그래밍을 추가하세요.

- Fail 조건 1: 한 과목이라도 40점 미만일 때
- Fail 조건 2: 평균이 60점 미만일 때

condition_mission8.c
```
#include <stdio.h>

main() {
    int sub1, sub2, sub3;
    int average;

    printf("첫 번째 과목 성적을 입력하세요: ");
    scanf("%d", &sub1);
```

```c
    printf("두 번째 과목 성적을 입력하세요: ");
    scanf("%d", &sub2);

    printf("세 번째 과목 성적을 입력하세요: ");
    scanf("%d", &sub3);

    average = (sub1 + sub2 + sub3) / 3;
    printf("성적 평균은 %d입니다\n", average);

    switch (average / 10) {
    case 10:
    case 9:
        printf("A 학점\n");
        break;
    case 8:
        printf("B 학점\n");
        break;
    case 7:
        printf("C 학점\n");
        break;
    case 6:
        printf("D 학점\n");
        break;
    default:
        printf("F 학점\n");
    }

    if (average >= 60)
        if (sub1 >= 40 && sub2 >= 40 && sub3 >= 40)
            printf("Pass!\n");
        else
            printf("Fail!\n");
    else
        printf("Fail!\n");
}
```

실행 결과

첫 번째 과목 성적을 입력하세요: 99
두 번째 과목 성적을 입력하세요: 87
세 번째 과목 성적을 입력하세요: 39
성적 평균은 75입니다

C 학점
Fail!

미션 코드를 잘 수행했나요? 전체 성적의 합을 구한 뒤 평균을 구하고, 그 값에 대해 switch 분기문을 사용하여 A~F 학점까지 출력하는 것은 어렵지 않게 해결하였으리라 생각합니다. 그러나 Fail(탈락) 조건을 판별하라는 추가 미션을 어떻게 구현할지 많은 고민을 했을 것입니다.

어떤 문제를 받아 해결하고자 할 때 그 문제를 거꾸로 뒤집어서 생각하면 의외로 쉽게 해결되는 경우가 있습니다. 이 문제도 마찬가지입니다.

Pass/Fail 판별 조건을 구현하기 위해 Fail 조건이 아닌 Pass 조건으로 거꾸로 생각해 보세요. Pass 조건은 평균이 60점 이상이여야 하고, 각 과목 모두 40점 이상이면 됩니다. 이외의 경우는 모두 Fail이라고 할 수 있습니다. 이렇게 거꾸로 틀어서 생각하여 코드를 작성하면 쉽게 구현할 수 있을 것입니다.

6장

빛의 속도로
일을 처리하기
– 반복문

흔히 컴퓨터는 똑똑하다고 생각합니다. 하지만 사실 컴퓨터
는 그다지 똑똑하지 않습니다. 우리는 0부터 9까지 10개의
숫자를 사용해서 계산을 하고 문제를 풀지만, 컴퓨터는 0과 1
두 개의 숫자만을 사용하여 문제를 인식하고 해결합니다. 이
런 컴퓨터가 똑똑하고 만능인 것처럼 보이는 이유는 무엇일
까요? 바로 반복적인 일을 빠르게 해결하기 때문입니다. 단
순한 일이라 하더라도 빛의 속도로 일을 처리하기 때문에 똑
똑하게 느껴지는 것입니다. C 언어뿐만 아니라 모든 컴퓨터
언어에는 반복적으로 일을 처리하는 컴퓨터 명령어가 있습
니다. 지금부터 C 언어에서 반복문을 어떤 명령어로 어떻게
처리하는지 알아보겠습니다.

화면에 "hi"라고 10번 출력하는 C 프로그램을 작성하고자 합니다. 우리가 지금까지 배운대로라면 다음과 같이 작성해야 합니다.

```
#include <stdio.h>

main() {
    printf("hi\n");
    printf("hi\n");
    printf("hi\n");
    printf("hi\n");
    printf("hi\n");
    printf("hi\n");
    printf("hi\n");
    printf("hi\n");
    printf("hi\n");
    printf("hi\n");
}
```

그렇다면 "hi"를 100번 출력하는 코드를 작성해야 한다면 어떨까요? 아니 1000번, 10000번 출력해야 할 때는 어떨까요?

계속 이와 같은 형태로 코딩하는 데는 한계가 있습니다. 그렇다면 해결책은 무엇일까요?

코드를 반복적으로 수행할 수 있게 하는 명령어와 구조가 필요합니다. 바로 **반복문**(Loop statement)입니다. 모든 프로그래밍 언어에는 반복문이 있습니다. C 언어에는 `for` 반복문, `while` 반복문, `do-while` 반복문, 이렇게 세 가지 반복문이 있습니다.

컴퓨터는 복잡하고 어려운 일을 놀라울 만큼 빠르게 처리하지만, 사실은 복잡한 일을 단순한 일로 나누고, 그 일을 반복적으로 빠르게 처리하기 때문에 똑똑해 보이는 것입니다.

다시 코드로 돌아가서 "hi"를 여러 번 출력하려면 어떻게 해야 할까요? 세 가지 반복문 중 `for` 반복문부터 설명하겠습니다.

6.2 ~번 반복할 때는 for 반복문

for 반복문은 하나 이상의 수행하고자 하는 문장 또는 명령어를 정해진 횟수만큼 반복적으로 수행하는 일을 합니다.

for 반복문의 형식은 다음과 같습니다.

```
for (A ; B ; C)
     printf("hi");
 A: 초깃값
 B: 반복 조건식
 C: 증가 또는 감소
```

그림 6-1 | for 반복문의 형식

for 반복문에서 A 항목은 반복하고자 하는 횟수의 초깃값을 의미합니다. 초깃값은 말 그대로 처음에 한 번 지정하는 값으로, 반복문을 수행하는 동안 C 항목(증가식 또는 감소식)에 따라 변합니다.

B 항목의 조건식을 만족하면 반복을 수행하고 그렇지 않으면 for 반복문을 완료합니다. 앞서 예시로 들었던 "hi"를 10번 출력하는 코드를 for 반복문 형식에 맞춰 생각해 볼까요?

```
int i;
for(i=0 ; i < 10 ; i++)
  printf("hi!₩n");
```

Step 1. i = 0 → 초기화

Step 2. i < 10 → 참 / 거짓 검증

Step 3. 반복 조건이 참이면,
         hi를 출력하고 i 값을 1 증가시킨 후
         Step 2로 이동.
         반복 조건이 거짓이면 반복문 종료

그림 6-2 | "hi"를 10번 출력하는 명령을 반복문으로 처리

이를 실제 코드로 작성하면 다음과 같습니다.

```c
#include <stdio.h>

main() {
    int i;

    for (i = 0; i < 10; i++) //i=0 부터 i=9 까지 10번 반복
        printf("hi\n");
}
```

```
hi
hi
hi
hi
hi
hi
hi
hi
hi
hi
```

만약 반복하고 싶은 명령어 문장이 여러 개일 때는 다음과 같이 { } 안에 나열하면 됩니다.

```c
#include <stdio.h>

main() {
    int i;

    for (i = 0; i < 10; i++) {
        printf("hi\n");
        printf("hi2\n");
    }
}
```

반복 조건식에 해당하는 문장, 즉 i < 10이 참일 동안 { } 안에 있는 명령어들을 순서대로 수행하면서 반복문을 계속 진행합니다.

그럼 다음 코드를 수행하면 어떤 결과가 나올까요?

```
for_3.c
#include <stdio.h>

main() {
    int i;
    for (i = 5; i > 2; i--) {  // i는 5부터 i = 3까지 3번 반복
        printf("A");
        printf("B");
        printf("C");
    }
    printf("D");
}
```

```
실행 결과
ABCABCABCD
```

초깃값 i = 5부터 시작하여 반복문 조건식인 i > 2를 검사하여 참이면 반복문을 수행합니다.
이때 i 값을 1씩 감소시키면서 반복문 조건식을 검사합니다. 반복문 조건이 거짓일 때까지, 즉
i가 2보다 클 동안 계속 반복문을 수행합니다.

그렇다면 다음 코드는 어떻게 수행될까요?

```
for_4.c
#include <stdio.h>

main() {
    int i;
    for (i = 3; i < 8; i += 2) {  // i는 3부터 5, 7 까지 3번 반복
        printf("A");
        printf("B");
    }
    printf("C");

}
```

ABABABC

i의 초깃값은 3인데 증가식 i += 2에 따라 2씩 증가하네요. 따라서 i = 3, i = 5, i = 7일 동안 총 세 번 반복문을 수행합니다.

잠깐만요

for 반복문에서 세미콜론(;)을 쓰지 않도록 주의하세요!

C 언어를 배운지 얼마 안 된 사람들이 반복문을 사용하면서 흔하게 하는 실수가 있습니다. 바로 for 반복문을 사용하고 세미콜론(;)을 쓰는 경우입니다.

```
for (i = 0; i < 10; i++)   ━▶ 세미콜론 없음에 주의!
```

만약 for 반복문 끝에 세미콜론(;)을 붙이면 어떻게 될까요?

컴파일 오류는 발생하지 않으나, 우리가 원하는 결과가 나오지 않을 수도 있습니다.

예시로 다음 코드를 실행해 볼까요?

```
for_5.c

#include <stdio.h>

main() {
    int i;

    for (i = 0; i < 10; i++);
        printf("hi\n");
}
```

실행 결과

hi

원래는 "hi"가 10번 출력되어야 하지만, 한 번만 출력되었네요. 문장 끝에 세미콜론(;)을 붙일 경우 for 반복문이 처음 한 번만 적용되고 완료됩니다. 따라서 "hi"가 한 번만 출력되고 말았습니다.

간단한 문제지만, 컴파일 오류가 표시되지 않기 때문에 초보 프로그래머는 오류의 원인을 찾기가 어렵습니다. 오류를 수정하는 디버깅을 하기는 더 어렵겠지요. 그러므로 for 반복문 끝에는 세미콜론(;)을 붙이지 않도록 주의하세요.

미션 13: 1~2019까지 정수의 합 구하기

1~2019까지 정수의 합은 얼마일지 for 반복문을 사용하여 프로그래밍 해 보세요.

for_mission1.c

```c
#include <stdio.h>

main() {
    int i;
    int sum = 0;

    for (i = 1; i <= 2019; i++)
        sum += i;  // i는 1부터 2019까지
    printf("1에서 2019까지의 합은 %d\n", sum);
}
```

실행 결과

1에서 2019까지의 합은 2039190

반복문이 처음 수행될 때(i = 1) 0으로 초기화된 sum의 값과 i의 값 1이 더해져서 sum의 값이 0+1로 변경됩니다. 반복문이 두 번째 수행될 때(i = 2) sum의 값은 기존 sum 값 0+1에 i의 값 2가 더해져서 0+1+2가 됩니다. 같은 원리로 i번째 반복을 수행하고 나면 sum의 값은 0+1+2+ … + i가 되겠지요.

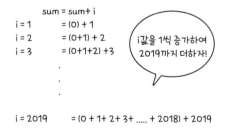

```
            sum = sum+ i
  i = 1          = (0) + 1
  i = 2          = (0+1) + 2
  i = 3          = (0+1+2) +3
                   .
                   .
                   .
  i = 2019       = (0 + 1+ 2+ 3+ ..... + 2018) + 2019
```

i값을 1씩 증가하여 2019까지 더하자!

그림 6-3 | 1부터 2019까지 더하는 원리

미션 14: 1~2019까지 정수 중 짝수의 합 구하기

미션 13을 조금 수정하여, 2~2019까지 정수 중에서 짝수의 합은 몇인지 구해 보세요. 합을 구하는 다양한 방법이 있지만, for 반복문을 수정하는 방법으로 작성해 보세요.

for_mission2.c

```c
#include <stdio.h>

main() {
    int i;
    int sum = 0;

    for (i = 2; i <= 2019; i += 2)
        sum += i;
    printf("1에서 2019까지 숫자 중 짝수의 합은 %d\n", sum);
}
```

실행 결과

1에서 2019까지 숫자 중 짝수의 합은 1019090

이번에는 for 반복문의 각 항목을 변경하는 것이 아닌, for 반복문 안에서 제어하는 방법으로 작성해 보세요.

※ 힌트: 다음 구문을 사용하세요.
  for (i = 1; i <= 2019; i++)
    if ((i % 2) == 0) sum += i; // 또는 if (!(i % 2)) sum += i;

for_case1.c

```c
#include <stdio.h>

main() {
    int i;
    int sum = 0;

    for (i = 1; i <= 2019; i++) {
        if ((i % 2) == 0) sum += i;  // i가 짝수라면, i의 값을 sum에 더하기
    }
    printf("1에서 2019까지 숫자 중 짝수의 합은 %d\n", sum);
}
```

```c
#include <stdio.h>

main() {
    int i;
    int sum = 0;

    for (i = 1; i <= 2019; i++) {
        if (!(i % 2)) sum += i;
    }
    printf("1에서 2019까지 숫자 중 짝수의 합은 %d\n", sum);
}
```

둘 다 같은 결과가 나올 것입니다. 코드에서 굵게 표시한 부분을 중심으로 구현 방법에 어떤 차이가 있는지 여러분 스스로 생각해 보세요!

미션 15: 나머지에 따라 다른 값을 출력하는 프로그램 만들기

1~100까지 정수 중 4로 나누어 떨어지면 A, 나머지가 1이면 B, 나머지가 2이면 C, 나머지가 3이면 D를 출력하는 프로그램을 두 가지 방법으로 작성해 보세요.

※ 힌트: 나머지 연산자(%)를 사용하세요. 예를 들어 i % 4의 결과는 정수 값 0, 1, 2, 3입니다.

if_1.c
```c
#include <stdio.h>

main() {
    int i;

    for (i = 1; i <= 100; i++) {
        if (i % 4 == 0) printf("A\n");        // 4로 나누어서 나머지가 0, 즉 i가 4의 배수면 참
        else if (i % 4 == 1) printf("B\n");   // 4로 나누어서 나머지가 1이면 참
        else if (i % 4 == 2) printf("C\n");   // 4로 나누어서 나머지가 2면 참
        else printf("D\n");                    // 위 3개 조건이 만족하지 않은 경우
    }
}
```

```
B
C
D
A
B
C
D
A
(중략)
```

```c
#include <stdio.h>

main() {
    int i;

    for (i = 1; i <= 100; i++) {
        switch (i % 4) {  // i % 4의 결과 값에 따라 case 구문으로 분기
        case 0:           // i % 4가 0인 경우
            printf("A\n");
            break;
        case 1:           // i % 4가 1인 경우
            printf("B\n");
            break;
        case 2:           // i % 4가 2인 경우
            printf("C\n");
            break;
        default:          // 위에 3가지 case가 모두 아닌 경우
            printf("D\n");
        }
    }
}
```

구현 방법은 다르지만, 결과는 같습니다. 코드를 비교해 보고 어느 방법이 더 쉬운지 생각해 보세요.

미션 16: 숫자를 입력받아 1~n까지 합 구하기

숫자를 입력받아 1부터 입력받은 숫자까지 합을 구하는 프로그램을 for 반복문을 사용하여 작성해 보세요.

※ 힌트:

1. main() 함수에서 숫자 n을 입력받는다.

2. 1~n까지 합을 구하는 sum() 함수로 전달한다.

3. sum() 함수는 1~n까지 합을 구하기 위해 반복문을 사용한다.

for_mission3.c

```c
#include <stdio.h>

int sum(int n);

main()
{
    int n;
    int result;

    printf("1 이상의 양의 정수 숫자를 입력해주세요: ");
    scanf("%d", &n);

    result = sum(n);   // sum() 함수를 호출하고 실행하여 나온 결과를 result에 저장
    printf("1에서 %d까지 합은 %d입니다.\n", n, result);
}

int sum(int n)
{
    int i;
    int sum = 0;

    for (i = 0; i <= n; i++)
        sum += i;
    return sum;
}
```

실행 결과

```
1 이상의 양의 정수 숫자를 입력해주세요: 10
1에서 10까지 합은 55입니다.
```

main( ) 함수에서 하나의 숫자를 입력받아 n에 저장합니다. 변수 n의 값을 sum( ) 함수로 전달하는 과정에서 sum( ) 함수 안에서 사용되는 이름이 n으로 동일한 변수에 main( ) 함수로부터 전달 받은 변수 n의 값을 저장합니다.

sum( ) 함수에서는 for 반복문을 사용하여 1부터 n까지 합을 구하여 정수형 변수 sum에 저장하고 그 값을 main( ) 함수로 돌려줍니다.

6.3 이중 for 반복문

넓은 사각형 운동장을 깨끗이 청소하려고 합니다. 넓은 운동장에 서서 발길이 닿는 대로 청소를 해도 되지만, 정확하게 구석구석 청소하고 빨리 끝내려면 운동장을 작은 사각형 구역으로 나누어 각 구역을 하나하나 차례대로 청소하는 것이 효율적일 것입니다.

이를 프로그램으로 만들려면 어떻게 해야 할까요? 우선 청소를 끝낸 구역과 아직 청소가 안 된 구역을 구분하기 위해 청소를 끝낸 구역에 별표(*) 표시를 하겠습니다.

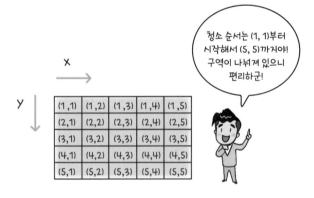

그림 6-4 | 넓은 사각형을 작은 구역으로 나눠서 청소하는 방법

이와 같은 방식으로 청소하려면 같은 일을 반복적으로 수행해야 합니다. 먼저 운동장을 2차원 x, y 공간으로 나누고, 나뉜 작은 사각형에 해당하는 각 x, y 공간에 대해 반복적으로 청소를 수행해야 합니다. 일단 반복문을 수행해야 하는데, 공간이 2차원이므로 반복문을 두 개, 즉 이중 반복문을 사용해야 합니다.

```
double_for1.c

#include <stdio.h>

main() {
    int x, y;

    for (x = 1; x < 6; x++) {        // 첫 번째 반복문 5번 수행
        for (y = 1; y < 6; y++) {    // 두 번째 반복문 5번 수행
            printf("*");             // 5 x 5 = 25번 수행(예: x가 1인 경우 y는 1~5까지 수행)
        }
        printf("\n");                // 두 번째 반복문이 끝날 때마다 줄 바꿈
    }
}
```

```
실행 결과

*****
*****
*****
*****
*****
```

이중 for 반복문을 통해 *****를 다섯 번씩 줄을 바꾸어 출력하였습니다.

첫 번째 반복문에서 x = 1로 초깃값이 설정되고, 두 번째 반복문으로 제어가 넘어갑니다. x = 1인 상태에서 두 번째 반복문을 수행하는데, y = 1일 때부터 y = 5일 때까지 수행하면서 별표(*)를 다섯 번 출력합니다.

첫 번째 반복문의 명령어인 줄 바꿈(printf("\n");)을 수행한 뒤 다음 반복을 수행하면서 x = 2가 됩니다. 이 과정을 반복하다가 x = 6이 되면, 반복문의 조건식이 거짓이 되므로 이중 for 반복문의 수행이 완료됩니다.

미션 17: 운동장에서 대각선 구역만 청소하기

이번에는 그림 6-5처럼 운동장에서 대각선 구역만 청소하고 싶으면 어떻게 해야 할까요? 앞에서 배운 이중 for 반복문을 사용해서 코드를 작성해 보세요.

그림 6-5 | 대각선 구역에만 *를 찍으려면

※ 힌트 1: 대각선을 이루는 별표(*)의 x, y가 서로 어떤 관계가 있는지 생각해 보세요.

※ 힌트 2: if 조건문을 이용하세요.

먼저 *를 출력하는 경우는 언제일지 생각해 보세요.

사각형의 대각선 구역은 (1, 1)이나 (2, 2) 같은 지점입니다. 따라서 x와 y의 값이 같을 때 *를 출력하고, 같지 않다면 아무것도 출력하지 않고 한 칸 옆으로 이동하면 됩니다. 즉, 공백을 출력하면 됩니다. 물론 첫 번째 for 반복문에서 x가 하나 증가할 때마다 줄 바꿈을 수행해야 합니다.

```c
double_for2.c

#include <stdio.h>

main() {
    int x, y;

    for (x = 1; x < 6; x++) {
        for (y = 1; y < 6; y++) {
            if (x == y) printf("*");    // x와 y의 값이 같다면 *를 출력
            else printf(" ");           // x와 y의 값이 같지 않다면 공백을 출력
        }
        printf("\n");
    }
}
```

```
 *
  *
   *
    *
     *
```

6.4 ~까지 반복할 때는 while 반복문

while 반복문은 for 반복문과 마찬가지로 반복적으로 일을 수행하고자 할 때 사용하는 문장입니다. for 반복문과 while 반복문은 수행하는 일은 같지만, 차이점이 있습니다. for 반복문은 "10번 반복하세요" 같은 형태이고 while 반복문은 "10이 될 때까지 반복하세요" 같은 형태로 구분할 수 있습니다.

for 반복문은 우리가 많이 봐왔던 대로 다음과 같은 형태입니다(조건식의 위치에 주목하세요).

```
for (초깃값; 조건식; 증가 또는 감소)
    문장;
```

하지만 while 반복문은 while(조건식) 문장; 형태로 표현됩니다.

for 반복문	while 반복문
for (i = 1; i < 11; i++) 　　문장;	while (i < 11) 　　문장;

그럼 for 반복문에서 사용한 '초깃값' 항목과 '증가 또는 감소' 항목을 while 반복문에서는 사용하지 않아도 되는 것일까요?

물론 아닙니다. while 반복문에서 '초깃값' 항목은, while 반복문을 사용하기 전에 미리 정의되고, '증가 또는 감소' 항목은 while 반복문 끝에 명시됩니다. while 반복문 안에 생략되어 표시될 뿐이지 반드시 명시되어 있어야 합니다.

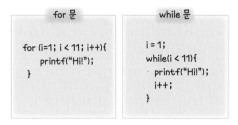

그림 6-6 | 10번 반복을 수행하는 for 반복문과 while 반복문

while 반복문은 조건식을 만족한다면 문장을 반복하는 것입니다. 즉, i 초깃값이 1에서 시작하여 조건식 i < 11을 통해 참인지 거짓인지 검사합니다. 조건문이 참이면 "hi"를 출력하고 i의 값은 1 증가하여 2가 됩니다. 다시 while 조건문을 검사하고 참이면 반복 수행하고 참이 아니라면 while 반복문에서 빠져나옵니다.

동작 순서가 이해가 되었나요? 그럼 이제 미션 코드를 직접 해결해 봅시다.

미션 18: 1~2019까지 더하기(while 반복문 사용)

미션 13에서 본 문제를 이번에는 for 반복문이 아닌 while 반복문을 사용해서 풀어보세요.

```
while1.c

#include <stdio.h>

main() {
    int i;
    int sum = 0;

    i = 1;      // for 반복문에서 초깃값 A 항목

    while (i <= 2019) {
        sum += i;
        i++; // for 반복문에서 증가 감소 C 항목
    }
    printf("1에서 2019까지의 합은 %d\n", sum);
}
```

1에서 2019까지의 합은 2039190

미션 19: 정수를 입력받아 숫자에 해당하는 구구단 출력하기

1에서 9 사이에 있는 정수를 입력받아, 그 수에 해당하는 구구단을 출력하는 코드를 while 반복문을 사용해서 작성해 보세요.

※ 힌트: for 반복문과 비교하여 while 반복문의 초깃값, 조건식, 증가 또는 감소 항목을 어디에 배치해야 하는지 생각해 보세요.

while2.c

```
#include <stdio.h>

main() {
    int i, j;

    printf("1에서 9 사이의 숫자를 입력하세요\n");
    scanf("%d", &i);

    j = 1;

    while (j < 10) {  // j는 1부터 9 까지 while 반복문 수행
        printf("%d * %d = %d\n", i, j, i*j);
        j++;          // j값 1 증가
    }
}
```

1에서 9 사이의 숫자를 입력하세요
7
7 * 1 = 7
7 * 2 = 14
7 * 3 = 21
7 * 4 = 28
7 * 5 = 35
7 * 6 = 42
7 * 7 = 49
7 * 8 = 56
7 * 9 = 63

C 언어에는 for 반복문과 while 반복문 외에 do-while 반복문도 있습니다. do-while은 while과 마찬가지로 반복적으로 일을 수행할 때 사용하는 반복문입니다. 둘은 어떤 차이점이 있을까요?

while 반복문은 반복 조건에 따라 반복 수행을 진행할지 결정한다고 하였습니다. while 반복 조건을 처음 검사하여 거짓이라면 반복 수행하는 문장 또는 문장들을 수행하지 않고 while 반복문을 종료시킵니다. 즉, 반복 수행하고자 하는 문장 또는 문장들을 한 번도 수행하지 않고 while 반복문이 종료될 수 있다는 의미입니다.

반면 do-while 반복문은 반복 수행하는 문장 또는 문장들을 최소 한 번은 수행하고, 그 이후에 반복문 조건을 검사하여 참일 때만 반복적으로 수행한다는 점에서 while 반복문과 다릅니다.

do-while 반복문은 다음과 같은 형태입니다.

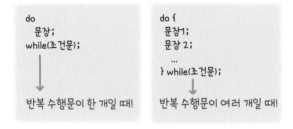

그림 6-7 | do-while 반복문의 형태

do-while 반복문은 반복 수행문을 최소 한 번은 수행한다고 하였습니다. while 반복문과 do-while 반복문의 수행 횟수를 예제를 통해 비교하겠습니다.

while 반복문

```c
int i = 3;

while (i < 5) {
    printf("hi\n");
    i++;
}
printf("hello\n");
```

- i = 3일 때 3 < 5는 참이므로 "hi"를 출력하고 i값을 1 증가시킵니다.

- i = 4일 때 4 < 5는 참이므로 "hi"를 출력하고 i값을 1 증가시킵니다.

- i = 5일 때 5 < 5는 거짓이므로 while 반복문에서 빠져 나와 "hello"를 출력합니다.

do-while 반복문

```c
int i = 3;

do {
    printf("hi\n");
    i++;
} while (i < 5);

printf("hello\n");
```

- while 조건식 i < 5 참 또는 거짓 판단 없이 우선 "hi"를 출력하고 i값을 1 증가시킵니다.

- i = 4일 때 4 < 5는 참이므로 "hi"를 출력하고 i값을 1 증가시킵니다.

- i = 5일 때 5 < 5는 거짓이므로 while 반복문을 빠져 나와서 "hello"를 출력합니다.

while 반복문과 do-while 반복문의 실행 결과는 같습니다. 그러나 "hi"를 출력하는 경우와 반복문을 빠져 나오는 경우를 잘 생각하기 바랍니다.

만약 i = 3이 아니라 i = 6이였다면 어떻게 되었을까요? while 반복문의 경우 6 < 5 조건식이 거짓이므로 바로 while 반복문을 종료하고 "hello"를 출력할 것입니다. 하지만 do-while 반복문은 조건식을 검사하기 이전에 우선 "hi"를 출력하고 이후에 조건식 검사가 거짓이므로 do-while 반복문을 종료하고 "hello"를 출력할 것입니다. 결론적으로 while 반복문의 경우에는 "hello"만 출력하고 do-while 반복문은 "hi"와 "hello"를 출력할 것입니다.

다음 예제 코드를 통해 i = 3인 경우와 i = 6인 경우의 결과를 확인하고 while 반복문과 do-while 반복문의 차이가 무엇인지 확실하게 이해해 보세요.

do_while_diff.c

```c
#include <stdio.h>

main() {
    int i, j;
```

```
        printf("i의 값을 입력하세요 ");
        scanf("%d", &i);

        j = i;
        printf("while 반복문 출력\n");

        while (i < 5) { // 입력된 i값이 초깃값
            printf("hi\n");
            i++;
        }
        printf("hello\n");
        printf("\n");
        printf("do-while 반복문 출력\n");

        do {
            printf("hi\n");
            j++;
        } while (j < 5); // j < 5가 참이라면 do-while 반복문 수행
        printf("hello\n");
    }
```

실행 결과 1

```
i의 값을 입력하세요 3
while 반복문 출력
hi
hi
hello

do-while 반복문 출력
hi
hi
hello
```

실행 결과 2

```
i의 값을 입력하세요 6
while 반복문 출력
hello

do-while 반복문 출력
hi
hello
```

미션 20: 원하는 여행지를 선택하는 프로그램 만들기

여행지 목록을 보여주고, 목록 번호를 선택하면 그 여행지를 출력하는 프로그램을 작성해 보세요. 만약 여행지 목록에 없는 번호를 선택하였다면, 목록에 있는 여행지를 선택할 때까지 여행지 목록을 다시 보여주도록 하세요.

그림 6-8 | 여행지 목록을 보여주고 원하는 여행지를 선택하는 프로그램

※ 힌트 1: 우선 여행지 목록을 보여주는 것을 실행하고 어떤 조건에 따라 반복적으로 다시 보여주는 코드는 do-while 반복문을 사용하면 효과적으로 코드를 작성할 수 있습니다.

```
do_while_travel.c

#include <stdio.h>

main() {
    int a = 0;

    do {
        printf("당신이 가고 싶은 곳은 어디인가요?\n");
        printf("1.하와이\n");
        printf("2.파리\n");
        printf("3.두바이\n");
        printf("4.피렌체\n");
        printf("5.뉴욕\n");
        printf("가고 싶은 곳의 번호를 선택하세요: ");
        scanf("%d", &a);
    } while (a <= 0 || a >= 6); // a가 0보다 작거나 같거나 a가 6보다 같거나 크면 참. 참이면 do-while 반복

    if (a == 1) printf("지금 바로 하와이로 여행을 떠나세요!\n");
    else if (a == 2) printf("지금 바로 파리로 여행을 떠나세요!\n");
    else if (a == 3) printf("지금 바로 두바이로 여행을 떠나세요!\n");
    else if (a == 4) printf("지금 바로 피렌체로 여행을 떠나세요!\n");
    else printf("지금 바로 뉴욕으로 여행을 떠나세요!\n");
}
```

반복문과 문장 제어

반복문을 사용하다 보면 정해진 반복 횟수에 상관 없이 반복문을 끝내거나, 현재 조건 상태의 반복문은 수행하지 않고 다음 반복문을 수행해야 할 때가 있습니다. 즉, 반복문을 처리하는 도중에 반복을 중단하거나 다음 반복 조건을 바로 실행하고자 하는 경우입니다.

반복을 중단하고자 할 때는 break를 사용하고, 반복 조건을 다음 과정으로 넘기고자 할 때는 continue를 사용합니다.

break 키워드

예제 코드를 볼까요? for 반복문을 10번 수행하면서 i를 찍는 코드를 다음과 같이 작성하였습니다. 10번 반복을 수행하는 반복문이라도 break를 만나면 반복문을 즉시 '중단'합니다.

```
break.c
#include <stdio.h>

main() {
    int i;
    for (i = 0; i < 10; i++) {
        if (i == 5) break; // i가 5면 for 반복문 깨고 나가기
        printf("%d\n", i);
    }
}
```

```
실행 결과
0
1
2
3
4
```

i = 0, 1, 2, 3, 4일 때 반복문을 수행하여 정수형 변수 i가 출력되다가, 변수 i가 5가 되면 조건문을 만족하므로 break를 만나 즉시 for 반복문이 중단됩니다.

continue 키워드

continue는 break와 동일하게 for, while, do-while 반복문에서 주로 사용됩니다. 반면, break는 switch 분기문에서는 사용할 수 있지만, continue는 사용할 수 없습니다.

break와는 다르게, continue는 반복문을 중단하지 않고 현재 반복 조건 상태에서 바로 다음 반복 조건문 상태로 제어가 넘어가 반복문을 계속 수행합니다.

예를 들어 다음 코드의 경우, 반복문 i = 5인 상태에서 continue를 만나면 for 반복문의 i++을 수행하고 바로 i = 6인 상태로 넘어가 반복문을 이어서 수행합니다. 앞의 break를 사용했을 때와 결과가 다른 것을 볼 수 있습니다.

```
continue.c

#include <stdio.h>

main() {
    int i;
    for (i = 0; i < 10; i++) {
        if (i == 5) continue; // i가 5면 i++수행하여 i = 6이 되고 for 반복문을 이어서 진행
        printf("%d\n", i);
    }
}
```

```
실행 결과

0
1
2
3
4
6
7
8
9
```

i가 0, 1, 2, 3, 4일 때까지는 정수형 변수 i를 출력하고, i가 5가 되면 if 조건문이 참이 되므로 continue를 만남과 동시에 다음 반복문으로 제어가 넘어갑니다. i = 6이 되면서 반복문을 이어서 진행한다는 의미입니다.

미션 21: i가 6 이상이면 for 반복문을 멈추고 i가 짝수일 때만 출력하기

for 반복문을 사용하여, i가 6 이상이면 for 반복문을 멈추고, i가 짝수일 때만 i의 값을 출력하는 프로그램을 만들어 보세요.

break_continue.c

```c
#include <stdio.h>

main() {
    int i;

    for (i = 0; i < 10; i++) {
        if (i > 5) break;    // i가 6이 되면 for 반복문 종료
        if (i % 2 == 0)      // i가 짝수인 경우 if 조건문은 참
            printf("%d\n", i);
        else
            continue;
    }
}
```

실행 결과

```
0
2
4
```

6.7 이박사와 함께 생각하는 C 언어: 코딩의 질

앞서 우리는 다음과 같이 이중 for 반복문을 통해 구구단을 출력하는 방법을 배웠습니다(169쪽 참고).

DR_think_iter1.c

```c
#include <stdio.h>

main() {
    int i, j;
```

```
        for (i = 1; i < 10; i++) {
            for (j = 1; j < 10; j++) {
                printf("%d * %d = %d\n", i, j, i*j);
            }
        }
    }
```

이 코드를 기준으로 구구단에서 3단을 제외하고, 1~2단, 4~9단을 출력하고자 합니다. 단, for 반복문을 변경하지 않고 그대로 사용한다고 가정합니다.

어떻게 반복문을 제어하면 우리가 원하는 대로 출력할 수 있을까요? 조금 전에 반복문에서 특정 조건의 반복 상태를 통과(bypass)하는 명령어인 continue를 배웠습니다. 다음과 같이 코딩하면 3단을 제외한 구구단이 출력됩니다.

DR_think_iter2.c
```
#include <stdio.h>

main() {
    int i, j;

    for (i = 1; i < 10; i++) {
        for (j = 1; j < 10; j++) {
            if (i == 3) continue;    // i 가 3일 때 바로 다음 for 반복문 상태로 진행
                printf("%d * %d = %d\n", i, j, i*j);
        }
    }
}
```

실행 결과
```
1 * 1 = 1
1 * 2 = 2
1 * 3 = 3
1 * 4 = 4
1 * 5 = 5
1 * 6 = 6
1 * 7 = 7
1 * 8 = 8
1 * 9 = 9
2 * 1 = 2
```

```
2 * 2 = 4
(생략)
```

컴파일 과정이 정상적으로 수행되고 결과도 우리가 원하는 대로 3단을 제외하고 출력되었습니다. 그러나 위 코드는 심각한 결함이 있습니다. 무엇일까요?

주어진 미션을 해결하기 위한 코딩 방법은 사람마다 다릅니다. 결과는 같아도 다양한 방법으로 코딩할 수 있다는 의미입니다. 따라서 두 사람이 각각 코딩하여 같은 결과가 나왔다고 해서 두 사람의 코딩이 같다고 할 수 없습니다.

예를 들어 핸드폰에서 문자를 전달하는 프로그램을 두 사람이 각각 코딩해서 만들었고, 둘 다 정상적으로 문자가 전달된다고 가정하겠습니다. 그러나 한 사람의 프로그램은 실행 결과 10초 후에 상대방에게 문자가 도달하고, 다른 한 사람의 프로그램은 1초 안에 상대방에게 문자가 도달한다고 가정합시다. 이때 두 프로그램은 '문자를 정상적으로 보낸다'는 결과는 동일하지만, 전혀 다른 코딩이라고 할 수 있습니다.

또한, 동일한 일을 하고 동일한 시간 안에 수행하는 프로그래밍이라 하더라도 어떤 사람은 100 줄 분량의 코드를 작성하고 다른 한 사람은 1000줄 분량의 코드를 작성했다고 가정합시다. 코드 저장을 위한 메모리 소비가 상대적으로 적고 많기 때문에 이 또한 실행 결과가 같더라도 동일한 코드라고 할 수 없습니다.

마찬가지로 처리 속도와 코드 양이 같다 하더라도 float a;라고 선언하여 4바이트를 사용하는 것과 double a;라고 선언하여 8바이트를 사용하는 코드는 메모리 사용 측면에서 같은 코드라고 할 수 없습니다.

즉, 프로그래밍에는 '코딩의 질(Quility of Coding)'이 존재합니다. 수행 시간과 메모리를 최소화한 프로그래밍이 질적으로 우수한 코딩이라고 할 수 있습니다.

이 관점에서 다시 3단을 제외하고 구구단을 출력하는 프로그램을 살펴봅시다. 이 프로그래밍은 결함이 있습니다. 코드에서 i는 구구단 단수를 의미하고 j는 각 구구단 단수에서 1에서 9까지 구구단 결과를 담당합니다. i가 3이 되어 3단이 되면 두 번째 for 반복문으로 제어가 내려와서 j = 1에서 j < 10일 때까지, i가 3과 같은지 총 아홉 번 검사하고 continue를 수행합니다.

j의 값이 1에서 9까지 변하는 동안 i의 값은 언제나 3입니다. 조건문을 아홉 번 수행한 결과는 참이므로 continue를 수행하면서 3단을 출력하지 않습니다. 여기서 조건문을 아홉 번 수행하고 조건문의 결과를 계산하고 참인지 아닌지 체크하여 continue를 수행한다고 하였습니다.

만약 다음과 같이 continue의 위치를 위로 올리면 조건문을 아홉 번 실행해야 하는 불필요한 실행 시간을 줄일 수 있습니다.

```
DR_think_iter3.c
#include <stdio.h>

main() {
    int i, j;

    for (i = 1; i < 10; i++) {
        if (i == 3) continue;   // 위치 수정
        for (j = 1; j < 10; j++) {
            printf("%d * %d = %d\n", i, j, i*j);
        }
    }
}
```

이렇게 수정하면 뭐가 달라질까요? i = 3이 되었을 때 바로 i가 3과 같은지 검사하고 continue를 만납니다. 즉, 곧바로 i의 값은 4가 되어 반복문을 이어서 수행합니다. 3단을 제외하고 출력하는 결과는 앞과 같지만, 질적으로 다른 코딩이라고 할 수 있습니다.

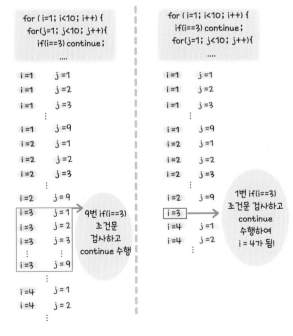

그림 6-9 | continue의 위치에 따른 코드 수행 시간의 차이

이번에는 구구단 프로그램에서 짝수 단만 출력해 볼까요? 다양한 방법으로 미션을 수행할 수 있습니다. 그러나 역시 각각 코딩의 질적인 측면에서 차이가 나고 서로 다르다고 할 수 있습니다.

```
DR_think_iter4.c
#include <stdio.h>

main() {
    int i, j;

    for (i = 1; i < 10; i++) {
        if (i == 1 || i == 3 || i == 5 || i == 7 || i == 9) continue; // ❶ 홀수 단일 때 continue 수행
        for (j = 1; j < 10; j++) {
            printf("%d * %d = %d\n", i, j, i*j);
        }
    }
}
```

```
실행 결과
2 * 1 = 2
2 * 2 = 4
2 * 3 = 6
2 * 4 = 8
 (중략)
8 * 1 = 8
8 * 2 = 16
8 * 3 = 24
8 * 4 = 32
8 * 5 = 40
8 * 6 = 48
8 * 7 = 56
8 * 8 = 64
8 * 9 = 72
```

위 코드의 결과는 정확하게 짝수 단만 출력합니다. ❶의 문장은 조건식이 5개가 조합된 조건문으로, 총 5번의 비교 연산을 수행해야 합니다. 이 또한 시간을 잡아 먹는 불필요한 연산이라고 할 수 있습니다.

우리는 나머지 연산자 %를 알고 있습니다(4장 참고). 나머지 연산을 활용하면 간단하고 효율적으로 조건식을 변경할 수 있습니다.

```
#include <stdio.h>

main() {
    int i, j;
    for (i = 1; i < 10; i++) {
        if (i % 2 == 1) continue;   // 홀수 단일 때 continue 수행
        for (j = 1; j < 10; j++) {
            printf("%d * %d = %d\n", i, j, i * j);
        }
    }
}
```

이전보다 최적화된 코드라고 할 수 있습니다. 그렇다면 좀 더 최적화 할 수 있을까요? 여러분이 직접 생각해 보세요.

힌트는 if 조건식을 더 최적화하는 것입니다. 현재 if 조건문은 나머지 연산자 %와 비교 연산자 ==를 사용하고 있습니다.

문제를 해결했나요?

2로 나누었을 때 나누어 떨어지면(나머지가 0이면) 짝수이고, 그렇지 않으면(나머지가 1이면) 홀수입니다. 즉, i % 2 수식의 결과는 0 또는 1입니다.

우리 모두 알고 있듯이, if 조건문이 참일 때 즉, if (1)일 때 명령을 수행합니다. i % 2의 결과가 1이면 i는 홀수라는 의미이고, if(1)이 되어 continue를 수행합니다. 이렇게 하면 나머지 연산자 %의 연산 결과를 또 다시 비교 연산자(==)를 사용하여 1과 같은지 검사할 필요가 없습니다.

이를 코드로 정리하면 다음과 같습니다.

DR_think_iter6.c

```
#include <stdio.h>

main() {
    int i, j;
    for (i = 1; i < 10; i++) {
        if (i % 2) continue;   // i가 홀수면 i % 2 결과는 1이 됨
        for (j = 1; j < 10; j++) {
```

```
            printf("%d * %d = %d\n", i, j, i * j);
        }
    }
}
```

결과는 같지만, 앞의 코드와 비교했을 때 연산 횟수를 줄인 더욱 효율적인 코딩이라고 할 수 있습니다.

조금 더 깊이 반복문의 제어와 코드 디버깅 관점에서 이야기하겠습니다. 1~10까지 합을 구하는 프로그래밍을 while 반복문을 이용하여 작성하면 다음과 같이 작성할 수 있습니다.

DR_think_iter7.c
```
#include <stdio.h>

main() {
    int i = 1;
    int sum = 0;        // sum 변수 0으로 초기화

    while (i < 11) { // i는 0부터 10 까지 while 반복문 참
        sum += i;      // i 값 sum에 더하기
        i++;
    }
    printf("합은 %d\n", sum);
}
```

실행 결과
```
합은 55
```

앞에서 작성한 코드를 기반으로 1~5까지 합을 구하되, 4를 제외한 값을 구하는 프로그램을 작성하려면 어떻게 해야 될까요?

DR_think_iter8.c
```
#include <stdio.h>

main() {
    int i = 1;
    int sum = 0;
```

```
    while (i < 11) {
        if (i == 4) continue;  // while 반복문으로 제어 이동
        if (i == 6) break;      // while 반복문 종료
        sum += i;
        i++;
    }
    printf("합은 %d\n", sum);
}
```

아마 너무 쉽게 이렇게 코드를 작성한 사람들이 많을 것으로 예상합니다. 논리적으로 틀리지 않고 문제에 맞게 정확하게 코딩한 것 같지만, 막상 수행해 보면 아무런 결과가 나오지 않습니다.

이유가 무엇일까요?

합에서 4를 제외하므로 i가 4일때 continue 키워드를 사용하는 것은 맞습니다. 그러나 반복문 제어가 어떻게 수행되는지 한 단계 더 깊이 들어가서 생각해 볼 필요가 있습니다.

i가 4가 되면 조건문을 만족하고 continue를 만나 while 반복문의 조건을 다시 검사합니다. 하지만 여전히 i는 4인 상태이고 while 반복문의 조건식을 다시 만족하게 되므로 또 다시 if(i == 4) 조건문을 만족하게 되어 continue를 만나는 과정을 무한 반복하게 됩니다.

즉, while 반복문의 반복 조건문을 체크하고 if 조건문으로 내려오는 과정을 i가 4인 상태에서 무한 반복하므로 아무런 결과도 나오지 않는 것입니다. 눈에 보이진 않아도 이 과정이 무한 반복해서 수행되고 있는 셈이지요.

정상적으로 수행되는 코드는 다음과 같습니다.

DR_think_iter9.c

```
#include <stdio.h>

main() {
    int i = 1;
    int sum = 0;

    while (i < 11) {
        if (i == 4) {
            i++;    // i를 5로 하나 증가시키고 continue 수행
            continue;
        }
```

```
        if (i == 6) break;
        sum += i;
        i++;
    }
    printf("합은 %d\n", sum);
}
```

합은 11

이처럼 continue를 수행하기 전에 다음 반복 제어로 넘어가기 위해 i 값을 1 증가시키면 문제가 해결됩니다.

6.7절에서 설명한 바와 같이 코딩의 결과가 같다 하더라도 수행 속도와 메모리 사용은 다를 수 있습니다. 따라서 코드 한 줄 한 줄을 작성할 때 수행 속도를 결정 짓는 연산을 최소화하고, 가능한 한 메모리 사용량을 최소화하여 질 높은 코딩을 하는 것이 중요합니다.

7장

우리 학교 학생들
정보 저장하기
– 배열

우리는 변수를 통해서 정보를 저장할 수 있었습니다. 내 키를
저장하기 위해서는 float 또는 double 변수를 사용하여 키
에 해당하는 숫자를 저장할 수 있습니다. 그렇다면 나를 포함
하여 우리 반 학생들의 모든 키 정보를 하나의 변수로 저장할
수 있을까요? 이것을 가능하게 하는 것이 바로
배열입니다.

이 두 코드의 차이점은 무엇일까요?

```
int a;      // 첫 번째 코드
int a[5];   // 두 번째 코드
```

첫 번째 코드는 정수형 변수 a를 선언한 것입니다. 두 번째 코드 역시 정수형 변수 a를 선언한 것이지만, 여기서 a를 특별히 배열 변수라고 합니다.

배열(array)이란 여러 연속적인 값을 저장하고자 할 때 사용하는 자료형입니다. **배열 변수**는 [ ] 안에 설정한 값만큼 연속적으로 메모리를 할당하여 설정한 개수만큼의 정보를 저장하겠다는 의미입니다.

정수형 변수 a는 4바이트의 메모리를 사용합니다. 따라서 배열의 크기가 5인 정수형 배열 a[5]는 정수형 변수를 5개 저장할 수 있으며, 그림 7-1과 같이 메모리가 연속적으로 할당됩니다.

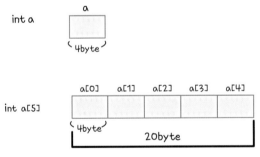

그림 7-1 | 배열의 형태

배열은 a[0], a[1], a[2]처럼 연속해서 같은 자료형을 가진 정보를 저장할 수 있는 공간이 할당됩니다. 그리고 배열 이름(여기서는 a)으로 접근할 수 있어 변수의 사용과 관리가 편리합니다. 배열 a에서 첫 번째 메모리는 변수 이름 a[0]으로, 두 번째 메모리는 a[1]과 같이 접근할 수 있습니다.

즉, 자료형을 가지는 하나 이상의 변수를 하나의 이름으로 접근하여 저장하고 사용하는 변수를 배열이라고 합니다. 그럼 배열을 이용했을 때 정보의 관리가 어떤 면에서 효율적이고 편리한지 지금부터 알아봅시다.

배열은 1이 아닌 0부터 시작해요!

그림 7-1에서 볼 수 있듯이 배열 변수의 시작은 a[1]이 아닌 a[0]부터 시작한다는 것을 기억하기 바랍니다. 배열의 시작이 1이 아닌 0부터 시작하는 이유는 배열의 이름이 주소 값을 의미하고 포인터 연산과 관계가 있기 때문입니다. 지금 당장 이 말을 이해하기는 어려우니 8장에서 포인터를 배울 때 다시 설명하겠습니다.

26개의 정수형 변수를 소문자 알파벳 이름으로 하나씩 선언하고 a = 1, b = 2, c = 3 … z = 26과 같이 초기화했다고 가정합시다. 알파벳 변수들의 합을 구하는 프로그램을 작성하려면 어떻게 해야 할까요?

우선 다음과 같이 정수형 변수 26개를 각각 선언하고 총 26개의 변수를 각각 1, 2, 3, 4 ... 26으로 일일이 초기화해야 합니다.

```
int a = 1;
int b = 2;
int c = 3;
…
…
int z = 26;
int sum = a + b + c + … + z;
```

어떤가요? 조금 번거롭지 않나요? 물론 변수의 개수가 지금처럼 26개 정도라면 좀 번거롭기는 해도 작성은 가능합니다. 그러나 만약 260개의 정보를 저장하기 위해 260개의 변수로 확장한 다면 어떨까요? 2600개의 변수로 확장한다고 했을 때도 가능할까요?

너무 많은 양의 변수로 정보를 처리해야 하므로 일처리가 비효율적입니다. 또한 변수의 개수를 남발하는 것은 프로그래머가 코드를 작성하는 데도 짐이 될 수밖에 없습니다.

이 외에도 또 다른 심각한 문제가 있습니다. 만약 어떤 학교의 a반에 있는 학생 5명의 키 정보를 저장하고자 한다면 어떻게 해야 할까요?

방법은 두 가지로 나뉩니다. 너무 간단한가요?

* 배열을 사용하는 방법
* 배열을 사용하지 않는 방법

먼저 배열을 사용하지 않는 방법은, 5개의 실수형 변수를 선언하고 각각 초기화하는 것입니다. 5개의 정보가 문제 없이 저장되었다고 생각할 수 있지만, 서로 연관이 있는 정보는 그룹화가 되어 있어야 프로그래밍 관점에서 관리와 사용에 편리합니다. 그러나 배열을 사용하지 않은 정보는 서로 다른 곳에 각각 메모리를 할당하고 정보가 흩어진 채 저장되므로, 효율적으로 저장되었다고 할 수 없습니다.

이러한 문제점을 해결하는 것이 바로 배열입니다.

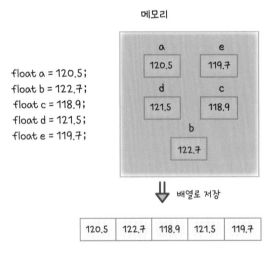

그림 7-2 | 반 학생들의 키 정보를 저장하는 두 가지 방법

그림 7-2를 보면 실수형 변수 a, b, c, d, e를 선언하고 각 변수의 값을 초기화하였습니다. 물론 반 아이들의 키 정보가 각 변수의 값을 초기화하여 정확하게 저장되긴 했지만, 변수가 저장된 메모리를 보면 다섯 개의 변수가 모두 떨어져서 저장되었습니다. 다시 말해 서로 독립적으로 저장되어 있습니다.

변수를 저장할 때 배열을 사용하면 그림 7-2에서 배열로 저장한 결과와 같이 메모리를 연속적으로 할당받아 각 변수의 초기화 값을 한 곳에 모아서 저장할 수 있습니다.

배열도 변수의 한 종류이므로 사용하기 전에 선언하여 정보가 저장될 공간을 할당해야 합니다. 배열을 선언하려면 무엇이 필요할까요? 우선 정수형 변수 a를 선언하는 코드를 다시 생각해 보겠습니다.

```
int a;
```

정수형 변수 a를 선언하였습니다. 변수가 갖는 자료형(data type)인 int와 변수의 이름 a를 알려주면, 컴퓨터는 정수 저장을 위한 방이므로 4바이트의 메모리를 할당합니다. 그리고 다른 변수와 구분하고자 이름 a를 지정합니다. 그러면 할당받은 메모리를 변수 이름 a를 통해 접근할 것입니다.

배열 변수도 마찬가지입니다. 다른 점은, 일반 변수와는 다르게 하나가 더 추가되는 것입니다. 일반 변수가 int a 또는 float b처럼 하나의 정보를 저장했다면, 배열 변수는 int a[5] 또는 float b[5]처럼 자료형이 같은 개별 정보를 그림 7-3처럼 연속적으로 저장합니다.

정수형 배열 a ➡ 정수 5개를 연속적으로 저장할 수 있다!

실수형 배열 b ➡ 실수 5개를 연속적으로 저장할 수 있다!

그림 7-3 | 배열 변수는 자료형이 같은 개별 정보를 연속적으로 저장하는 개념

세 개를 저장할지 네 개를 저장할지 등 연속적으로 몇 개의 정보를 저장할지는 배열 변수를 선언할 때 컴파일러에 미리 알려줘야 합니다. 예를 들어 float b[5]는 5개의 실수 정보를 연속적으로 저장한다는 의미이고, 이때 5를 '배열의 크기'라고 합니다.

예를 들어 보겠습니다. 시은이네 가족이 여행을 가면 호텔 방을 하나만 예약하면 됩니다. 하지만 시은이네 가족과 친척인 지훈이네 가족, 할아버지와 할머니 이렇게 세 가족이 여행을 간다면 보통 호텔 방을 세 개 잡아야 합니다. 그러면 세 가족의 호텔 방 번호를 모두 저장해야겠죠?

시은이네 방은 101호, 지훈이네 방은 102호, 할아버지 할머니 방은 103호입니다. 같은 가족이므로 방 번호를 하나의 변수 이름으로 연속적으로 저장하고자 합니다. 배열을 사용하면 우리가 원하는 대로 저장할 수 있습니다.

우선 배열의 이름을 같은 식구이므로 family로 정했습니다. 방 번호는 정수로 표현할 수 있으므로 정수 자료형 int를 선택하고, 세 가족이므로 배열의 크기는 3으로 지정하면 됩니다.

```
int family[3];
```

이렇게 배열을 선언하면 다음과 같이 이름이 family이고 크기가 3인 배열의 메모리가 할당됩니다.

메모리 순서대로 각각 변수 family[0], family[1], family[2]로 구성된 세 개 변수 집단이 하나의 배열이 됩니다. 그리고 이 배열의 이름은 family입니다.

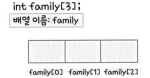

그림 7-4 | 세 개의 변수 집단이 모여 family라는 하나의 배열이 만들어짐

요약하면 배열을 선언하기 위해서는 다음 세 가지가 필요합니다.

- 배열에 저장할 정보의 자료형: int family[3];
- 배열의 이름: int family[3];
- 저장할 정보(배열 요소)의 개수: int family[3];

앞서 int family[3];이라고 선언함으로써 세 가족의 호텔 방 번호를 저장할 수 있는 메모리를 배열을 사용하여 선언하고 할당받았습니다. 이 배열의 이름은 family이고, 배열의 요소인 family[0], family[1], family[2]가 순서대로 구성되어 family라는 배열을 생성했습니다.

그런데 호텔에는 방마다 객실 번호가 있습니다. 예를 들어 시은이네 방 번호가 101호라는 것을 family[0]에 저장하려면 어떻게 할까요?

family[0] = 101;처럼 대입 연산자(=)를 사용하면 됩니다.

그리고 세 가족의 방 번호를 저장하는 코드는 다음과 같습니다.

array1.c

```c
#include <stdio.h>

main()
{
    int family[3];

    family[0] = 101; // 시은이네 가족 방 번호 저장
    family[1] = 102; // 지훈이네 가족 방 번호 저장
    family[2] = 103; // 할아버지 할머니 방 번호 저장

    printf("시은이네 호텔 방 번호는 %d호입니다.\n", family[0]);
    printf("지훈이네 호텔 방 번호는 %d호입니다.\n", family[1]);
    printf("할아버지 할머니 호텔 방 번호는 %d호입니다.\n", family[2]);
}
```

실행 결과

```
시은이네 호텔 방 번호는 101호입니다.
지훈이네 호텔 방 번호는 102호입니다.
할아버지 할머니 호텔 방 번호는 103호입니다.
```

그림 7-5와 같이 우리는 세 가족의 호텔 방 번호를 하나의 이름 family를 사용하여 저장하였습니다. 이때 각 방 번호는 서로 다른 위치의 메모리에 떨어져서 저장되는 것이 아니라, 연속적인 메모리를 사용하여 저장됩니다.

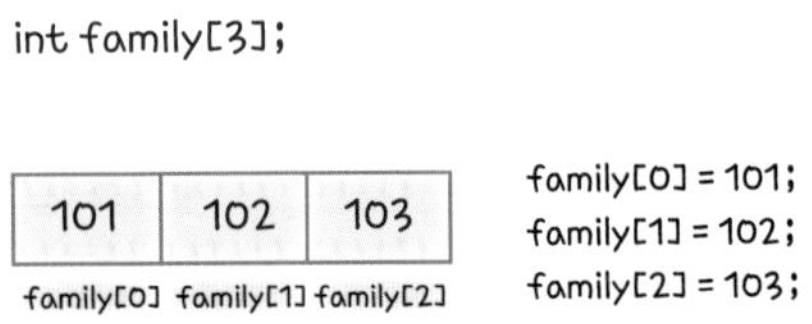
int family[3];
101
102
103
family[0]
family[1]
family[2]
family[0] = 101;
family[1] = 102;
family[2] = 103;

그림 7-5 | 각 방의 번호는 메모리에 연속해서 저장됨

또 다른 예를 들어보겠습니다. 시은이 반 학생들의 키를 scanf() 함수로 입력받아 저장하려고 합니다. 시은이네 반은 1반이며 총 30명입니다. 그러면 다음과 같이 정수형 변수에 키를 저장하면 될까요?

```
int class1_1; // 1반 1번 학생의 키를 저장하는 변수

printf("1반 1번 학생의 키를 입력하세요.\n");
scanf("%d", &class1_1);

printf("1반 1번 학생의 키는 %d입니다. \n", class1_1);

int class1_2; // 1반 2번 학생의 키를 저장하는 변수

printf("1반 1번 학생의 키를 입력하세요.\n");
scanf("%d", &class1_2);

printf("1반 2번 학생의 키는 %d입니다. \n", class1_2);

…(중략)

int class1_30;

printf("1반 30번 학생의 키를 입력하세요.\n"); // 1반 3번 학생의 키를 저장하는 변수
scanf("%d", &class1_30);

printf("1반 30번 학생의 키는 %d입니다. \n", class1_30);
```

30명의 키 변수(class1_1, class1_2, class1_3, … , class1_30)마다 각각 변수를 선언하고 초기화하였습니다. 조금 번거롭죠? 시은이네 반 학생들의 키 정보를 하나의 변수에 담을 수 있다면 편리할 것 같습니다.

다음과 같이 하나의 변수, 즉 배열 class1[30]을 선언하고 사용한다면 for 반복문을 이용하여 변수 선언과 초기화하는 일을 간결하게 프로그램을 작성하거나 변경할 수 있습니다.

```
int i;
int class1[30]; // 1반에 대한 배열 변수 선언

for (i = 0; i < 30; i++) {
    printf("1반 %d번 학생의 키를 입력하세요.\n", i + 1);
    scanf("%d", &class1[i]);
    printf("1반 %d번 학생의 키는 %d 입니다. \n", i + 1, class1[i]);
}
```

1반 학생들의 키 정보가 그룹으로 묶여 있으므로 프로그래밍의 효율이 높아지고 관리하기가 편해집니다. 배열에서 반복문을 어떻게 사용하는지는 뒤에서 자세하게 설명하겠습니다.

7.3 배열의 확장: 2차원 배열

앞서 시은이 반인 1반 학생들의 키를 배열 변수를 이용하여 효율적으로 저장하였습니다. 이를 확장하여 시은이네 옆 반인 2반부터 3반까지 학생들의 몸무게 정보도 저장해 볼까요? 물론 배열을 사용하며, 설명의 편의를 위해 각 반의 학생 수는 5명으로 제한하겠습니다.

```
int class1[5]; // 1반, 1번부터 5번까지의 몸무게 정보
int class2[5]; // 2반, 1번부터 5번까지의 몸무게 정보
int class3[5]; // 3반, 1번부터 5번까지의 몸무게 정보
```

이렇게 3개 반에 대해, 반마다 5명, 즉 총 15명 학생들의 몸무게 정보를 3개의 배열을 이용하여 저장하였습니다. 그런데 배열 변수를 사용하고 있는데도 다시 배열을 써야 할 것 같은 생각이 듭니다. 이유가 무엇일까요?

각 반의 배열들이 서로 떨어져서 저장되고 있기 때문입니다. 같은 학교, 같은 학년이라면 각 반 학생들의 몸무게 정보는 하나의 그룹으로 저장되는 것이 더 효율적입니다. 배열을 사용해서 저장했지만 또다시 배열을 사용하기 이전의 문제로 돌아갔네요.

이 문제를 해결하려면 2차원 배열이 필요합니다. 1학년 반은 총 3개이며, 각 반의 학생이 5명이면 다음과 같이 2차원 배열을 선언할 수 있습니다.

```
int ourclass[3][5]; // 2차원 배열 선언
```

int ourclass[3][5];처럼 2차원 배열을 사용하면 1반 학생 1번부터 5번까지의 몸무게 정보를 저장하고, 바로 연속하는 메모리 공간에 2반 학생 1번부터 5번까지의 몸무게 정보를 저장할수 있습니다. 마찬가지로 3반 학생도 1번부터 5번까지 순서대로 몸무게 정보를 메모리에 저장합니다.

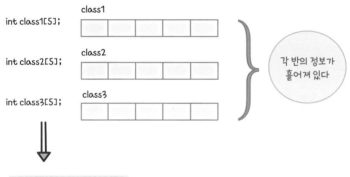

그림 7-6 | 1차원 배열 3개를 2차원 배열로 확장한 모습

TIP
배열은 1이 아닌 0부터 시작한다는 점에 주의하세요.

이를 코드로 표현하면 다음과 같습니다.

```
ourclass[0][0];  // 1반 1번 학생 몸무게
ourclass[0][1];  // 1반 2번 학생 몸무게
ourclass[0][2];  // 1반 3번 학생 몸무게
ourclass[0][3];  // 1반 4번 학생 몸무게
ourclass[0][4];  // 1반 5번 학생 몸무게

ourclass[1][0];  // 2반 1번 학생 몸무게
ourclass[1][1];  // 2반 2번 학생 몸무게
ourclass[1][2];  // 2반 3번 학생 몸무게
ourclass[1][3];  // 2반 4번 학생 몸무게
ourclass[1][4];  // 2반 5번 학생 몸무게

ourclass[2][0];  // 3반 1번 학생 몸무게
ourclass[2][1];  // 3반 2번 학생 몸무게
ourclass[2][2];  // 3반 3번 학생 몸무게
ourclass[2][3];  // 3반 4번 학생 몸무게
ourclass[2][4];  // 3반 5번 학생 몸무게
```

이렇게 2차원 배열을 이용하여 1학년 학생들의 몸무게를 모두 저장하였습니다. 그렇다면 2학년, 3학년까지 포함하여 저장하려면 어떻게 해야 할까요?

그렇습니다. 하나의 배열 차원을 더 추가하면 됩니다.

```
int ourclass[3][3][5];  // 학교는 3개의 학년으로 구성. 1~3학년까지 있음
int ourclass[3][3][5];  // 각 학년은 3개의 반으로 구성. 1~3반까지 있음
int ourclass[3][3][3];  // 각 반은 5명으로 구성. 1~5번까지 있음
```

나아가, 시은이네 학교가 있는 동네에 또 다른 학교가 네 개 더 있다고 합시다. 우리 동네에 있는 모든 학교의 학생들의 정보를 저장하려면 어떻게 해야 할까요?

```
int ourclass[4][3][3][5];  // 우리 동네는 총 4개의 학교가 있음
```

이렇게 사용하면 될 거 같습니다! 바로 이렇게 확장하는 것을 **다차원 배열**이라고 합니다.

> **TIP** 단, 3차원 배열 이상의 다차원 배열을 사용할 경우 프로그래밍 수행 속도가 느려지고, 프로그래밍도 복잡하게 되어 효율적이지 않을 수 있습니다.

7.4 배열의 초기화

배열 변수도 다른 변수와 같이 선언과 동시에 초기화를 할 수 있습니다.

```
int a[5]; // 배열 a 선언

a[0] = 1; // 배열 요소 a[0]를 1로 초기화
a[1] = 2; // 배열 요소 a[1]를 2로 초기화
a[2] = 3; // 배열 요소 a[2]를 3으로 초기화
a[3] = 4; // 배열 요소 a[3]를 4로 초기화
a[4] = 5; // 배열 요소 a[4]를 5로 초기화
```

크기가 5인 정수형 배열 변수 a를 선언하여 정수 5개를 저장할 메모리 공간을 할당받습니다. 각 메모리 공간에 1~5까지 숫자를 차례대로 저장하여 초기화하였습니다. 그리고 이 코드는 다음과 같이 한 줄로 배열 변수 선언과 동시에 초기화를 할 수 있습니다.

```
int a[5] = { 1, 2, 3, 4, 5 }; // 배열 변수 5개에 대한 선언과 초기화
```

배열 a를 선언과 동시에 초기화하는 방법은 {} 안에 저장하고자 하는 값을 콤마(,)로 구분하여 순서대로 나열하면 됩니다.

그러면 만약 배열 크기와 배열 변수의 개수가 다음처럼 맞지 않을 땐 어떻게 될까요?

```
int a[5] = { 1, 2, 3, 4 }; // 배열 변수의 값이 하나 모자라는 경우
```

이렇게 정수 자료형 배열 a를 선언과 동시에 초기화하면 결과는 그림 7-7과 같습니다. a[4] 메모리 자리에는 값이 초기화되지 않았으므로 자동으로 기본 값 0이 저장됩니다.

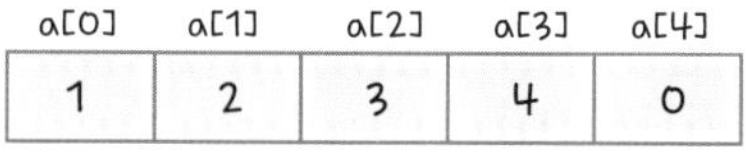

a[0]	a[1]	a[2]	a[3]	a[4]
1	2	3	4	0

그림 7-7 | 정수 자료형 배열 a[4]에는 자동으로 0이 저장됨

반대로 다음과 배열 a를 선언과 동시에 초기화하면 결과는 어떨까요?

```
int a[5] = { 1, 2, 3, 4, 5, 6 };  // 배열 변수의 값이 하나 남는 경우
```

컴파일 에러가 발생합니다. 정수를 저장할 방은 5개를 잡았는데, 6개의 정수를 저장하려고 하므로 저장할 방이 하나 모자랍니다. 따라서 컴퓨터는 "저장할 수 없다!"는 에러를 알려줍니다.

해결 방법은 int a[6] 또는 int a[ ]로 선언하거나 5개의 정보만 저장하도록 코드를 수정해야 합니다.

a[ ]처럼 배열의 개수를 적지 않은 배열 선언 방법은 조금 낯설지 않나요?

```
int a[] = { 1, 2, 3, 4, 5, 6 };
```

언뜻 생각하면 이 코드는 에러가 날 것 같습니다. 왜냐하면 배열을 선언하면서 몇 개의 메모리 방을 할당받을지 명시하지 않았기 때문입니다. 그렇지만 결론부터 얘기하면 아무런 문제없이 잘 수행됩니다.

분명 배열을 선언할 때는 [ ] 안에 몇 개의 정보를 저장할지 컴퓨터에게 미리 알려주고, 저장할 정보의 개수에 따른 메모리 방을 할당해야 한다고 배웠는데, 뭔가 이상하네요!

이 코드처럼 배열 a[ ]를 선언하고 동시에 초깃값을 지정할 경우 컴퓨터는 초깃값의 개수를 보고 필요한 메모리 방 크기만큼 메모리를 알아서 할당받습니다. 즉, { 1, 2, 3, 4, 5, 6 }을 보고 6개의 정수가 저장되겠다는 것을 확인한 후 배열의 크기를 6으로 정합니다. a[ ]라고 선언하였지만 a[6]과 마찬가지로 수행되는 것이지요.

4장에서 언급하지 않은 연산자가 있는데, 바로 sizeof 연산자입니다.

int a;와 같이 정수형 변수를 선언하면 a는 몇 바이트 메모리를 할당받나요? 네, 모두 잘 알고 있듯이 4바이트 메모리를 할당받습니다. sizeof 연산자는 어떤 변수가 몇 바이트 메모리를 할당받았는지 그 결과를 알려주는 연산자입니다.

sizeof 연산자의 입력으로 변수 이름(여기서는 a)을 넣어주면, 그 변수의 메모리 크기를 바이트 단위로 알려줍니다.

```
int a;
printf("변수 a의 메모리 크기는 %d 바이트입니다.\n", sizeof(a));
```

배열도 마찬가지입니다.

```
int b[10];
printf("배열 b의 메모리 크기는 %d 바이트입니다.\n", sizeof(b));
```

다음과 같은 실제 코드를 보면서 결과를 예측해 보세요.

```
sizeof.c
#include <stdio.h>

main() {
    int x;
    int a[5] = { 1, 2, 3, 4, 5 };      // 크기 5인 배열 변수 a 선언과 동시에 초기화
    int b[] = { 1, 2, 3, 4, 5 };        // 크기 지정하지 않고 배열 변수 b 선언과 동시에 초기화
    int c[10] = { 1, 2, 3, 4, 5 };      // 크기 10인 배열 변수 c 선언과 동시에 초기화

    printf("변수 x의 크기는 %d byte입니다.\n", sizeof(x)); // 변수 x의 크기 구하기
    printf("b의 배열 요소는 %d %d %d %d %d\n", b[0], b[1], b[2], b[3], b[4]);
    printf("배열 a의 크기는 %d byte입니다.\n", sizeof(a));
```

```
        printf("배열 b의 크기는 %d byte입니다.\n", sizeof(b));
        printf("배열 c의 크기는 %d byte입니다.\n", sizeof(c));
    }
```

실행 결과

```
변수 x의 크기는 4 byte입니다.
b의 배열 요소는 1 2 3 4 5
배열 a의 크기는 20 byte입니다.
배열 b의 크기는 20 byte입니다.
배열 c의 크기는 40 byte입니다.
```

이 예제에서 배열 a, b, c는 모두 정수 값 1, 2, 3, 4, 5를 저장합니다. 그러나 배열 c는 5개의
정수를 저장하는 반면, 10개의 정수를 저장할 공간을 할당받았습니다. 배열의 크기는 10이고
정수형, 변수 하나는 4바이트이므로 총 4 × 10 = 40바이트입니다. 5개의 정수를 저장하는 데
배열 c와 같이 배열 크기를 10개로 설정하는 것은 메모리 낭비입니다. 그러므로 다섯 개의 정
수만 저장한다면 배열 c보다는 배열 a 또는 b와 같이 선언하는 것이 현명한 방법입니다.

그러면 크기가 30인 배열 변수 a를 선언하고 모두 0으로 초기화하려면 어떻게 해야 할까요?

```
    int a[30] = { 0, 0, 0, 0, 0, 0, 0, 0, 0, 0, 0, 0, 0, 0, 0, 0, 0, 0, 0, 0, 0, 0, 0, 0,
    0, 0, 0, 0, 0, 0 };
```

위와 같이 배열을 선언하고 0으로 초기화하면 된다고 배웠습니다. 하지만 조금 보기가 불편하
네요. 게다가 0을 하나 더 쓰거나 덜 쓰는 등 실수가 발생할 소지가 큽니다. 이는 다음 코드와
같이 간결하게 선언과 동시에 초기화할 수 있습니다.

```
    int a[30] = { 0, };
```

이렇게 코드를 작성하면 컴파일러가 a[0]부터 a[29]까지 모두 0으로 자동으로 초기화해 줍니
다. 편리하죠?

그러면 배열 크기 30인 정수형 배열 a를 선언한 뒤 모두 0으로 초기화하고, 홀수 번째 배열 요
소를 출력하겠습니다.

```
#include <stdio.h>

main() {
    int a[30] = { 0, }; // 배열의 모든 요소 값. a[0]에서 a[29] 까지 모두 0으로 초기화
    int i;

    for (i = 1; i < 30; i += 2) {
        printf("배열 %d번 째 값은 %d입니다.\n", i, a[i]);
    }
}
```

실행 결과

```
배열 1번 째 값은 0입니다.
배열 3번 째 값은 0입니다.
배열 5번 째 값은 0입니다.
배열 7번 째 값은 0입니다.
배열 9번 째 값은 0입니다.
배열 11번 째 값은 0입니다.
배열 13번 째 값은 0입니다.
배열 15번 째 값은 0입니다.
배열 17번 째 값은 0입니다.
배열 19번 째 값은 0입니다.
배열 21번 째 값은 0입니다.
배열 23번 째 값은 0입니다.
배열 25번 째 값은 0입니다.
배열 27번 째 값은 0입니다.
배열 29번 째 값은 0입니다.
```

모든 배열 요소가 0으로 초기화된 것을 확인할 수 있습니다.

그러면 배열 크기 5인 정수형 배열 b를 선언하고 모두 1로 초기화하려면 어떻게 해야 할까요?

```
int b[5] = { 1, };
```

이렇게 코드를 작성하면 될 것이라고 생각할 수 있습니다. 그러나 이렇게 코드를 작성할 경우 그림 7-8과 같이 배열에 값이 저장됩니다.

a[0]	a[1]	a[2]	a[3]	a[4]
1	0	0	0	0

그림 7-8 | 배열의 첫 번째 값만 1로 초기화

그림 7-8에서 보듯이 배열의 첫 번째 값만 1로 초기화하였고 나머지 위치에 있는 배열의 값은 0으로 초기화되었습니다. 즉 정수형 배열의 기본 값은 0이라고 할 수 있습니다. 그렇다면 모두 1로 저장하기 위한 방법은 무엇일까요?

문제 해결의 열쇠는 반복문을 사용하는 것입니다. 아래 코드를 통해 해결 방법을 확인해 보세요.

array_init2.c
```c
#include <stdio.h>

main()
{
    int a[5] = { 1, };
    int i;

    for (i = 0; i < 5; i++)
        printf("a[%d]의 값은 %d\n", i, a[i]);
    printf("--------------------------------\n");

    int b[5];

    for (i = 0; i < 5; i++)
        b[i] = 1; // 배열 b의 모든 값을 1로 초기화

    for (i = 0; i < 5; i++)
        printf("b[%d]의 값은 %d\n", i, b[i]);
}
```

실행 결과
```
a[0]의 값은 1
a[1]의 값은 0
a[2]의 값은 0
a[3]의 값은 0
a[4]의 값은 0
--------------------------------
b[0]의 값은 1
```

b[1]의 값은 1
b[2]의 값은 1
b[3]의 값은 1
b[4]의 값은 1

7.6 다차원 배열의 초기화

이제 1차원 배열을 확장하여 다차원 배열을 초기화해 보겠습니다. 다차원 배열도 1차원 배열과 마찬가지로 { } 안에 배열 요소 값을 순서대로 나열합니다.

```
int a[2][3] = { 1, 2, 3, 4, 5, 6 };
```

a[0][0] a[0][1] a[0][2] a[1][0] a[1][1] a[1][2]

| 1 | 2 | 3 | 4 | 5 | 6 |

←——— a[0] ———→ ←——— a[1] ———→

그림 7-9 | 2차원 배열의 초기화

2차원 배열의 값을 초기화하는 방법을 하나 더 소개하겠습니다. 2차원 배열의 또 다른 표현 방식은 1차원 배열을 다음과 같이 나눠서 표현하는 방식입니다.

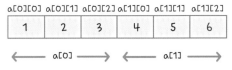

```
int a[2][3] = {1, 2, 3, 4, 5, 6};
```
또 다른 표현
```
int a[2][3] = {
            {1, 2, 3},
            {4, 5, 6}
        };
```

그림 7-10 | 2차원 배열을 초기화하는 또 다른 방법

이때 주의할 점은 마지막 배열을 표현한 후에는 콤마(,)를 쓰지 말아야 하는 것입니다.

```
int a[3][2] = {1, 2, 3, 4, 5, 6};
```

↓ 또 다른 표현

```
int a[3][2] = {
              {1, 2},
              {3, 4},
              {5, 6}
             };
```

그림 7-11 | 마지막 배열 { 5, 6 } 다음에는 콤마(,)를 쓰지 않음

2차원 배열을 다양한 방식으로 선언하고 초기화하는 예제를 확인해 봅시다. 다음 코드에서 배열 a와 b 그리고 배열 c와 d는 같은 크기, 같은 내용의 배열입니다.

array_2d.c

```c
#include <stdio.h>

main() {
    // case 1: 2차원 배열 선언 및 초기화 방법
    int a[2][3] = { 1,2,3,4,5,6 };

    // case 2: 2차원 배열 선언 및 초기화 방법
    int b[2][3] = {
        { 1, 2, 3 }, // b[0] 초기화
        { 4, 5, 6 }  // b[1] 초기화
    };

    int c[3][2] = { 1,2,3,4,5,6 };
    int d[3][2] = {
        { 1, 2 }, // d[0] 초기화
        { 3, 4 }, // d[1] 초기화
        { 5, 6 }  // d[2] 초기화
    };

    printf("%d %d %d\n", a[0][0], a[0][1], a[0][2]);
    printf("%d %d %d\n", a[1][0], a[1][1], a[1][2]);
    printf("\n");

    printf("%d %d %d\n", b[0][0], b[0][1], b[0][2]);
    printf("%d %d %d\n", b[1][0], b[1][1], b[1][2]);
    printf("\n");
```

```
    printf("%d %d\n", c[0][0], c[0][1]);
    printf("%d %d\n", c[1][0], c[1][1]);
    printf("%d %d\n", c[2][0], c[2][1]);
    printf("\n");

    printf("%d %d\n", d[0][0], d[0][1]);
    printf("%d %d\n", d[1][0], d[1][1]);
    printf("%d %d\n", d[2][0], d[2][1]);
}
```

```
1 2 3
4 5 6

1 2 3
4 5 6

1 2
3 4
5 6

1 2
3 4
5 6
```

2차원 배열을 표현하는 다음 두 가지 표현 방식 중 어떤 방식을 사용해도 됩니다.

① 하나의 배열 형태로 표기하는 방식

② 각 배열을 나누어서 표기하는 방식

여러분은 어떤 표현 방법이 더 편한가요? 아무래도 첫 번째 방법이 더 편하다고 생각할 것입니다. 두 번째 방법은 조금 복잡하고 거추장스러운 거 같은데 왜 두 가지 표현 방식이 필요한 것일까요? 훨씬 편한 첫 번째 방식만 사용해도 될 것 같은데 말이죠. 지금부터 두 번째 방법은 언제 사용하면 좋은지 한번 생각해 보겠습니다.

배열의 크기를 확장해 보겠습니다. 예를 들어 배열 크기가 a[20][20]이라면 어떻게 될까요?

```
a[20][20] = { 13, 21, 33, 46, 5, 6, 27, 98, ··································· , 0, 3};
```

이렇게 400개의 배열 요소를 한 줄로 써야 하는데 아무래도 쓰기가 힘들고 몇 번째 요소에 무엇이 저장되어 있는지 확인하거나 수정하기가 어려울 것 같습니다.

예를 들어 a[8][12]번째 요소의 값이 무엇인지 알고 싶다면, 프로그래머는 하나씩 배열의 위치를 세면서 확인해야 할 것입니다. 그러나 2차원 배열을 초기화하는 두 번째 방법을 사용하면 a[6][4]의 값이 7이라는 것을 비교적 바로 확인할 수 있습니다.

```
a[20][20] = {
    { 13, 21, 33, 46, 5, 6, 27, 98, 9, 10, 41, 12, 3, 14, 15, 26, 37, 38, 79, 20 },
    { 1, 22, 53, 24, 35, ························································· },
    { 21, 73, 63, 4, 52, ························································· },
    { 1, 92, 13, 44, 15, ························································· },
    { 94, 4, 40, 38, 92, ························································· },
    { 92, 84, 23, 2, 4, ·························································· },
    { 91, 2, 23, 34, 7, ·························································· }, // a[6][4]==7
    ..
    ..
    ..
    {31, 6, 75, 95, 99, ·························································· }
};
```

배열의 크기에 따라 첫 번째 방법이 편할 때도 있고, 두 번째 방법이 편할 때도 있습니다. 하지만 배열의 크기가 커지면 두 번째 방법을 주로 쓰게 될 것입니다.

다차원 배열도 배열 요소의 개수(예: int a[ ])를 생략할 수 있습니다. 그러나 1차원 배열과는 다르게 주의가 필요합니다. 다음 2차원 배열에서 배열 요소를 생략하는 세 가지 경우(case)를 살펴보겠습니다.

```
case 1: int a[][3] = { 1, 2, 3, 4, 5, 6 };
case 2: int b[2][] = { 1, 2, 3, 4, 5, 6 };
case 3: int c[][] = { 1, 2, 3, 4, 5, 6 };
```

세 가지 경우 중 정상적으로 수행되는 것과 에러가 발생하는 것은 무엇일까요? 어떤 경우에 오류가 발생할지 생각해 보세요.

결론부터 얘기하면 case 1은 정상적으로 수행되고, case 2와 case 3은 오류가 발생합니다. case 1은 첫 번째 배열 요소의 크기를 지정하지 않았고, 두 번째 배열 요소의 크기를 3으로 지정하였습니다. 그리고 1~6까지 초기화하였습니다. 컴파일러는 1~6까지의 숫자를 a[0][0], a[0][1], a[0][2], a[1][0], a[1][1], a[1][2]에 차례대로 저장하면서 첫 번째 배열 요소의 개수는 자동으로 2라고 인식합니다.

case 2는 첫 번째 배열 요소의 크기를 2로 지정하였고 두 번째 배열 요소 크기는 지정하지 않았습니다. 그렇다면 컴파일러는 마지막 배열 요소 크기가 지정되지 않아 두 번째 요소를 몇 번 저장하고 첫 번째 요소로 넘어가야 하는지 결정할 수 없습니다.

예를 들어 a[0][0] a[0][1] 다음으로 a[1][0] a[1][1]이 오는지, a[0][0] a[0][1] a[0][2]를 저장한 다음 a[1][0] a[1][1] a[1][2]으로 넘어가는지를 결정할 수 없습니다.

case 3도 case 2와 마찬가지 원인으로 오류가 발생합니다. 그러므로 2차원 이상의 배열을 사용하면서 배열의 크기를 생략할 때는 주의를 기울이면서 적용해야 한다는 점을 꼭 기억하세요.

7.7 배열의 접근 방법

알파벳 소문자는 a부터 z까지 26개 문자로 구성되어 있습니다. 알파벳 순서대로 변수 이름을 사용하여 각각 1~26까지의 숫자를 저장하는 프로그램을 작성하려고 합니다.

배열을 배우기 전에는 다음과 같이 변수를 선언하고 초기화해야 했습니다. 하지만 아무래도 많은 변수 선언과 초기화를 하다 보니 코드 작성 시 잦은 실수가 발생할 것 같습니다.

```
int a, b, c, d, e, f, g, h, i, j, k, l, m;
int n, o, p, q, r, s, t, u, v, w, x, y, z;
a = 1, b = 2, c = 3, d = 4, e = 5, f = 6, g = 7, h = 8, i = 9, j = 10, k = 11, l =
12, m = 13;
n = 14, o = 15, p = 16, q = 17, r = 18, s = 19, t = 20, u = 21, v = 22, w = 23, x =
24, y = 25, z = 26;
```

배열을 사용해서 변경하겠습니다. alphabet이라는 배열 변수를 생성하고 배열 요소의 개수를 26개로 하면 알파벳 개수만큼 정보를 저장할 수 있습니다.

```
int alphabet[26]; // 배열 선언
alphabet[0] = 1;    // 배열 요소별 초기화
alphabet[1] = 2;
..
alphabet[25] = 26;
```

또는 다음과 같이 작성할 수도 있습니다.

```
int alphabet[26] =
{ 1, 2, 3, 4, 5, 6, 7, 8, 9, 10, 11, 12, 13, 14, 15, 16, 17, 18, 19, 20, 21, 22, 23,
24, 25, 26 };
```

알파벳 문자의 개수만큼 변수를 선언하고 저장하는 것보다는 훨씬 효율적이라고 생각될 것입니다. 그러나 여전히 정수 값을 초기화하는 코드는 반복되고 있습니다. 6장에서 배운 반복문을 통해 효율적으로 코드를 작성하고 싶다는 생각이 들 것입니다.

```
int alphabet[26];
int i;

for (i = 0; i < 26; i++) {
    alphabet[i] = i + 1;   // 배열 초기화
}
```

아주 간결하게 배열을 통해 배열을 선언하고 초기화하였습니다. 이처럼 배열은 값을 저장하는 것도 값을 읽어 오는 것도 for 반복문을 사용하여 코드를 작성하는 것이 좋습니다.

array_for.c
```
#include <stdio.h>

main() {
```

```
    int a[5];          // 정수형 배열 크기 5 변수 a 선언
    int i;

    for (i = 0; i < 5; i++)
        a[i] = i + 1; // 배열 요소별 초기화

    for (i = 0; i < 5; i++)
        printf("배열의 %d번째 요소의 값은 %d입니다.\n", i + 1, a[i]);
}
```

실행 결과

배열의 1번째 요소의 값은 1입니다.
배열의 2번째 요소의 값은 2입니다.
배열의 3번째 요소의 값은 3입니다.
배열의 4번째 요소의 값은 4입니다.
배열의 5번째 요소의 값은 5입니다.

이와 같이 배열의 요소에 접근을 하고자 할 때도 주로 for 반복문을 이용합니다.

미션 22: for 반복문으로 변수 최적화하기

다음 코드는 하나하나 변수를 초기화하거나 출력하였습니다. 이 코드를 for 반복문을 사용하여 최적화되도록 수정해 보세요.

array_for2.c

```
#include <stdio.h>

main() {
    int a[5];  // 배열 a 선언
    a[0] = 1;  // 배열 a 첫 번째 요소 초기화
    a[1] = 2;  // 배열 a 두 번째 요소 초기화
    a[2] = 3;
    a[3] = 4;
    a[4] = 5;

    printf("a[%d] = %d\n", 0, a[0]);
    printf("a[%d] = %d\n", 1, a[1]);
    printf("a[%d] = %d\n", 2, a[2]);
    printf("a[%d] = %d\n", 3, a[3]);
```

```
        printf("a[%d] = %d\n", 4, a[4]);
        printf("모든 배열 요소의 합은 %d\n", a[0] + a[1] + a[2] + a[3] + a[4]);
}
```

a[0] = 1
a[1] = 2
a[2] = 3
a[3] = 4
a[4] = 5
모든 배열 요소의 합은 15

TIP 배열은 정보가 연속적으로 저장되어 있으므로 for 반복문을 사용하여 코딩하면 쉽게 정보를 저장하고 읽어 올 수 있습니다.

array_for3.c 코드 최적화 결과

```
#include <stdio.h>

main() {
    int a[5];
    int i;
    int sum = 0;

    for (i = 0; i < 5; i++)
        a[i] = i + 1;   // 배열 a 요소별 초기화

    for (i = 0; i < 5; i++)
        printf("a[%d] = %d\n", i, a[i]);   // 배열 값 출력

    for (i = 0; i < 5; i++)
        sum += a[i];    // 배열의 모든 요소 값 더하기
    printf("모든 배열 요소의 합은 %d\n", sum);
}
```

for 반복문을 사용하여 배열을 차례대로 순회하면서 값을 초기화하였습니다. 또한, for 반복문을 사용하여 배열 a에 저장된 값을 차례대로 출력하였고 배열 a에 저장된 값을 차례대로 sum에 더함으로써 모든 배열의 합을 구하였습니다.

앞의 코드에서는 for 반복문을 세 번 사용하면서 배열 초기화, 배열 값 출력, 배열 요소 값들의 합을 구하였습니다. 하지만 for 반복문을 한 번만 사용해서 최적화할 수도 있습니다. 다음은 for 반복문을 수행하면서 동시에 초기화, 출력, 합을 구하는 코드를 수행하는 코드입니다.

arrry_for4.c

```
#include <stdio.h>

main() {
    int a[5];
    int i;
    int sum = 0;

    for (i = 0; i < 5; i++) {
        a[i] = i + 1; // 배열의 값 초기화
        printf("a[%d] = %d\n", i, a[i]); // 배열의 값 출력
        sum += a[i];  // 배열의 값 항목별로 모두 더하기
    }
    printf("모든 배열 요소의 합은 %d\n", sum);
}
```

미션 23: 우리 반 학생들의 키를 저장하여 반 평균 키 출력하기

우리 반은 5명의 학생으로 구성되어 있습니다. 배열을 사용하여 각 학생들의 키(정수)를 입력받아 배열에 저장하고, 저장된 값과 반 평균 키를 출력하는 프로그램을 작성하세요.

array_mission1.c

```
#include <stdio.h>

main() {
    int i;
    int myclass[5];              // 크기 5 정수형 배열 변수 myclass 선언
    float sum = 0;

    for (i = 0; i < 5; i++) { // 5번 반복
        printf("1반 %d번 학생의 키를 입력하세요: ", i + 1);
        scanf("%d", &myclass[i]);

        printf("1반 %d번 학생의 키 %d cm가 저장되었습니다.\n", i + 1, myclass[i]);
        sum += myclass[i];    // 모든 학생들의 키를 합한 값을 sum에 저장
```

```
    }
    printf("1반 학생들의 키는 다음과 같습니다.\n");

    for (i = 0; i < 5; i++)
        printf("%d번 학생 키 %d\n", i + 1, myclass[i]);   // 배열 요소별 값 출력

    printf("1반 학생들의 평균 키는 %f cm입니다.\n", sum / 5);
}
```

```
1반 1번 학생의 키를 입력하세요: 188
1반 1번 학생의 키 188 cm가 저장되었습니다.
1반 2번 학생의 키를 입력하세요: 178
1반 2번 학생의 키 178 cm가 저장되었습니다.
1반 3번 학생의 키를 입력하세요: 169
1반 3번 학생의 키 169 cm가 저장되었습니다.
1반 4번 학생의 키를 입력하세요: 182
1반 4번 학생의 키 182 cm가 저장되었습니다.
1반 5번 학생의 키를 입력하세요: 177
1반 5번 학생의 키 177 cm가 저장되었습니다.
1반 학생들의 키는 다음과 같습니다.
1번 학생 키 188
2번 학생 키 178
3번 학생 키 169
4번 학생 키 182
5번 학생 키 177
1반 학생들의 평균 키는 178.800003 cm입니다.
```

2차원 배열 또한 for 반복문을 사용하여 배열에 접근하여 저장하기도 하고, 값을 읽어 올 수도 있습니다. for 반복문을 어떻게 사용하면 될까요?

2차원 배열은 이중 for 반복문을 사용하여 접근할 수 있습니다.

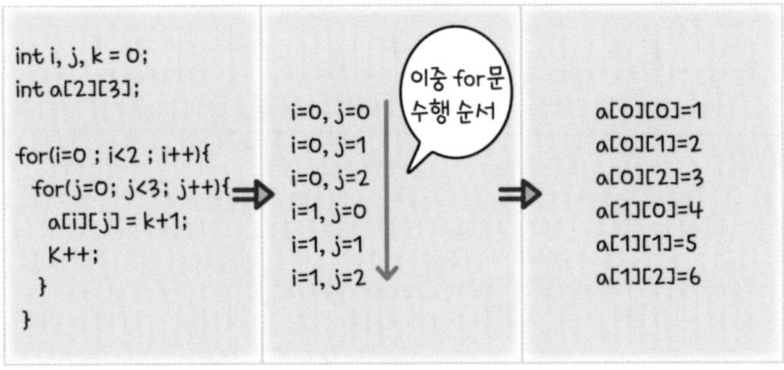

그림 7-12 | 2차원 배열은 이중 for 반복문을 사용해서 접근

다음은 a[2][3]의 2차원 배열을 이중 for 반복문을 통해 1~6까지 값으로 초기화하는 코드입니다.

```
for_2d.c

#include <stdio.h>

main() {
    int i, j, k = 0;
    int a[2][3];

    for (i = 0; i < 2; i++) {
        for (j = 0; j < 3; j++) {
            a[i][j] = k + 1;
            k++;
        }
    }

    for (i = 0; i < 2; i++) {
        for (j = 0; j < 3; j++) {
            printf("배열 요소 a[%d][%d] = %d입니다.\n", i, j, a[i][j]);
        }
    }
}
```

실행 결과

배열 요소 a[0][0] = 1입니다.
배열 요소 a[0][1] = 2입니다.
배열 요소 a[0][2] = 3입니다.
배열 요소 a[1][0] = 4입니다.

배열 요소 a[1][1] = 5입니다.
배열 요소 a[1][2] = 6입니다.

7.8 배열의 복사

이 세 줄은 무엇을 하는 코드일까요?

```
int a = 3;
int b;
b = a;
```

여러분은 이제 너무 쉽게 "a도 3이고 b도 3이네."라고 생각할 것입니다. 네, 맞습니다. 정수형 변수 a를 선언과 동시에 3으로 초기화한 다음, 정수형 변수 b를 선언하고 a의 값 3을 b에 저장한 것입니다.

다시 말해, 대입 연산자(=)를 사용하여 변수 a의 값을 변수 b에 복사를 했다고 할 수 있습니다. 이제 이를 배열로 확장해서 생각해 보겠습니다.

다음 예제를 볼까요? 배열 a를 선언과 동시에 1, 2, 3, 4, 5로 초기화하고, 배열 a의 값을 배열 b로 복사하였습니다. 그리고 배열 a와 b의 각 요소 값을 for 반복문을 사용하여 출력하는 프로그램입니다.

array_copy1.c
```c
#include <stdio.h>

main() {
    int a[5] = { 1, 2, 3, 4, 5 };  // 배열 a를 선언과 동시에 초기화
    int b[5];  // 배열 b 선언
    int i;

    b = a;      // 배열 간에 대입 연산자 사용

    for (i = 0; i < 5; i++) {
```

```
        printf("a[%d] = %d  b[%d] = %d\n", i, a[i], i, b[i]);
    }
}
```

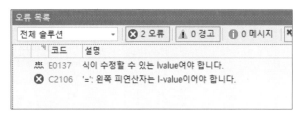

그림 7-13 | 오류 발생

정상적으로 수행될 것이라 예상했는데 결과는 오류가 발생했네요. 오류의 원인은 '배열은 한 번에 모든 배열 요소의 값을 대입시킬 수 없기 때문'입니다. 배열 변수의 값을 복사하고자 한다면 for 반복문을 이용하여 각각의 배열 요소를 복사해야 합니다.

문제 해결을 위해 다음과 같이 코드를 수정해서 수행해 볼까요?

array_copy2.c

```
#include <stdio.h>

main() {
    int a[5] = { 1, 2, 3, 4, 5 };
    int b[5];
    int i;

    for (i = 0; i < 5; i++)
        b[i] = a[i];    // 배열 요소별 대입 연산자를 사용하여 배열 값 복사

    for (i = 0; i < 5; i++) {
        printf("a[%d] = %d  b[%d] = %d\n", i, a[i], i, b[i]);
    }
}
```

실행 결과

```
a[0] = 1    b[0] = 1
a[1] = 2    b[1] = 2
a[2] = 3    b[2] = 3
```

```
a[3] = 4     b[3] = 4
a[4] = 5     b[4] = 5
```

이제 정상적으로 수행되네요. 이처럼 배열은 하나씩 배열 요소에 접근하여 복사해야 한다는 점에 유의해야 합니다.

또 다음과 같이 하나의 for 반복문을 사용하여 배열 요소별 복사를 진행하고 바로 값을 출력할수도 있습니다.

array_copy3.c

```c
#include <stdio.h>

main() {
    int a[5] = { 1, 2, 3, 4, 5 };
    int b[5];
    int i;

    for (i = 0; i < 5; i++) {
        b[i] = a[i];    // 배열 요소별로 하나씩 복사하여 배열 b를 초기화
        printf("a[%d] = %d  b[%d] = %d\n", i, a[i], i, b[i]);   // 배열 값 출력
    }
}
```

7.9 배열을 이용한 문자열 저장

이번에는 문자와 문자열에 대해 설명하고 둘의 차이점을 구분하겠습니다.

- 문자: 'A', '#', '8', 'y'
- 문자열: "Hi, Woojin!", "I love Sieun"

문자(character)는 말 그대로 문자 '하나'를 의미합니다. **문자열**(string)은 문자들의 조합이라고 생각하면 됩니다. C 언어에서는 문자를 작은따옴표(' ') 사이에 넣어 표기합니다.

```
char a = '#';
char b = 'A'; // 아스키 코드로 표현하는 방법 char b = 65;
```

우리는 변수에서 문자를 저장하기 위한 자료형 char를 배웠습니다. 그렇다면 문자열을 저장하려면 어떻게 해야 할까요?

C 언어에서 문자열은 큰따옴표(" ") 사이에 하나 이상의 문자를 넣어 표기합니다. 지금까지 많이 써왔던 printf( ) 함수를 생각하면 빠릅니다.

```
printf("Hello, World");
```

문자열을 저장하기 위한 자료형이 있어야 할 것 같죠? 그러나 C 언어에서는 문자열을 저장하기 위한 특별한 자료형을 제공하지 않습니다. C 언어에서는 문자 하나만을 저장할 수 있는 char형 변수를 사용하여 문자열까지 저장해야 합니다.

문자열을 저장하는 첫 번째 방법은 char 자료형과 배열의 조합으로 가능합니다. 두 번째 방법은 8장에서 배울 포인터를 사용하는 것입니다. 이번 장에서는 첫 번째 방법만 알아보겠습니다. 먼저 "Hi, Woojin!" 문자열을 저장해 볼까요?

"Hi, Woojin!"에서 우리가 저장할 문자는 몇 개일까요? 8개일까요?

콤마(,)와 느낌표(!)도 하나의 문자입니다. 그럼 10개일까요? 공백도 문자입니다. 그럼 11개 군요!

그렇습니다.. 우리가 저장할 문자는 11개이지만, 정확하게는 12개입니다. 나머지 하나는 바로 문장의 끝을 의미하는 **널 문자**(NULL character)입니다. NULL 또는 '\0'이라고 표기합니다.

문자열을 저장할 때는 반드시 '\0' 즉, 널 문자를 저장해야 합니다. 그렇지 않으면 해당 배열의 문자열 다음에 저장된 문자와 연결되어 하나의 문자열로 인식할 수 있기 때문입니다. 컴파일러에 널 문자를 사용하여 "나의 문자열의 끝이 여기다!"라고 정확하게 알려줘야, 컴파일러는 문자열을 정확하게 구분할 수 있기 때문입니다. 컴파일러는 널 문자를 만나면 문장의 끝으로 인식합니다.

"Hi, Woojin!" 문자열을 저장하려면 12개의 문자를 저장해야 된다는 것을 알았습니다. 그러면 문자 자료형과 배열을 이용하면 다음 두 가지 방법으로 저장할 수 있습니다.

① char s1[12] = { 'H', 'i', ',', ' ', 'W', 'o', 'o', 'j', 'i', 'n','!', '\0' };

② char s2[12] = "Hi, Woojin!";

배열 s1과 s2 메모리 구조와 문자가 어떻게 들어가는지 그림으로 표기하면 다음과 같습니다.

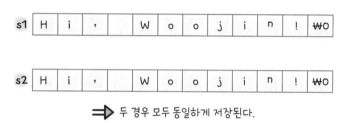

그림 7-14 | 문자열이 메모리에 저장되는 방법

첫 번째 방법은 문자 하나 하나를 배열 저장소에 저장하는 방식입니다. 마지막에 널 문자를 직접 추가해야 하지요.

두 번째 방법은 큰따옴표(" ") 사이에 문자열을 초기화하여 저장하는 방식입니다. 첫 번째 방법과 달리 널 문자를 컴파일러가 초기화할 때 자동으로 추가합니다.

두 방법 모두 사용 가능하며, 둘 다 동일하게 문자열을 저장하는 것을 확인할 수 있습니다. 물론 두 번째 방법으로 문자열을 저장하는 것이 더 편하겠죠?

앞에서 배열의 크기를 정하지 않고 선언해도 C 언어 컴파일러가 자동으로 배열의 크기를 정하여 배열을 초기화하였습니다. 마찬가지로 초기화하는 문자열을 확인하여 '문자열 크기 + 1'의 크기로 배열 크기를 지정하고 저장합니다. 여기서 +1은 널 문자를 위한 것입니다.

그러므로 다음과 같이 문자형 배열을 선언과 동시에 초기화할 수도 있습니다.

```
char s2[] = "Hi, Woojin!";
```

이제 예제를 통해 확인해 볼까요?

```
#include <stdio.h>

main() {
    char s1[12] = { 'H', 'i', ',', ' ', 'W', 'o', 'o', 'j', 'i', 'n','!', '\0' };
    char s2[15] = "Hi, Woojin!";
    char s3[] = "Hi, Woojin!";

    printf("s1 문자열은 %s이고 문자열의 크기는 %d입니다.\n", s1, sizeof(s1));
    printf("s2 문자열은 %s이고 문자열의 크기는 %d입니다.\n", s2, sizeof(s2));
    printf("s3 문자열은 %s이고 문자열의 크기는 %d입니다.\n", s3, sizeof(s3));
}
```

실행 결과

s1 문자열은 Hi, Woojin!이고 문자열의 크기는 12입니다.
s2 문자열은 Hi, Woojin!이고 문자열의 크기는 15입니다.
s3 문자열은 Hi, Woojin!이고 문자열의 크기는 12입니다.

배열 s1, s2, s3 모두 같은 문자열 "Hi, Woojin!"을 저장합니다. 배열 s1은 저장할 문자열에 정확하게 배열 값을 선언하여 사용하였고, 배열 s2는 배열 크기를 저장할 문자열보다 큰 값인 15로 정하였습니다. 배열 s3는 저장할 문자열에 따라 컴파일러가 12개의 배열 크기를 할당하여 저장할 것입니다.

미션 24: 다섯 과목의 성적을 배열로 입력받아 최고, 최저, 총합, 평균 구하기

다음 실행 결과와 같이, 5개 과목 성적을 배열로 입력받아 최고 성적, 최저 성적, 모든 과목 성적의 합, 그리고 평균을 구하는 프로그램을 작성하세요.

실행 결과

1번째 과목 성적을 입력하세요: 99
2번째 과목 성적을 입력하세요: 100
3번째 과목 성적을 입력하세요: 83
4번째 과목 성적을 입력하세요: 77
5번째 과목 성적을 입력하세요: 92
모든 과목 성적 총합은 451
과목 평균 값은 90.000000
최고 성적 과목은 100
최저 성적 과목은 77

```c
#include <stdio.h>

main() {
    int a[5];          // 성적 저장을 위한 배열 선언
    int i;
    int max, min;      // 최고, 최저 성적 저장 변수
    int sum = 0;       // 모든 점수 총합 변수 sum 선언과 0으로 초기화
    float average = 0.0;    // 평균 성적 실수형 변수 선언과 초기화

    for (i = 0; i < 5; i++) {
        printf("%d번째 과목 성적을 입력하세요: ", i + 1);
        scanf("%d", &a[i]); // 성적 입력
        sum += a[i]; // 총합 구하기
    }

    max = a[0];        // 배열 첫 번째 요소 값으로 max 변수 초기화
    min = a[0];        // 배열 첫 번째 요소 값으로 min 변수 초기화
    average = sum / 5;

    for (i = 0; i < 5; i++) {
        if (a[i] > max)
            max = a[i];        // 최대 성적 값 업데이트
        if (a[i] < min)
            min = a[i];        // 최소 성적 값 업데이트
    }
    printf("모든 과목 성적 총합은 %d\n", sum);
    printf("과목 평균 값은 %f\n", average);
    printf("최고 성적 과목은 %d\n", max);
    printf("최저 성적 과목은 %d\n", min);
}
```

이 장에서는 배열이라는 변수를 이해하고, 왜 배열을 사용해야 하는지 그 필요성에 대해 알아 보았습니다. 배열이라는 변수형이 어떻게 정의되고 사용되는가에 대한 개념을 넘어서서 C 언 어에서 기본 변수 이외의 배열이라는 변수가 탄생한 이유와 함께, 배열을 사용함으로써 어떤 점이 좋은지를 중심으로 살펴보았습니다. 배열을 사용하면 여러 복잡한 저장 방법을 간단하고 효율적으로 할 수 있다는 것을 파악하는 게 중요합니다.

앞으로는 배열과 직접적으로 연결되는 개념인, C 언어의 꽃이라고 할 수 있는 '포인터'를 통해
C 언어 정복에 한걸음 더 다가가 보겠습니다.

8장

진짜 C 언어의 시작
- 포인터

이제부터 C 언어의 꽃이자 가장 흥미 있는 내용인 '포인터 (pointer)'에 대해서 설명하겠습니다. 포인터는 C 언어에서 가장 이해하기 어렵습니다. 심지어 C 프로그래밍을 공부하다가 포기하게 만드는 원인이라고까지 얘기합니다. 그러나 사실 포인터의 개념을 파악하고, 왜 우리가 포인터를 배우고 사용하는지에 대해 깊게 이해한다면, 포인터만큼 재미있고 C 언어 개발자를 자유롭게 해주는 것도 없습니다. 앞으로 포인터에 대해 차근차근 알아가다 보면, 어느새 포인터라는 큰 산의 정상에 올라가 있을 것입니다.

사실 포인터는 아주 간단합니다. int a;가 무엇일까요?

정수형 변수 a가 선언되고 4바이트 메모리 방이 할당된다고 설명하였습니다. 그리고 그 메모리 방에는 정수 값이 저장될 수 있습니다. 여기서 메모리 방에 주목하고 간단한 질문을 하나 던지 겠습니다.

우리 집에도 있고 친구 집이나 선생님 집 등 모든 집에 있는 것은 무엇일까요?

TV? 또는 컴퓨터? 냉장고? 물론 대부분 집에 있는 것들이 맞지만, 취향에 따라 TV 또는 컴퓨터, 냉장고가 없는 집도 있습니다.

정답은 모든 집에는 그 집에 해당하는 '주소'가 있습니다. 심지어 여행을 떠나 호텔에 머무를 때도 우리가 머무르는 호텔의 주소와 방 번호가 있습니다. 메모리도 마찬가지입니다. 우리가 원하는 정보를 저장하는 메모리 방에도 해당하는 메모리 방의 주소가 있습니다.

다시 int a;로 돌아가서 생각해 보겠습니다. int a;가 수행되는 순간 컴퓨터는 정수를 저장할 수 있는 메모리 방을 잡습니다. 컴퓨터 안에는 사용할 수 있는 메모리 방이 수없이 많습니다. 그 중에서 4바이트 크기의 정보를 저장할 수 있는 메모리 방을 골라, 임의로 변수 a라는 이름으로 잡는 것입니다.

물론 그 메모리 방에는 해당하는 주소가 있습니다. 우리가 호텔에서 방을 잡으면 "303호입니다."라고 통보 받듯이, 정수형 변수 메모리를 할당 받으면 방 주소에 해당하는, 7339124 같은 형태의 메모리 주소가 할당됩니다.

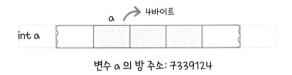

변수 a 의 방 주소: 7339124

그림 8-1 | 메모리 방에는 주소가 있음

정수를 저장하려면 정수형 변수 int를 사용하여 메모리 방을 할당 받아서 저장하였습니다. 정수를 저장하는 메모리 방이 있다면 주소를 저장하는 메모리 방도 따로 있을 법합니다. 결론적으로 얘기하면 주소를 저장하는 변수가 바로 **포인터**입니다.

예를 들어 숫자 3을 저장하고자 정수형 변수가 필요하다면, 어떤 변수의 메모리 주소를 저장하려면 포인터 변수가 필요하겠죠?

그림 8-2 | 어떤 변수의 메모리 주소를 저장할 때 사용하는 포인터 변수

C 언어에서는 주소를 저장하기 위해 특별한 변수형을 사용합니다. 이것이 바로 **포인터 변수**입니다. 정수형 변수 a의 주소를 저장하는 포인터 변수 b를 선언하고, 변수 a의 주소를 포인터 변수 b에 저장할 수 있습니다.

int a;를 선언하면 컴퓨터는 가용한 메모리를 체크하여 메모리 방을 잡습니다 즉, 메모리를 할당 받습니다. 그리고 a = 3;이라고 초기화하면 컴퓨터는 할당 받은 메모리의 주소를 보고 그 주소를 찾아가 초깃값인 3을 저장합니다.

여기까지 보면 우리가 메모리 주소에 대한 개념이 없어도 괜찮을 것 같지 않나요? 컴퓨터가 알아서 주소를 찾아가 정보를 저장하니깐요. 하지만 변수 a에 대한 주소를 개발자가 알고자 할 때는 어떻게 해야 할까요?

예를 들어 아파트 경비원 아저씨가 어떤 집을 찾아주거나 설명하려면 어떻게 표현할까요? 두 가지가 있습니다. 직접적으로 "메이킷 아파트 103동 708호로 가시면 돼요."라고 말하는 방법이 있고, 두 번째 방법으로 "메이킷 아파트 우진이네 집 주소로 가면 돼요."라고 해도 됩니다.

그림 8-3 | 어떤 집을 찾을 때 사용하는 두 가지 방법

C 언어에서도 마찬가지입니다. int a;처럼 정수형 변수 a를 선언하면 컴퓨터에서 임의로 메모리를 할당 받습니다. 그리고 해당하는 주소를 '7339124 번지'와 같이 얘기해도 되고, '정수형 변수 a의 주소'라고 얘기해도 됩니다.

정수형 변수 a의 주소를 표기하고자 할 때는 &(앰퍼샌드, ampersand) 기호를 사용해서 나타냅니다. 그리고 이를 '주소 연산자'라고 합니다. 예를 들어, 변수 a의 주소는 &a로 표현할 수 있습니다. 결국 7339124는 &a와 같으며, 두 개 모두 변수 a의 주소를 의미합니다.

int a

7339124

Q. 변수 a의 방 주소?
A. 7339124 또는 &a

그림 8-4 | 정수형 변수 a의 주소를 나타내는 두 가지 방법

주소를 저장하는 변수가 **포인터**라고 하였습니다. 포인터 역시 변수입니다. 그러면 변수 a의 주소, 곧 &a를 저장하는 변수를 만들어 보겠습니다.

&a는 주소이기 때문에 이를 저장하려면 포인터 변수를 선언해야 합니다. 또한, a는 정수형 변수이므로 &a는 정수형 변수의 주소입니다. 정수형 변수의 주소를 저장하는 포인터 변수 b를 선언하면 다음과 같습니다.

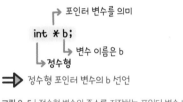

그림 8-5 | 정수형 변수의 주소를 저장하는 포인터 변수 b

*를 사용하여 포인터 변수를 선언하였습니다. 이제 포인터 변수 b는 어떤 정수형 변수의 주소를 저장할 수 있습니다. 물론 정수형 변수 a의 주소도 저장할 수 있습니다.

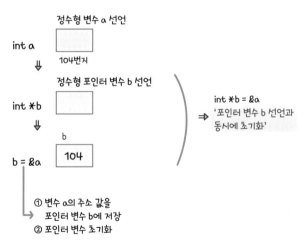

그림 8-6 | 포인터 변수는 선언과 동시에 초기화할 수 있음

예를 들면 double 형 변수 x를 만들고 x의 주소 값을 저장하는 포인터 변수 y를 선언과 동시에 초기화하면 다음과 같습니다.

```
double x;
double *y = &x;
```

예제를 통해 다시 확인해 봅시다.

```
pointer1.c
#include <stdio.h>

main() {
    int a;   // 정수형 변수 a 선언
    int *b; // 포인터 변수 b 선언

    b = &a; // a의 주소 값을 b에 저장

    printf("변수 a의 주소 값은 %d입니다.\n", &a);
    printf("변수 a의 주소 값은 %d입니다.\n", b);
}
```

실행 결과

변수 a의 주소 값은 6487620입니다.
변수 a의 주소 값은 6487620입니다.

TIP
변수 a의 주소 값은 여러분이 코드를 수행하는 컴퓨터 환경에 따라 다릅니다. 또한 코드를 실행할 때마다 새롭게 변수를 정의하므로 실행 결과로 나오는 주소 값은 매번 달라질 수 있습니다.

그렇다면 '포인터 변수가 주소를 저장하고 있다'는 구체적으로 무슨 의미일까요?

```
int a;
int *b = &a;
```

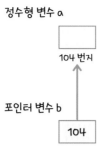

정수형 변수 a

104 번지

포인터 변수 b

104

그림 8-7 | 포인터 변수 b가 a의 주소 값을 저장한다는 의미

그림 8-7을 보면 포인터 변수 b가 주소 값 104번지를 가지고 있습니다. 이 말은 104번지의 변수 a를 가리키고 있다는 의미입니다. 즉, '가리키고 있다'라고 하여 **포인터**(pointer)라고 합니다.

다시 말해서, 포인터 변수가 '어떤 메모리의 주소를 저장한다'는 의미는 '저장한 주소에 해당하는 메모리를 포인터 변수가 가리킨다'는 말을 포함합니다. 지금부터 이 의미를 하나하나 파악한 뒤, 왜 포인터 변수가 필요하고 사용되는지 좀 더 자세하게 설명하겠습니다.

정수형 변수 a를 선언함과 동시에 10으로 초기화한 다음 출력해 봅시다. 그리고 다시 변수 a의 값을 15로 변경한 후 저장하고 출력하는 프로그램을 작성해 보겠습니다.

pointer2.c

```c
#include <stdio.h>

main()
{
    int a = 10;
    printf("a의 값은 %d\n", a);

    a = 15;
    printf("a의 값은 %d\n", a);
}
```

실행 결과

```
a의 값은 10
a의 값은 15
```

이제 코드를 쉽게 작성할 뿐 아니라 이해할 수 있을 것입니다. 여기서 코드를 조금 변경하겠습니다. 변수 a의 주소를 저장하는 포인터 b를 선언해 볼까요?

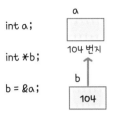

※104번지는 변수 a가 할당받은 임의의 주소라 가정한다

그림 8-8 | 변수 a의 주소를 저장하는 포인터 변수 b

이제 포인터 변수 b는 변수 a의 주소를 저장하며 앞의 그림과 같이 변수 a를 포인트(point), 즉 가리킵니다.

포인터는 가리키는 대상 변수(여기서는 변수 a)를 참조할 수 있습니다. 참조할 수 있다는 말은 가리키는 대상 변수에 접근할 수 있다는 의미로, 가리키는 변수의 값을 포인터 변수를 통해 초기화하거나 변경할 수 있다는 뜻입니다.

포인터 변수를 통해 가리키는 변수를 참조하는 것을 **역참조**라고 합니다. 역참조는 간접 연산자 *를 사용하여 나타내며, 포인터 변수를 통해 가리키는 변수의 값을 설정할 수 있다는 의미입니다.

앞에서는 변수 a의 값을 변수 a로 접근하여 직접 15로 변경하였습니다. 하지만 간접 연산자 *를 사용하여 역참조하면, 포인터 변수 b를 통해 간접적으로 접근하여 변수 a의 값을 15로 변경할 수도 있습니다. 역참조 연산자를 사용한 *b는 포인터 b가 가리키고 있는 변수 a를 의미합니다. 따라서 *b는 곧 a를 의미하며 *b = 15는 a = 15와 같은 의미입니다.

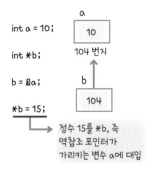

그림 8-9 | 역참조 포인터

*b는 포인터 변수 b가 가리키고 있는 값 또는 변수라고 할 수 있으며, *(104)로 나타낼 수 있습니다. 또한, '104번지에 있는 값 또는 변수'라고 말할 수도 있습니다.

```
pointer3.c

#include <stdio.h>

main()
{
    int a = 10;
    printf("a의 값은 %d\n", a);

    int *b;
    b = &a;
    *b = 15;
    printf("a의 값은 %d\n", a);
}
```

실행 결과

a의 값은 10
a의 값은 15

앞서 변수를 배울 때 정수형 변수 a의 선언과 초기화 그리고 선언과 동시에 초기화를 한다는 의미에 대해 배웠습니다.

```
int a;          // 정수형 변수 a 선언
a = 10;         // 정수형 변수 a를 10으로 초기화
```

```
int a = 10;     // 정수형 변수 a를 선언과 동시에 10으로 초기화
```

변수의 선언과 초기화 그리고 선언과 동시에 초기화는 포인터 변수도 마찬가지입니다. 앞 코드 5~6번째 줄처럼 포인터 변수를 선언한 후에 주소 값을 대입할 수도 있고(초기화할 수 있고), 포인터 변수 선언과 동시에 주소 값을 대입하면서 초기화할 수도 있습니다.

```
int x;
int *y; // 포인터 변수 y 선언
y = &x; // 포인터 변수 y 초기화
```

```
int x;
int *y = &x // 포인터 변수 y 선언과 동시에 초기화
```

```
int a = 10;    // 변수 a 선언과 동시에 초기화
int *b;        // 포인터 변수 b 선언
b = &a;        // 포인터 변수 b 초기화
*b = 15;       // 역참조를 통해 변수 a의 값을 15로 변경
```

이제 이 코드가 어떤 기능을 하는지는 어렴풋이 이해했으리라 생각합니다. 그런데 조금 머리가 복잡해졌을 것입니다. 포인터를 처음 접하는 사람은 대부분 머리가 복잡해지기 시작하면서, 명확하게 파악이 안 되고 헷갈린다는 얘기를 합니다.

그 이유는 포인터 변수 b에 *를 언제 쓰고, 언제는 쓰지 않는지가 헷갈리기 때문입니다. 여기가 바로 포인터를 어렵게 받아들이는 지점입니다. 포인터 변수에서 *를 사용하고 사용하지 않는 경우를 확실하게 이해해야 포인터를 이해하기가 쉽습니다. 다음과 같이 정리하면 이 문제는 해결됩니다.

포인터 변수에 *를 사용하는 경우는 무조건 두 가지 중 하나입니다.

- 포인터 변수를 선언하고자 할 때 *를 사용한다.
- 역참조를 할 때 *를 사용한다.

int *b;는 포인터 변수를 선언하는 문장이므로 *를 사용한 것입니다.

그러면 *b = 15는 포인터를 선언하는 것일까요? 물론 선언하고 있지 않은데 *를 사용하였습니다. 그러므로 여기서 *는 역참조를 하고 있는 것입니다.

b = &a;는 어떨까요? 왜 포인터 변수 b에 *를 사용하지 않았는지에 대한 답도 쉽게 할 수 있을 것입니다. 포인터 변수 b를 선언한 것도 아니고 역참조를 하는 것도 아닙니다. 두 경우에 해당하지 않는다면, 그냥 포인터 변수를 초기화하는 것이므로 *를 사용하지 않았습니다.

그렇다면 int *b = &a;는 왜 *를 사용했을까요? 이는 포인터 변수를 선언과 동시에 초기화하는 코드입니다. 선언을 하기 때문에 *를 사용합니다.

지금까지 얘기한 내용 중 핵심만 제대로 기억하고 적용한다면, 개념을 확실하게 이해할 수 있으며 포인터가 어렵지 않을 것입니다.

미션 25: 주소로 변숫값 변경하기

문자형 변수 a를 선언하고 'A'를 저장하세요. 그리고 문자형 변수 a를 가리키는 포인터 변수 b를 선언하고, 포인터 변수 b를 통해 a의 값을 'A'에서 'B'로 변경해 보세요. 그런 다음 변수 a의 값을 출력하여 변경되었는지 확인하고, a의 주소 값을 출력하는 프로그램을 작성하세요.

pointer4.c

```c
#include <stdio.h>

main() {
    char a = 'A';
    printf("a의 값은 %c\n", a);

    char *b;        // 포인터 변수 선언
    b = &a;         // 포인터 변수 초기화
                    // char *b=&a: 포인터 변수 선언과 동시에 초기화
    *b = 'B';       // 역참조하여 변수 a의 값에 문자 B 저장

    printf("a의 값은 %c\n", a);
    printf("a의 값은 %c\n", *b);
    printf("a의 주소 값은 %d\n", &a);
    printf("a의 주소 값은 %d\n", b);
}
```

실행 결과

```
a의 값은 A
a의 값은 B
a의 값은 B
```

a의 주소 값은 6487623

a의 주소 값은 6487623

TIP 실행 결과의 주소 값은 컴퓨터마다, 실행할 때마다 달라질 수 있습니다.

8.3 포인터 변수의 메모리 크기

실수를 저장하려면 float 또는 double 자료형을 선언해야 합니다. float 자료형의 메모리는 4바이트 크기의 방이므로 4바이트에 해당하는 크기만큼 실수를 저장할 수 있습니다. 더 큰 실수를 저장하려면 8바이트 메모리 크기를 가지는 double을 선언하여 사용합니다. double은 float보다 두 배 큰 메모리의 실수를 저장할 수 있습니다.

그러나 포인터 변수는 자료형에 상관 없이 메모리 크기가 언제나 동일합니다. float형 포인터와 double형 포인터 변수의 메모리 크기가 같다는 말이지요. 하물며 배열, 구조체 등 어떤 자료형의 포인터 변수도 크기는 모두 같습니다. 예제로 확인해 봅시다.

pointer5.c

```c
#include <stdio.h>

main() {
    float a;
    double b;
    int *c;      // 4바이트 크기 정수형 포인터 변수 c 선언
    long *d;     // 8바이트 크기 정수형 포인터 변수 d 선언
    float *e;    // 4바이트 크기 실수형 포인터 변수 e 선언
    double *f;   // 8바이트 크기 실수형 포인터 변수 f 선언

    printf("float 실수형 변수의 크기는 %d\n", sizeof(a));
    printf("double 실수형 변수의 크기는 %d\n", sizeof(b));
    printf("int 포인터 변수의 크기는 %d\n", sizeof(c));
    printf("long 포인터 변수의 크기는 %d\n", sizeof(d));
    printf("float 포인터 변수의 크기는 %d\n", sizeof(e));
    printf("double 포인터 변수의 크기는 %d\n", sizeof(f));
}
```

float 실수형 변수의 크기는 4
double 실수형 변수의 크기는 8
int 포인터 변수의 크기는 4
long 포인터 변수의 크기는 4
float 포인터 변수의 크기는 4
double 포인터 변수의 크기는 4

실행 결과를 통해 포인터 변수의 메모리 크기는 자료형에 관계 없이 모두 4바이트임을 알 수 있습니다. 그렇다면 그 이유가 무엇일까요?

집의 크기가 크든 작든 똑같이 공평하게 갖고 있는 것이 무엇일까요? 앞서도 언급했듯이 각자 집에 해당하는 주소일 것입니다. 큰 집이거나 작은 집이거나 상관 없이 집 주소 형식은 동일합니다. 아무리 집이 커도 'abc로 123길'일 것이고, 반대로 아무리 집이 작아도 집 주소는 'xyz로 254길'과 같이 그 형식은 같습니다.

포인터 주소도 마찬가지입니다. float 자료형의 크기인 4바이트 메모리 주소와 double 자료형의 크기인 8바이트 메모리 주소는 집 크기, 즉 메모리 크기에 상관 없이 같은 형식입니다. 포인터의 크기는 모두 4바이트이며, 주소 형식도 모두 같습니다. 따라서 4바이트 크기의 메모리로 주소를 저장할 수 있습니다.

> **TIP**
> 컴파일러 종류에 따라 포인터 변수의 크기가 8바이트일 때도 있습니다. 만약 컴파일러의 설정이 32비트일 경우 포인터 변수의 크기는 4바이트이고, 64비트로 설정할 경우에는 포인터 변수의 크기가 8바이트가 됩니다. 하지만 이 책에서는 이해를 돕기 위해 4바이트로 한정해서 얘기하겠습니다.

지금까지 포인터의 기본 개념을 파악하였습니다. 기본 개념이라고 얘기했지만, 사실 포인터의 개념 소개는 끝난 것이나 다름 없습니다. 지금까지 설명한 개념만 잘 이해하고 파악하면 앞으로 진행할 포인터에 대해서는 어렵지 않게 이해할 수 있기 때문입니다.

8.4 포인터가 존재하는 이유

그렇다면 포인터는 도대체 왜 만들어졌으며, 무엇을 위해 필요한지 그리고 언제 사용되는지에 대한 고찰이 필요합니다. 지금부터 포인터의 존재 이유에 대해 설명하겠습니다.

정수형 변수 x = 1, y = 2가 있을 때, 함수를 사용해서 x와 y의 값을 서로 바꾸는 프로그램을 작성해 보겠습니다. 아마 어렵지 않게 다음과 같은 코드를 작성할 것입니다.

pointer6.c

```
#include <stdio.h>

main()
{
    int x = 1, y = 2;
    int temp;

    printf("x의 값은 %d, y의 값은 %d\n", x, y);

    temp = x;
    x = y;
    y = temp;

    printf("x의 값은 %d, y의 값은 %d\n", x, y);
}
```

실행 결과

```
x의 값은 1, y의 값은 2
x의 값은 2, y의 값은 1
```

실행 결과 프로그래밍을 한 대로 x와 y의 값이 정상적으로 바뀌었습니다. 그러나 우리가 C 프로그램을 작성할 때 지향해야 하는 점이 빠져있습니다. 프로그래밍을 할 때는 간단한 문제라도 되도록 문제를 작게 나누어서 처리해야 한다고 3장에서 함수를 배울 때 설명하였습니다.

따라서 main() 함수에서 값을 변경하는 것이 아니라, 값을 변경하는 함수를 작성하여 호출하는 것이 더욱 바람직한 코드이며, 우리가 지향하는 방식이라고 할 수 있습니다.

C 언어는 절차적 언어라고 했습니다. 절차적 언어의 특징 중 하나가 '프로그래밍은 함수로 이루어졌다'는 것입니다. main() 함수에서 시작하여 또 다른 함수를 호출하고 작업 수행을 완료한 후에는 다시 호출했던 곳으로 돌아갑니다. 그곳에서 또 다른 함수를 호출하고 호출된 함수에서 또 다른 함수를 호출하면서, 프로그램 명령어를 순차적으로 진행하는 방식입니다.

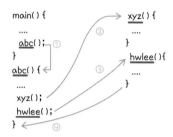

함수 호출 과정

그림 8-10 | 함수의 호출 과정

main() 함수에서 시작하여 함수의 호출 과정을 거쳐 다시 main() 함수로 와서 프로그램을 종료하는 것이 C 언어 프로그래밍의 시작과 끝이라고 할 수 있습니다.

이제 다시 문제로 돌아와서, 함수를 사용해서 정수형 변수 x = 1, y = 2의 값을 서로 바꾸는 프로그램을 다시 생각해 보겠습니다.

pointer7.c

```c
#include <stdio.h>

void swap(int x, int y);

main()
{
    int x, y;
    x = 1, y = 2;

    printf("x의 값은 %d, y의 값은 %d\n", x, y);

    swap(x, y);          // swap 함수 호출
    printf("x의 값은 %d, y의 값은 %d\n", x, y);
}
```

```
    void swap(int x, int y)  // swap 함수
    {
        int temp;
        temp = x;

        x = y;
        y = temp;
    }
```

x의 값은 1, y의 값은 2
x의 값은 1, y의 값은 2

'x의 값은 2, y의 값은 1'이라고 출력될 줄 알았는데 x, y의 값이 바뀌지 않고 원래 값으로 출력되었습니다. 원인이 무엇일까요?

main( ) 함수 안에서 swap( ) 함수를 호출하고 main( ) 함수의 매개변수 x, y에 의해 각각 1과 2의 값이 전달되었습니다. 그리고 swap( ) 함수의 지역 변수 x와 y 값에 각각 1과 2가 복사됩니다. main( ) 함수의 x, y는 swap( ) 함수의 x, y와 이름만 같을 뿐 각 함수 안에서만 사용되는 지역 변수, 즉 서로 다른 변수입니다.

따라서 값을 전달받은 후 swap( ) 함수 안에 있는 명령문을 차례로 수행하면서 x = 2, y = 1이 됩니다. x와 y는 swap( ) 함수 안에서 사용되고 소멸되는 지역 변수이므로 swap( ) 함수의 수행이 완료되면서 메모리에서 x와 y 변수는 사라집니다. 물론 swap( ) 함수 안의 x, y 값이 소멸되지 않는다 하더라도, x와 y의 출력 값은 변경되지 않으며 각각 1, 2의 값을 그대로 가집니다. 역시 main( ) 함수와 swap( ) 함수의 x, y는 전혀 다른 변수이기 때문입니다.

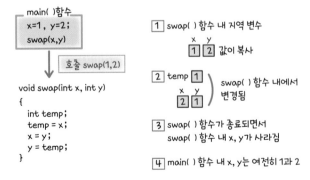

그림 8-11 | x와 y의 값이 바뀌지 않은 이유

우리가 의도한 대로, x와 y의 값이 서로 바뀌려면 swap( ) 함수를 통해서 main( ) 함수 안에 있는 변수 x, y 값을 변경해야 합니다. C 언어는 함수를 통해서 이루어진 언어라고 하였습니다. 이렇게 함수를 통해서 다양한 일을 수행해야 하는 C 언어인데 값을 서로 바꾸는 간단한 문제에서도 어려움이 발생한다니 좀 불편한 것 같네요.

main( ) 함수에서 swap( ) 함수로 변수를 전달하면서 변수의 값이 복사되기 때문에, main( ) 함수 안에서 사용하는 변수의 값을 swap( ) 함수 안에서 변경할 수 없습니다. 함수는 각각 변수의 메모리 영역이 다르므로 서로에게 영향을 줄 수 없습니다.

그림 8-12와 같이 main( ) 함수에서 swap( ) 함수를 호출하면서 x, y의 값 1, 2가 swap( ) 함수 안의 변수 x, y로 복사가 이루어집니다. 이렇듯 함수 호출을 하면서 값을 전달하는 방식을 **값에 의한 호출**(Call by Value)이라고 합니다.

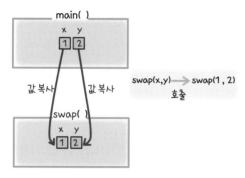

그림 8-12 | 값에 의한 호출(Call by Value)

함수와 함수 사이에서는 '값에 의한 호출'에 따라 값의 복사가 이루어지므로 swap( ) 함수에서는 main( ) 함수의 변수를 변경할 수가 없습니다. 그리고 이 한계를 해결하는 것이 바로 포인터입니다. 어떻게 해결할까요?

main( ) 함수에서 호출 시 값을 전달하는 것이 아니라 주소를 전달하는 것입니다. 포인터 변수는 주소를 가지고 있으며 가리키는 주소를 참조할 수 있으므로, 역참조를 사용하여 swap( ) 함수에서 main( ) 함수의 x, y의 값을 변경할 수 있습니다.

잘 이해가 안 될 수도 있으니 하나하나 차례대로 살펴보겠습니다. 우선 main( ) 함수에서 swap(&x, &y)와 같이 x, y의 값이 아닌 주소를 swap( ) 함수에 전달합니다.

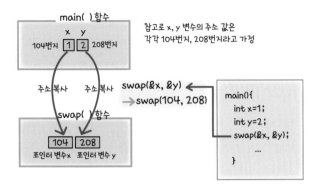

그림 8-13 | 포인터를 사용하여 값을 변경하는 방법

main( ) 함수에서 swap(&x, &y) 형태로 호출합니다. swap( ) 함수로 main( ) 함수에 있는 x, y의 주소를 전달하므로, 주소를 전달받는 swap( ) 함수의 두 매개변수는 주소를 저장할 수 있는 포인터여야만 합니다. swap( ) 함수 안의 포인터 변수 x, y는 각각 main( ) 함수 안의 변수 x, y를 가리킵니다.

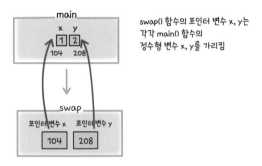

그림 8-14 | swap( ) 함수의 두 매개변수는 주소를 저장할 수 있는 포인터 매개변수여야 함

그런데 main( ) 함수와 swap( ) 함수가 서로 자료를 주고받으려면 함수와 함수 사이라는 큰 강을 건너야 합니다. 이때 포인터라는 다리가 두 함수 사이를 연결하는 것입니다. 다리 역할을 하는 포인터 덕분에, swap( ) 함수 동네에서도 main( ) 함수 동네에 있는 변수를 역참조함으로써 값을 가져와서 사용하거나 변경할 수 있게 되었습니다.

그림 8-15에서 볼 수 있듯이 swap( ) 함수에서 *a는 곧 main( ) 함수의 변수 x를 의미하고, *b는 곧 main( ) 함수의 변수 y를 의미합니다.

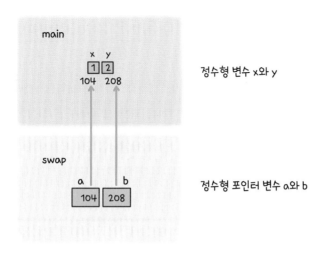

정수형 변수 x와 y

정수형 포인터 변수 a와 b

그림 8-15 | 다른 동네에 있는 두 변수를 연결하는 포인터의 역할

이렇듯 main( ) 함수에서 값이 아닌 주소를 swap( ) 함수에 전달하는 방식을 **주소에 의한 호출**(Call by Reference)이라고 합니다. 주소에 의한 호출을 통해, 즉 포인터를 통해 main( ) 함수의 값 x, y를 swap( ) 함수의 포인터 변수를 사용하여 접근할 수 있게 되었습니다. 값을 읽어오기도 하고 초기화하거나 변경하는 것도 가능합니다.

다음은 주소에 의한 호출 과정을 보여주는 코드입니다.

```
swap(int *x, int *y)
{
    int temp;

    temp = *x;    // ❶
    *x = *y;      // ❷
    *y = temp;    // ❸
}
```

❶ *x는 포인터 x가 가리키는 값으로 main( ) 함수에 있는 변수 x를 의미합니다. x는 1이므로 1의 값을 temp에 대입합니다.

❷ *y는 포인터 y가 가리키는 값으로 main( ) 함수에 있는 변수 y를 의미합니다. y는 2이므로 2의 값을 main( ) 함수의 변수 x에 대입합니다.

❸ temp 변수의 값 1을 main( ) 함수에 있는 변수 y의 값에 대입합니다.

그리고 이 과정을 그림으로 나타내면 그림 8–16과 같습니다.

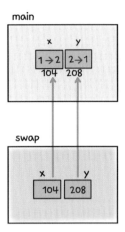

그림 8–16 | 주소에 의한 호출

swap( ) 함수 안에서 포인터 x와 y를 이용하고, 역참조를 통해 main( ) 함수 안의 변수 x와 y가 접근할 수 있게 된 것입니다. swap( ) 함수를 통해 main( ) 함수의 x, y 값을 서로 교환하는 프로그램을 주소에 의한 호출을 이용해서(포인터 변수를 사용하여) 작성하면 다음과 같습니다.

```c
pointer8.c
#include <stdio.h>

void swap(int *x, int *y);

main()
{
    int x, y;
    x = 1, y = 2;

    printf("x의 값은 %d, y의 값은 %d\n", x, y);
    swap(&x, &y);        // swap 함수에 정수형 변수 x, y의 주소 값 전달
    printf("x의 값은 %d, y의 값은 %d\n", x, y);
}

void swap(int *x, int *y) // 호출 시 전달 받은 주소 값을 포인터 변수 x, y에 저장
{
```

```
    int temp;
    temp = *x;                   // 역참조하여 main() 함수의 변수 x 접근

    *x = *y;                     // 역참조하여 main() 함수의 변수 y 에 저장
    *y = temp;                   // temp의 값을 main() 함수의 변수 y에 저장
}
```

실행 결과

x의 값은 1, y의 값은 2
x의 값은 2, y의 값은 1

정리해 볼까요? 함수와 함수 사이에 값을 주고받을 때 포인터를 사용하여 주소 값을 전달하면 복사가 아니라 변수의 메모리 주소가 전달됩니다. 따라서 주소를 전달받은 함수 안에서 전달된 주소가 가리키는 값, 즉 함수를 호출한 곳의 변수 값을 변경할 수 있습니다.

8.5 포인터 배열

배열은 이미 앞에서 배웠습니다. 이제 배열과 메모리 주소와의 관계를 생각해 보겠습니다.

```
int a[5] = { 1, 2, 3, 4, 5 };
```

이렇게 배열을 선언하면 정수 다섯 개를 저장할 수 있는 메모리 방이 연속해서 다섯 개 생성됩니다. C 언어가 수행되면 수많은 메모리 방 중에서 정수 다섯 개를 저장하는 데 필요한 20바이트(5개의 정수 × 4바이트) 메모리를 확보할 수 있는 공간을 찾을 것입니다.

사용 가능한 20바이트 메모리 어딘가를 할당 받고, 다섯 개의 방은 각각 a[0], a[1], a[2], a[3], a[4]라는 이름으로 할당됩니다. 여기서 '어딘가'는 우리가 신경 쓰지 않아도 되고 알 필요도 없습니다. 컴파일러가 알아서 사용 가능한 메모리 방을 할당합니다.

이처럼 어딘가에 잡은 방이라도 주소는 있겠죠? 각 메모리 방의 주소는 숫자로 표현할 수도 있고, 배열 이름으로도 표현할 수 있습니다. 여기서 각 주소에 해당하는 실질적인 숫자를 **물리**

적 주소(physical address)라 하고, 각 주소에 해당하는 변수를 통해 표현하는 것을 **상징적 주소**(symbolic address)라고 합니다.

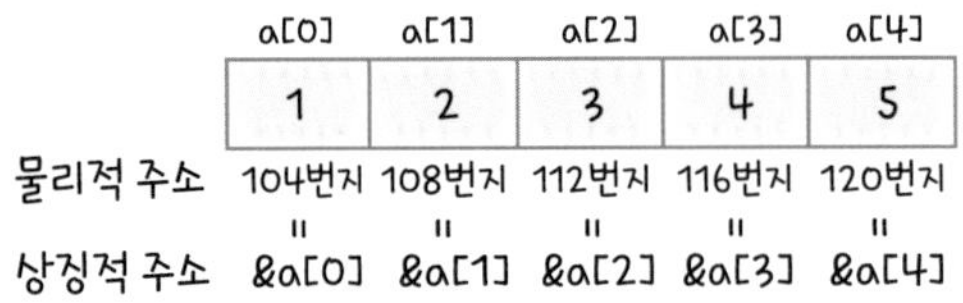

a[0]	a[1]	a[2]	a[3]	a[4]
1	2	3	4	5

물리적 주소 104번지 108번지 112번지 116번지 120번지
　　　　　　　　 ＝　　　 ＝　　　 ＝　　　 ＝　　　 ＝
상징적 주소 &a[0] &a[1] &a[2] &a[3] &a[4]

그림 8-17 | 각 메모리 방은 물리적, 상징적 주소로 표현 가능

컴퓨터의 컴파일러가 다섯 개의 정수를 저장하고자 104번지부터 120번지까지 사용 가능한 메모리 방을 할당 받았다고 합시다. 여기서 a[0]의 주소는 104번지라는 숫자로 표현할 수도 있고, 주소 연산자 &를 사용하여 &a[0]라고도 표현할 수 있습니다.

> **TIP**
> 각 방은 4바이트 크기로 하나의 정수를 저장하므로 처음 방이 104번지였다면 두 번째 방은 4바이트가 더해진 108번지가 되고 마지막 방은 120번지가 됩니다.

미션 26: 배열과 주소의 관계 확인하기

정수형 배열 a를 선언하고 순서대로 1, 2, 3, 4, 5를 저장하세요. 각 방의 주소를 출력하고 4바이트씩 증가하는지 확인하는 코드를 작성하세요.

```
pointer_address.c
#include <stdio.h>

main()
{
    int a[5] = { 1, 2, 3, 4, 5 };
    int i;

    for (i = 0; i < 5; i++)
        printf("배열 a[%d]번째 방의 주소는 %d입니다.\n", i, &a[i]);
}
```

실행 결과

배열 a[0]번째 방의 주소는 6487600입니다.
배열 a[1]번째 방의 주소는 6487604입니다.
배열 a[2]번째 방의 주소는 6487608입니다.

배열 a[3]번째 방의 주소는 6487612입니다.
배열 a[4]번째 방의 주소는 6487616입니다.

잠깐만요

C4477 경고가 나왔어요!

이 코드를 실행하면 다음과 같은 '경고'가 나옵니다. 경고가 나와도 컴파일을 하는 데는 지장이 없지만 왜 이런 경고가 나왔을까요?

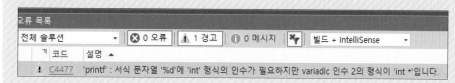

그 이유는 주소를 출력하는 데 printf() 함수의 형식 지정자 %d를 사용했기 때문입니다. 변수의 주소를 출력할 때는 %p 형식 지정자를 사용하면 경고가 없어집니다. %p를 사용하면 16진수로 주소를 표현합니다. 이 예제 코드는 10진수 숫자로 알아 보기 쉽게 하고자 %d로 출력하였습니다.

처음 할당 받은 주소에 따라 4바이트 크기만큼 더해진 숫자가 다음 방의 주소가 된다는 것에 주목하세요. 그리고 한 단계 더 나아가 배열의 이름을 출력하는 코드를 추가해 보세요.

pointer9.c

```
#include <stdio.h>

main()
{
    int a[5] = { 1, 2, 3, 4, 5 };
    int i;

    for (i = 0; i < 5; i++)
        printf("배열 a[%d]번째 방의 주소는 %d입니다.\n", i, &a[i]);
    printf("배열의 이름 a는 %d\n", a);    // 배열의 이름은 주소
}
```

배열 a[0]번째 방의 주소는 6487600입니다.
배열 a[1]번째 방의 주소는 6487604입니다.
배열 a[2]번째 방의 주소는 6487608입니다.
배열 a[3]번째 방의 주소는 6487612입니다.
배열 a[4]번째 방의 주소는 6487616입니다.
배열의 이름 a는 6487600

실행 결과를 잘 보면, 배열의 이름 a가 &a[0]와 같다는 것을 알 수 있습니다. 여기서 우리는 중요한 한 가지를 정의할 수 있습니다. 배열의 이름 a는 곧 배열의 첫 번째 요소, 즉 0번째의 주소인 &a[0]와 같다는 것입니다. 그러므로 a를 출력해도, &a[0]를 출력해도 둘 다 배열의 첫 번째 방의 주소를 출력합니다.

배열과 주소의 관계를 알았으니 이제 포인터 변수와 배열의 관계를 파악해 보겠습니다. 앞의 코드에서 'a는 배열의 이름이자 배열의 첫 번째 주소'라고 하였습니다. 그리고 '주소를 저장하려면 포인터 변수를 사용한다'고 배웠습니다.

정수형 배열의 첫 번째 주소를 포인터 변수 b에 저장하려면 다음과 같은 순서로 코드를 작성하면 됩니다.

```
int *b;       // 정수형 포인터 변수 b 선언
b = &a[0];    // 포인터 변수 b 초기화
```

여기서 b = &a[0];를 다음과 같이 바꿀 수도 있습니다.

```
b = a;
```

또는 코드 두 줄을 다음과 같이 쓸 수도 있습니다.

```
int *b = &a[0];  // 포인터 변수 b 선언과 동시에 초기화
```

또는 아래 코드도 같은 의미입니다.

```
int *b = a;
```

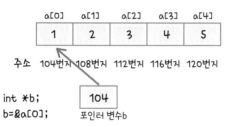

int a[5]={1, 2, 3, 4, 5};

그림 8-18 | 포인터 변수 b는 배열의 첫 번째 방을 가리킴

&a[0]를 출력하면 a[0]의 주소가 출력될 것입니다. 포인터 b의 값은 a[0]의 주소 값을 저장하고 있으므로 &a[0]와 마찬가지로 a[0]의 주소 값이 출력됩니다. 물론 a를 출력하여도 a[0]의 주소 값이 출력됩니다.

```
int *b = &a[0];
        ∥ 같은 코드
int *b = a
```

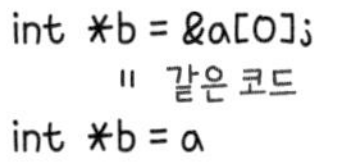

그림 8-19 | &a[0]는 a[0]의 주소 값을 의미

포인터 변수 b는 배열의 첫 번째 방을 가리키고 있다고 할 수 있습니다. a[0]의 값을 출력하면 물론 1이 출력될 것입니다. 포인터 b가 a[0]를 가리키고 있으므로 역참조를 사용하여 포인터 변수 b를 통해 a[0]를 간접적으로 접근할 수 있습니다. 즉, 간접 참조 연산자 *를 사용하여 *b를 출력하면 a[0]의 값 1이 출력될 것입니다.

미션 27: 배열의 이름과 포인터 주소

배열 a의 첫 번째 요소를 가리키는 포인터 b를 선언하고 b를 통해 a[0]의 값과 주소를 출력하는 프로그램을 작성하세요.

pointer10.c
```
#include <stdio.h>

main() {
```

```
int a[5] = { 1, 2, 3, 4, 5 };
int *b;

b = &a[0]; // b = a; 즉 배열 a의 첫 번째 항목의 주소 값을 포인터 변수 b에 저장

printf("a[0]의 주소 값은 %d\n", &a[0]);
printf("a[0]의 주소 값은 %d\n", a);
printf("a[0]의 주소 값은 %d\n", b);
printf("\n");

printf("a[0]에 저장된 값은 %d\n", a[0]);
printf("a[0]에 저장된 값은 %d\n", *b);
}
```

실행 결과

a[0]의 주소 값은 12254200
a[0]의 주소 값은 12254200
a[0]의 주소 값은 12254200

a[0]에 저장된 값은 1
a[0]에 저장된 값은 1

8.6 포인터 주소 값 연산

포인터 변수 b는 배열의 첫 번째 요소를 가리킵니다. 배열의 여러 요소 중에서 첫 번째 요소를 가리키므로 첫 번째 값을 역참조 연산자를 통해 접근할 수 있습니다. 그렇다면 두 번째, 세 번째 등 나머지 배열 요소는 포인터 b를 통해 접근할 수 있을까요?

정답은 "가능하다."입니다. 포인터 변수 b는 배열의 첫 번째 요소를 가리키지만, 포인터 연산을 통해 배열의 어디든지 가리키게 할 수도 있습니다. 예를 들어, 배열의 두 번째 요소를 가리키도록 변경하려면 어떻게 해야 할까요?

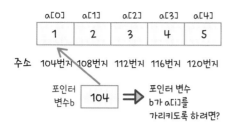

그림 8-20 | 포인터 변수 b가 배열의 첫 번째 요소가 아닌 다른 곳을 가리키려면?

그림 8-20과 같이 포인터 변수 b는 주소 104를 가지며, 배열의 첫 번째 요소를 가리킵니다. 단순하게 생각해서, b의 값을 104에서 108로 변경하면 이제 포인터 b는 a[1]을 가리킵니다. 이처럼 포인터의 값을 변경하면 우리가 원하는 배열의 어디 위치라도 가리킬 수 있습니다. 그러면 포인터 변수 b의 주소 값이 108을 가지려면 어떻게 해야 할지 생각해 봅시다.

먼저 104 + 1은 무엇일까요? 당연히 105라고 할 것입니다. 그러나 주소 연산에서는 조금 이야기가 달라집니다. 104는 주소이고 +1은 주소 단위 하나를 더하라는 뜻입니다. 즉, 주소의 단위가 정수라면 정수의 주소 단위는 4바이트씩이므로 +1은 1 * 4 = 4가 되어 104 + 4 = 108번지가 됩니다.

정수형 배열

그림 8-21 | a[1]의 주소 값은 104 + 1 * 4 = 108

문자형 배열일 경우

만약 주소가 문자형 배열의 주소라면 104 + 1은 105가 됩니다. 문자는 각 방의 크기가 1바이트이기 때문이지요.

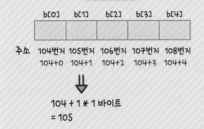

104 + 1과 같은 주소 연산을 '포인터 연산'이라고 합니다. 배열 a의 첫 번째 방의 주소를 포인터 b가 가리키고 있을 때 포인터 연산을 통해 포인터 b가 순서대로 배열의 첫 번째부터 다섯 번째 요소까지 가리키게 할 수 있습니다.

따라서 포인터 b의 값은 배열의 첫 번째 메모리 주소부터 차례대로 배열의 마지막 메모리의 주소를 갖도록 코드를 작성하면 됩니다.

pointer11.c

```c
#include <stdio.h>

main()
{
    int a[5] = { 1, 2, 3, 4, 5 };
    int *b;

    b = a;  // 배열 a의 첫 번째 항목의 주소 값을 포인터 변수 b에 저장

    printf("a[0]의    주소는 %d\n", &a[0]);
    printf("포인터 b+0의 값은 %d\n", b);

    b = b + 1;
    printf("a[1]의    주소는 %d\n", &a[1]);
    printf("포인터 b+1의 값은 %d\n", b);
```

```
    b = b + 1;  // 포인터 주소 값 연산, +1은 1 증가가 아니라 배열 한 칸 바이트 크기를 의미
    printf("a[2]의      주소는 %d\n", &a[2]);
    printf("포인터 b+2의  값은 %d\n", b);


    b = b + 1;  // 포인터 주소 값 연산
    printf("a[3]의      주소는 %d\n", &a[3]);
    printf("포인터 b+3의  값은 %d\n", b);


    b = b + 1;
    printf("a[4]의      주소는 %d\n", &a[4]);
    printf("포인터 b+4의  값은 %d\n", b);


    // 위에 코드를 for 문을 사용하여 최적화 하기
    printf("\n");
    b = a;  // 배열a의 첫번째 항목의 주소 값을 포인터 변수 b에 다시 초기화
    int i;

    for (i = 0; i < 5; i++) {
        printf("a[%d]의      주소는 %d\n", i, &a[i]);
        printf("포인터 b+%d의  값은 %d\n", i, b);
        b = b + 1;
    }
}
```

```
a[0]의      주소는 6487600
포인터 b+0의 값은 6487600
a[1]의      주소는 6487604
포인터 b+1의 값은 6487604
a[2]의      주소는 6487608
포인터 b+2의 값은 6487608
a[3]의      주소는 6487612
포인터 b+3의 값은 6487612
a[4]의      주소는 6487616
포인터 b+4의 값은 6487616
```

포인터 변수 b는 배열의 주소 값을 갖게 하고, 역참조를 사용하면 배열 요소를 모두 접근할 수 있습니다. 예를 들어 포인터 b를 통해 a[1]에 접근하려면 그림 8-22와 같은 과정을 거칩니다.

그림 8-22 | 포인터 변수 b가 a[1]을 가리키려면

a[1]의 주소가 108이라고 가정할 경우 *(주소108)로 접근하면 됩니다. 현재는 포인터 b가 배열 a의 첫 번째 요소(주소 값 104)를 가리키고 있으므로, 주소 값을 108로 변경하려면 (정수형 배열이므로) +1의 주소 연산이 필요합니다. 즉, 포인터 변수의 포인터 연산 *(b+1)을 통해 배열 a[1]에 접근할 수 있다는 계산이 나옵니다.

이를 확장시켜, 포인터 b를 통해 배열의 i번째 요소에 접근하려면 어떻게 표현할 수 있을까요?

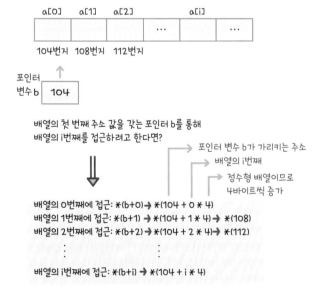

그림 8-23 | 포인터 변수 b가 배열의 i번째 요소에 접근하려면?

먼저 포인터 변수 b는 배열 a의 첫 번째 주소 즉 &a[0]를 가진다고 했습니다. 배열 a의 두 번째 주소를 가리키게 하려면 배열 a[0]의 주소 값에 +1을 하면 됩니다. 그리고 나면 포인터 변수 b는 a[1]의 주소를 갖게 됩니다. 그림 8-23과 같이 정리하면, b + i를 통해 배열의 a[i]번째 요소에 접근할 수 있습니다.

배열의 인덱스가 0부터 시작하는 이유

배열의 인덱스는 1이 아닌 0부터 시작하므로 int a[3];이라고 배열을 선언할 경우 배열은 a[0], a[1], a[2] 세 개로 구성됩니다. 그렇다면 왜 1이 아닌 0부터 시작하는 것일까요?

배열의 이름인 a는 곧 배열의 첫 번째 인덱스 a[0]의 주소 값을 의미합니다. 포인터 연산 관점에서 a는 배열의 첫 번째 메모리 주소 &a[0]를 의미하고, a + 1은 배열의 두 번째 메모리 주소 &a[1]을 의미합니다. 만약 배열의 인덱스를 1부터 시작한다면 a + 1은 &a[2]를 의미할 것입니다. 즉, 표현 방식의 통일성이 없어지면서 코드의 가독성을 떨어뜨릴 수 있으며, 심지어 오류를 일으킬 수도 있습니다.

다음 예제 코드를 실행하여, 배열의 인덱스가 0으로 시작해야 포인터 연산 및 배열의 주소 값 계산 시 표현의 통일성을 유지할 수 있음을 확인해 보세요.

좀 더 자세한 내용은 9.9절에서 설명합니다.

미션 28: 배열을 갖고 포인터 연산을 통해 접근하고 변경하기

배열 a를 생성하여 1, 2, 3, 4, 5로 저장하고 포인터 b를 통해 배열 a의 값을 11, 12, 13, 14, 15으로 변경한 후 다양한 방법으로 출력하는 코드를 작성하세요.

pointer12.c

```c
#include <stdio.h>

main() {
    int a[5] = { 1, 2, 3, 4, 5 };
    int *b;
    int i;

    printf("기존 배열 a의 값 출력\n");

    for (i = 0; i < 5; i++)
        printf("%d ", a[i]);
    printf("\n");
```

```
    printf("\n배열 a의 각 요소에 10을 더하여 변경\n\n");

    b = a;                    // b = &a[0];, 배열 a의 첫 번째 인덱스의 주소 값을 포인터 변수 b에 저장

    for (i = 0; i < 5; i++)
        *(b + i) += 10;       // 포인터 연산한 결과를 역참조하며 배열 a의 값 변경

    printf("변경된 배열 a의 값 출력 - 첫 번째 방법 \n");

    for (i = 0; i < 5; i++)
        printf("%d ", a[i]);
    printf("\n");

    printf("변경된 배열 a의 값 출력- 두 번째 방법 \n");

    for (i = 0; i < 5; i++)
        printf("%d ", *(b + i));
    printf("\n");

    printf("변경된 배열 a의 값 출력- 세 번째 방법 \n");

    for (i = 0; i < 5; i++)
        printf("%d ", b[i]);  // ❶
    printf("\n");
}
```

실행 결과

기존 배열 a의 값 출력
1 2 3 4 5

배열 a의 각 요소에 10을 더하여 변경
변경된 배열 a의 값 출력 - 첫 번째 방법
11 12 13 14 15
변경된 배열 a의 값 출력- 두 번째 방법
11 12 13 14 15
변경된 배열 a의 값 출력- 세 번째 방법
11 12 13 14 15

❶에서 포인터 변수 b를 b[i]와 같이 배열과 같이 사용하였습니다. 이는 포인터 변수를 사용하여 역참조하였다는 것을 의미합니다. 즉, 포인터 b가 배열 a[0]의 주소를 가리키고 있다면 b[i]는 곧 a[i]를 의미합니다.

지금까지 그 어렵다던 포인터 기초에 대해서 배웠습니다. 다음 장에서는 조금 더 깊이 들어가 보겠습니다.

더 깊이
포인터 속으로

9장에서 포인터의 핵심으로 더 깊이 들어가겠습니다. C 언어를 배울 때 포인터가 가장 어렵다고 얘기하는 사람들이 많고, 실제로 어려운 부분도 있습니다. 그러나 포인터만큼 재미있고 C 언어 프로그래밍에 있어 개발자를 자유롭게 하는 도구는 없다고 생각합니다. 이제 준비되었으면 조금 더 깊이 포인터의 세계로 들어갑시다.

포인터도 변수입니다. 하나의 포인터 변수로 주소 값을 연속적인 메모리 공간에 저장할 수 있습니다. 즉, 포인터도 배열로 구성할 수 있다는 의미입니다.

다음은 정수형 포인터 배열 변수 a를 선언한 것입니다.

```
int *a[2];
```

a[0]와 a[1]은 모두 포인터 변수이며, 그림 9-1처럼 어떤 정수형 변수의 주소를 가질 수 있습니다. 포인터 배열 변수 a[0]에는 정수형 변수 b의 주소를 넣었으므로 104가 저장됩니다. 그리고 a[1]에는 정수형 변수 c의 주소를 넣었으므로 208이 저장될 것입니다.

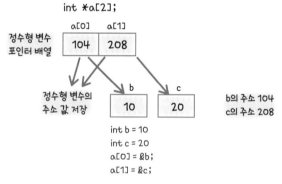

그림 9-1 | 정수형 포인터 배열 변수 선언과 초기화

미션 29: 변수들의 주소를 담고 있는 포인터 배열 만들기

그림 9-2와 같이 정수형 변수 a b, c를 선언하고, 포인터 배열 x를 사용하여 정수형 변수 a와 b의 합을 c에 저장하는 코드를 작성하시오.

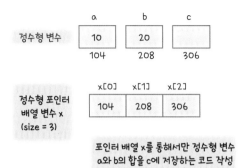

정수형 변수

a	b	c
10	20	
104	208	306

정수형 포인터
배열 변수 x
(size = 3)

x[0]	x[1]	x[2]
104	208	306

포인터 배열 x를 통해서만 정수형 변수
a와 b의 합을 c에 저장하는 코드 작성

그림 9-2 | 포인터 배열 예제

pointer2_1.c

```
#include <stdio.h>

main() {
    int a = 10;
    int b = 20;
    int c;
    int *x[3]; // 정수형 포인터 배열 변수 x 선언, 배열 크기는 3

    x[0] = &a; // 정수형 변수 a의 주소 값으로 포인터 배열 0번째 위치에 초기화
    x[1] = &b;
    x[2] = &c;
    *x[2] = *x[0] + *x[1]; // 역참조하여 변수 a와 b를 참조하여 더한 결과를 c에 값 저장

    printf("변수 c의 값은 %d\n", c);
}
```

실행 결과

변수 c의 값은 30

포인터 배열에 차례대로 정수형 변수 a, b, c의 주소를 넣어 각 변수를 가리키게 하였습니다. 이제 포인터 배열의 각 요소를 역참조하여 a, b, c 변수에 접근이 가능합니다. 이를 통해 a와 b 의 합을, 포인터 배열 요소 x[2]를 역참조하여 정수형 변수 c에 저장하였습니다.

9.2 문자열과 포인터 배열

포인터 배열은 주로 문자열을 처리할 때 자주 사용합니다.

6명으로 구성된 반이 있다고 합시다. 반 학생들의 이름은 각각 "Hyungwoo", "Yoonjin", "Sieun", "Woojin", "Jihyun", "Jihoon"입니다. 6명의 이름을 저장하는 방법에는 두 가지가 있습니다. 첫 번째 방법은 문자형 배열을 이용하는 방법이고, 두 번째 방법은 포인터 배열을 이용하는 방법입니다.

두 방법 모두 반 학생들의 이름을 저장할 수 있지만, 메모리에 저장되는 방식이 다릅니다. 어떤 방법인지에 따라 메모리를 많이 또는 적게 사용하며, 메모리 사용 효율에도 차이가 납니다.

우선 첫 번째 방법인 문자형 배열을 이용해서 반 학생들의 이름을 저장해 보겠습니다.

```c
char myclass[6][9] = { "Hyungwoo", "Yoonjin", "Sieun", "Woojin", "Jiyeon", "Jihoon" };
```

이렇게 2차원 배열 myclass를 선언하여 각 학생들의 이름으로 초기화하여 저장하면 가능합니다.

그림 9-3 | 2차원 배열을 사용하여 반 학생들의 이름을 저장

이때 저장하려는 이름의 길이가 배열의 크기보다 작아야 하므로, 학생들 이름을 저장하는 데 사용한 총 메모리 공간은 6 x 9 = 54바이트입니다. 이중에서 10바이트 공간은 사용하지 않았습니다.

우리 반 학생들의 이름을 저장하는 두 번째 방법은 포인터 배열을 이용하는 방법입니다.

```
char *myclass[6] = { "Hyungwoo", "Yoonjin", "Sieun", "Woojin", "Jiyeon", "Jihoon" };
```

char *myclass[6] 이라는 의미는 문자형 포인터 배열 크기가 6인 변수 이름 myclass를 선언한 것입니다. 즉, 포인터 배열입니다. 그림 9-4처럼 메모리가 할당되고, 각 메모리 방에는 문자 하나(예를 들어 'A')가 저장된 문자형 변수(a)의 메모리 주소(104)가 저장됩니다.

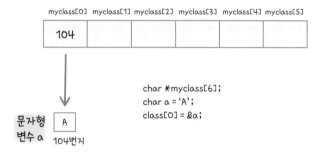

그림 9-4 | 포인터 배열을 사용하여 반 학생들의 이름을 저장

이처럼 포인터 배열을 선언하고 각 문자열을 초기화하면 어떻게 될까요?

다시 말해서 포인터 배열을 선언하고 반 학생들의 이름을 초기화하면 어떻게 될까요?

char *myclass[6] = {"Hyngwoo", "Yoonjin", ... };
① 포인터 배열 선언   ② 문자열 초기화

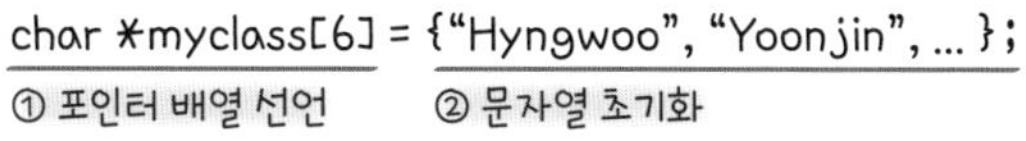

그림 9-5 | 포인터 배열을 선언하고 각 문자열을 초기화

문자열을 초기화하면 해당하는 문자열들은 각각 임의의 메모리에 저장됩니다. 그리고 저장된 메모리의 첫 번째 요소의 주소 값을 차례대로 포인터 배열 값에 저장합니다.

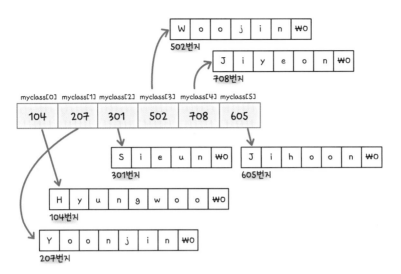

그림 9-6 | 포인터 배열에는 각 문자열의 첫 번째 요소의 주소가 저장됨

컴파일러가 가용한 메모리를 찾아 알아서 "Hyungwoo"라는 문자열을 저장합니다. 문자형 포인터 배열 class[0]에는 "Hyungwoo"라는 문자열의 첫 번째 문자 'H'의 주소가 저장됩니다. H가 저장된 주소를 myclass[0] 값에 저장하였으므로, 이제 포인터 변수 myclass[0]를 통해 문자열 "Hyungwoo"에 접근할 수 있습니다.

문자열을 저장하는 일을 컴퓨터에게 맡긴 결과, 컴퓨터는 메모리 낭비 없이 우리가 저장하려는 이름에 해당하는 크기만큼 필요한 메모리를 할당 받아 저장하였습니다.

그러면 우리 반 학생들의 이름 정보를 저장하는 코드를 문자형 배열을 이용하여 작성해 볼까요?

```c
#include <stdio.h>

main() {
    int i;
    char my[6][9] = { "Hyungwoo", "Yoonjin", "Sieun", "Woojin", "Jiyeon", "Jihoon" };

    for (i = 0; i < 6; i++)
        printf("%s\n", my[i]); // my[0]에 저장되어 있는 값은 'H' 저장된 메모리의 주소 값
}
```

실행 결과

Hyungwoo

Yoonjin

Sieun

Woojin

Jiyeon

Jihoon

printf( )에서 %s는 콤마(,)를 기준으로, 콤마 뒤에 주소를 적어줍니다. 그러면 해당 주소에서 시작하는 문자열부터 NULL('\0') 값 이전까지의 문자를 화면에 출력합니다.

> **TIP** 우리가 지금까지 정수를 출력하기 위해서 사용한 %d는 정수형 변수와 매칭되지만 %s는 문자형 배열 변수의 주소와 매칭됩니다.

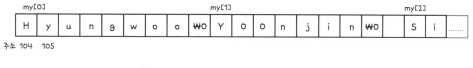

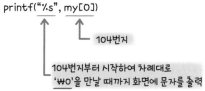

그림 9-7 | 2차원 배열에서 문자열 출력하기

my[0]는 my[0][0]부터 my[0][8]까지의 배열 이름입니다. 배열의 이름은 곧 배열의 첫 번째 인덱스의 주소와 같다고 하였습니다. 그러므로 &my[0][0]은 my[0]이라고 할 수 있습니다. 그림 9-7에서의 경우 그 값은 주소 104번지입니다. 다음 절에 이어서 더 자세한 설명을 하겠습니다.

9.3 2차원 배열과 주소

지금까지 int a[3] = {1, 2, 3};처럼 1차원 배열을 선언과 동시에 초기화하였습니다. C 언어에서는 이 코드를 읽어들이면 그림 9-8과 같이 연속된 배열을 할당 받아 각 변수 a[0], a[1], a[2]에 차례대로 1, 2, 3이 저장됩니다.

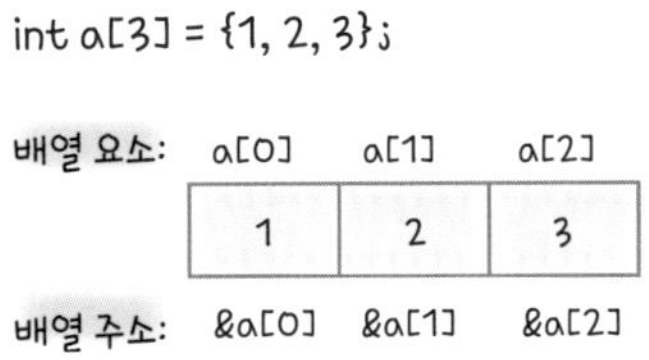

int a[3] = {1, 2, 3};

그림 9-8 | 1차원 배열의 선언과 초기화

앞에서 설명했듯이, 변수 a[0], a[1], a[2]의 주소는 각각 &a[0], &a[1], &a[2]라고 표현할 수 있습니다. 또한, 배열의 첫 번째 인덱스인 a[0]의 주소 곧 &a[0]은 배열의 이름과 같다고도 설명하였습니다.

그렇다면 2차원 배열에서는 주소를 어떻게 표현할까요?

예를 들어 2차원 배열 int a[2][3];이 있다고 합시다. 이 배열의 총 크기는 6입니다. 그러나 이 배열에서 하나 더 깊이 들어가보면, 두 개의 배열이 모여 하나의 배열이 된 것으로 볼 수 있습니다. 즉, a[0]와 a[1] 두 배열이 하나로 합쳐져서 배열 a를 구성한 것입니다.

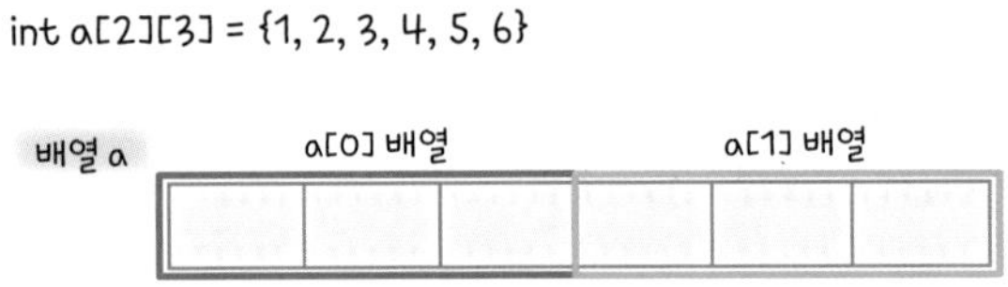

int a[2][3] = {1, 2, 3, 4, 5, 6}

그림 9-9 | 1차원 배열이 두 개 모여 2차원 배열을 구성함

2차원 배열 int a[2][3]의 주소를 각각 표현하면 다음과 같이 표현할 수 있을 것입니다.

	a[0][0]	a[0][1]	a[0][2]	a[1][0]	a[1][1]	a[1][2]
물리적 주소	104	108	112	116	118	122
심볼릭 주소	&a[0][0]	&a[0][1]	&a[0][2]	&a[1][0]	&a[1][1]	&a[1][2]
1차원 배열 이름	a[0]			a[1]		
2차원 배열 이름	a					

그림 9-10 | 2차원 배열의 주소를 표현한 모습

우선 배열의 첫 번째 주소를 104로 가정하겠습니다. a[0]은 a와 &a[0][0]과 마찬가지로 주소 104번지라고 표현하였고, a[1]은 &a[1][0]과 같이 주소 116이라고 표현하였습니다.

배열 a는 두 개의 작은 배열인 a[0]과 a[1]로 구성되었으며, 배열의 이름은 자신의 첫 번째 배열 방의 주소와 같습니다. 그러므로 a[0]은 &a[0][0]과 같고, a[1]은 &a[1][0]과 같다고 할 수 있습니다.

이처럼 배열의 이름은 곧 자신 배열의 첫 번째 인덱스 주소 값과 같습니다. 큰 범위 배열 관점에서 배열의 이름이 a라면, 한 단계 작은 범위의 배열 관점에서는 a[0]과 a[1] 이렇게 두 개의 배열 이름을 가집니다. 앞으로 "배열 이름은 곧 주소다"라고 생각하면 코드를 이해하기 쉬울 것입니다.

이제 다음 예제 코드를 통해 2차원 배열과 주소의 상관 관계를 직접 확인해 봅시다.

pointer2_3.c

```c
#include <stdio.h>

main() {
    int a[2][3] = { 1, 2, 3, 4, 5, 6 }; // 2차원 정수형 배열 선언과 동시에 초기화

    printf("배열 a 시작 메모리 주소는 %d\n", a); // 배열의 이름
    printf("배열 a에 포함된 첫 번째 배열의 시작 주소는 %d\n", a[0]); // {1, 2, 3}을 의미
    printf("배열 a 시작 메모리 주소는 %d\n", &a[0][0]);
    printf("배열 a에 포함된 두 번째 배열의 시작 주소는 %d\n", a[1]);
    printf("배열 a에 포함된 두 번째 배열의 시작 주소는 %d\n", &a[1][0]);
    printf("\n");
    printf("배열 a의 크기는 %d 바이트\n", sizeof(a));
    printf("배열 a에 포함된 첫 번째 배열의 크기는 %d바이트\n", sizeof(a[0]));
    printf("배열 a에 포함된 두 번째 배열의 크기는 %d바이트\n", sizeof(a[1]));
}
```

실행 결과

```
배열 a 시작 메모리 주소는 3864392
배열 a에 포함된 첫 번째 배열의 시작 주소는 3864392
배열 a 시작 메모리 주소는 3864392
배열 a에 포함된 두 번째 배열의 시작 주소는 3864404
배열 a에 포함된 두 번째 배열의 시작 주소는 3864404

배열 a의 크기는 24 바이트
배열 a에 포함된 첫 번째 배열의 크기는 12바이트
배열 a에 포함된 두 번째 배열의 크기는 12바이트
```

a의 값이 3이라고 가정하면 a + 1은 무엇일까요? 답은 당연히 4이고 너무 쉬운 문제라고 생각할 것입니다. 그러나 a값이 주소라면 문제는 달라집니다. 4가 아닐 수도 있습니다.

예를 들어 int a[2][3] = { 1, 2, 3, 4, 5, 6 };에서 a는 배열의 이름이자 배열의 첫 번째 방의 주소를 의미합니다. 그렇다면 a + 1은 무엇일까요?

a의 값이 104라고 하였을 때(다시 말해 a[0][0]의 주소 값이 104라고 가정하면) a + 1은 104 + 1이라고 생각할 수 있습니다. 그러나 여기서 + 1은 숫자 1을 더하라는 의미가 아닙니다. a는 배열 a에 속한 첫 번째 배열의 주소입니다. 여기에 + 1을 하라는 의미는 배열 a에 속한 두 번째 배열의 주소를 말합니다. 즉, a가 104라면 a + 1은 a[1][0]의 주소인 116을 의미합니다.

a[1]은 배열 a에 속한 두 번째 배열의 첫 번째 요소의 주소를 의미합니다(그림 9-11 참고). 그렇다면 a[1] + 1은 무엇일까요?

이는 두 번째 배열의 첫 번째 요소의 바로 오른쪽 옆에 있는 주소를 의미합니다. 즉, a[1]이 116이라면 a[1] + 1은 주소 120이라고 할 수 있습니다. 배열의 자료형이 int이므로 각 메모리 주소는 4바이트 크기이고, + 1은 주소가 4바이트 증가된다는 의미이지요.

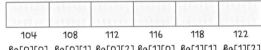

104	108	112	116	118	122
&a[0][0]	&a[0][1]	&a[0][2]	&a[1][0]	&a[1][1]	&a[1][2]
a[0]			a[1]		

a	배열 a에 속한 첫 번째 배열의 주소 →104번지
a+1	배열 a에 속한 두 번째 배열의 주소 → 116번지
a[1]	배열 a에 속한 두 번째 배열의 첫 번째 주소 → 116번지
a[1] + 1	배열 a에 속한 두 번째 배열의 첫 번째 주소 열의 두 번째 방의 주소
	→116 + 1→1은 방 하나를 의미하므로(4바이트) 116 + 1* 4 = 120

그림 9-11 | 2차원 배열의 주소 연산

a + 1은 2차원 배열의 관점에서 구성된 두 번째 배열의 첫 번째 주소를 의미합니다. 또한, 이 주소는 a[1]이라고 표기할 수 있으므로, a[1] + 1은 그 두 번째 배열의 첫 번째 요소 바로 한 칸 옆의 주소를 의미합니다.

2차원 배열의 주소 연산은 C 언어의 포인터를 배우면서 많은 사람들이 어려워하는 부분입니다. 그러나 다음 예제를 통해 주소 값이 어떻게 나타나고, 어떻게 표기되는지를 확실하게 익혀 둔다면 포인터에 쉽게 접근할 수 있을 것입니다.

```
pointer2_4.c
#include <stdio.h>

main() {
    int a[2][3] = { 1, 2, 3, 4, 5, 6 };

    printf("배열 a의 첫 번째 주소는 %d\n", a);
    printf("배열 a의 두 번째 주소는 %d\n", a + 1); // a + 1은 a[1]과 같음
    printf("배열 a에 속한 첫 번째 배열의 첫 번째 방 주소는 %d\n", a[0]);
    printf("배열 a에 속한 첫 번째 배열의 두 번째 방 주소는 %d\n", a[0] + 1);
    printf("배열 a에 속한 첫 번째 배열의 세 번째 방 주소는 %d\n", a[0] + 2);
    printf("배열 a에 속한 두 번째 배열의 첫 번째 방 주소는 %d\n", a[1]);
    printf("배열 a에 속한 두 번째 배열의 두 번째 방 주소는 %d\n", a[1] + 1);
    printf("배열 a에 속한 두 번째 배열의 세 번째 방 주소는 %d\n", a[1] + 2);
}
```

실행 결과

배열 a의 첫 번째 주소는 12581392
배열 a의 두 번째 주소는 12581404
배열 a에 속한 첫 번째 배열의 첫 번째 방 주소는 12581392
배열 a에 속한 첫 번째 배열의 두 번째 방 주소는 12581396
배열 a에 속한 첫 번째 배열의 세 번째 방 주소는 12581400
배열 a에 속한 두 번째 배열의 첫 번째 방 주소는 12581404
배열 a에 속한 두 번째 배열의 두 번째 방 주소는 12581408
배열 a에 속한 두 번째 배열의 세 번째 방 주소는 12581412

9.2절에서 얘기한, 우리 반 학생들의 이름을 저장하는 두 가지 방법, 2차원 배열을 이용하는 방법과 포인터 배열을 이용하는 방법에 대해 좀 더 자세히 알아봅시다.

우리 반 학생들의 이름을 각각 출력하려면 어떻게 해야 할까요? 2차원 배열과 주소의 관계를 파악하면 쉽게 이해할 수 있습니다.

예시로 다음 코드를 볼까요?

```
char makit1[6][9] = { "Hyungwoo", "Yoonjin", "Sieun", "Woojin", "Jiyeon", "Jihoon" };
```

이 코드에서 makit1[0]은 첫 번째 학생의 이름 중 첫 글자인 H의 주소를 의미합니다. 그리고 makit1[1]은 두 번째 학생의 이름 중 첫 글자인 Y의 주소를 의미합니다

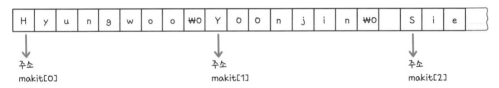

그림 9-12 | 2차원 배열 makit1의 주소 관계

문자열 출력을 위한 %s 구문은 주소를 입력으로 받는다고 하였습니다. 따라서 다음과 같이 makit1[index]를 통해 학생들의 이름을 출력할 수 있습니다.

```
printf("%s\n", makit1[i]);
```

이번에는 다음과 같이 포인터 배열을 이용하여 학생들의 이름을 저장하였습니다.

```
char *makit2[6] = { "Hyungwoo", "Yoonjin", "Sieun", "Woojin", "Jiyeon", "Jihoon" };
```

포인터 배열 makit2[0], makit2[1] … makit2[6]은 각 이름 중 첫 글자를 저장하는 메모리의 주소를 가집니다. 그러므로 makit2[index]를 사용해 학생들의 이름을 출력할 수 있습니다.

```
printf("%d\n", makit2[i]);
```

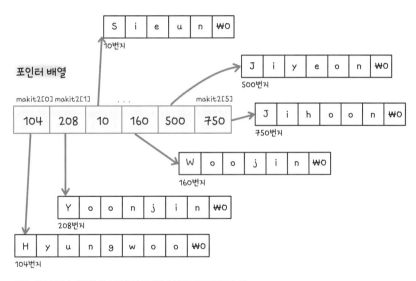

그림 9-13 | 포인터 배열 각 요소 값은 각 문자열의 첫 번째 문자의 주소 값

```
#include <stdio.h>

main() {
    int i;
    char makit1[6][9] = { "Hyungwoo", "Yoonjin", "Sieun", "Woojin", "Jiyeon", "Jihoon"
};                                    // 2차원 문자열 배열을 통해 각 문자열을 저장

    printf("makit1의 크기는 %d\n", sizeof(makit1));

    for (i = 0; i < 6; i++)
        printf("%s\n", makit1[i]); // 각 문자열의 첫 번째 문자의 주소 값

    printf("\n\n");

    char *makit2[6] = { "Hyungwoo", "Yoonjin", "Sieun", "Woojin", "Jiyeon", "Jihoon"
};
    printf("makit2의 크기는 %d\n", sizeof(makit2));

    for (i = 0; i < 6; i++)
        printf("%s\n", makit2[i]);
}
```

실행 결과

```
makit1의 크기는 54
Hyungwoo
Yoonjin
Sieun
Woojin
Jiyeon
Jihoon


makit2 의 크기는 24
Hyungwoo
Yoonjin
Sieun
Woojin
Jiyeon
Jihoon
```

미션 30: 문자열과 포인터 주소 이해하기

그림 9-14와 같이 자신의 영문 이름을 포인터를 통해 저장한 다음, 포인터 변수로 접근하여 각 영문 철자를 하나씩 출력하는 프로그램을 작성하시오.

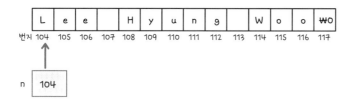

	%c, *(n + i)
i = 0	%c, *(n+0) → *(n) → *(104)
i =1	%c, *(n+1) → *(n+1) → *(104+1) → *(105)
i = 2	%c, *(n+2) → *(n+2) → *(104+2) → *(106)

그림 9-14 | 나의 영문 이름을 포인터로 저장하여 출력하는 예제

pointer2_6.c

```
#include <stdio.h>

main() {
    char *name = "Lee Hyung Woo";      // 이름이 저장되고 'L'이 저장된 주소가 name에 저장
    int i;

    for (i = 0; i < 14; i++)
        printf("%c\n", *(name + i)); // name + i 의 주소 값에 있는 문자를 출력
}
```

실행 결과

```
L
e
e

H
y
u
```

n

g

W

o

o

미션 31: 배열을 포인터로 참조하여 배열의 값 출력하기

크기 10인 배열 a를 생성하고 1부터 10까지의 숫자를 차례대로 저장하세요. 그런 다음 저장된 배열 a를 참조하는 포인터 b 변수를 생성하고, 차례대로 배열 a를 참조하면서 값을 출력하는 프로그램을 앞에서 설명한 두 가지 방법을 사용해서 만들어 보세요.

pointer2_7.c

```c
#include <stdio.h>

main() {
    int i;
    int a[10];
    int *b;                        // 포인터 변수 선언

    for (i = 0; i < 10; i++)
        a[i] = i + 1;              // 배열을 차례대로 1부터 10으로 초기화

    b = &a[0];                     // b = a; // 배열 a를 가르치도록 포인터 변수 b 초기화

    printf("첫 번째 방법\n");

    for (i = 0; i < 10; i++)
        printf("%d ", *(b + i)); // 포인터를 통해 배열의 요소 값에 접근
    printf("\n");

    printf("두 번째 방법\n");

    for (i = 0; i < 10; i++)
        printf("%d ", b[i]);       // 포인터를 통해 배열의 요소 값에 접근
    printf("\n");
}
```

미션 32: 배열을 포인터로 접근하기 ❶

길이가 5인 int형 배열 a를 선언하고 1, 2, 3, 4, 5로 초기화하세요. 그리고 이 배열의 첫 번째 요소를 가리키는 포인터 변수 b를 선언하세요. 그런 다음 포인터 변수 b에 저장된 값을 증가시키는 형태의 연산을 기반으로, 배열 요소에 접근하면서 모든 배열 요소의 값을 2씩 증가시키고 출력해 보세요.

pointer2_8.c

```c
#include <stdio.h>

main() {
    int a[5] = { 1, 2, 3, 4, 5 };
    int *b;

    b = a;
    int i;
    printf("포인터 연산 전\n");

    for (i = 0; i < 5; i++) {
        printf("%d ", a[i]);
    }
    printf("\n");

    for (i = 0; i < 5; i++) {
        *b += 2; // 포인터 역참조하여 배열의 각 요소 별 값에 2 더하기
        b++;        // 포인터 연산
    }
    printf("포인터 연산 후\n");

    for (i = 0; i < 5; i++) {
        printf("%d ", a[i]);
    }
    printf("\n");
}
```

```
포인터 연산 전
1 2 3 4 5
포인터 연산 후
3 4 5 6 7
```

미션 33: 배열을 포인터로 접근하기 ❷

길이가 5인 배열 a를 선언하고 1, 2, 3, 4, 5로 초기화한 다음 이 배열의 마지막 요소를 가리키는 포인터 변수 b를 선언하세요. 포인터 변수 b에 저장된 값을 1씩 감소시키는 형태의 연산을 기반으로, 모든 배열 요소에 접근하여 배열에 저장된 모든 정수를 더한 결과를 구하는 코드를 작성하세요.

pointer2_9.c

```c
#include <stdio.h>

main() {
    int a[5] = { 1,2,3,4,5 };
    int *b;

    b = &a[4];                  // 배열의 마지막 요소의 주소 값으로 포인터 변수 b 초기화
    int sum = 0, i;

    for (i = 0; i < 5; i++) {
        printf("%d ", a[i]);
    }
    printf("\n");

    for (i = 0; i < 5; i++) {
        printf("%d ", *b); // 포인터 변수 b가 가리키는 배열의 요소 값 출력
        sum += *b-- ;          // 포인터 변수 역참조 값을 sum에 더한 후 포인터 연산을 통해 1 감소
    }
    printf("\n");
    printf("합은 : %d\n", sum);
}
```

실행 결과

```
1 2 3 4 5
5 4 3 2 1
합은 : 15
```

미션 34: 배열을 포인터로 접근하기 ❸

길이가 5인 int형 배열 a를 선언하고 1, 2, 3, 4, 5로 초기화한 다음, 이 배열에 저장된 값이 각각 10배에 해당하는 10, 20, 30, 40, 50이 되도록 변경하세요. 단, 값이 10배가 되게 할 때 배열을 가리키는 포인터를 사용하여 역참조하는 방식을 사용하세요.

pointer2_10.c

```
#include <stdio.h>

main() {
    int a[5] = { 1, 2, 3, 4, 5 };
    int *b;
    int i;

    b = &a[0];;
    printf("기존 배열의 값\n");

    for (i = 0; i < 5; i++)
        printf("%d ", *(b + i));
    printf("\n");

    for (i = 0; i < 5; i++)
        *(b + i) *= 10;
    printf("업데이트 후 배열의 값\n");

    for (i = 0; i < 5; i++)
        printf("%d ", b[i]);
    printf("\n");
}
```

실행 결과

```
기존 배열의 값
1 2 3 4 5
업데이트 후 배열의 값
10 20 30 40 50
```

미션 35: 배열을 포인터로 접근하기 ❹

길이가 6인 int형 배열 a를 선언하고 1, 2, 3, 4, 5, 6으로 초기화하세요. 그런 다음 이 배열을 저장된 값을 거꾸로, 즉 6, 5, 4, 3, 2, 1이 되도록 변경하세요. 단, 배열 앞과 뒤를 가리키는 포인터 변수 두 개를 활용하여 저장된 값의 순서를 변경하는 방식을 이용하세요.

pointer2_11.c

```c
#include <stdio.h>

main() {
    int a[6] = { 1, 2, 3, 4, 5, 6 };
    int *front = &a[0];  // 배열의 첫 번째 요소의 주소 값을 저장
    int *back = &a[5];   // 배열의 마지막 요소의 주소 값을 저장
    int i, temp;

    printf("배열 a 현재 내용\n");

    for (i = 0; i < 6; i++)
        printf("%d ", a[i]);
    printf("\n");

    for (i = 0; i < 3; i++) {
        temp = *front;   // front가 가리키는 값을 temp에 저장
        *front = *back;  // back이 가리키는 값을 front가 가리키는 메모리에 저장
        *back = temp;    // temp의 값을 back이 가리키는 주소에 저장
        front += 1;      // 포인터 연산을 통해 front가 가리키는 주소 값에 1 증가
        back -= 1;       // 포인터 연산을 통해 back이 가리키는 주소 값에 1 감소
    }
    printf("배열 a 변경 후 내용\n");

    for (i = 0; i < 6; i++)
        printf("%d ", a[i]);
    printf("\n");
}
```

실행 결과

```
배열 a 현재 내용
1 2 3 4 5 6
배열 a 변경 후 내용
6 5 4 3 2 1
```

9.7 포인터의 포인터

정수형 포인터 변수 a를 선언하라고 하면, 이제 int *a; 라고 쉽게 대답할 수 있을 것입니다. 그리고 '포인터 변수 a는 어떤 정수형 변수의 주소를 저장할 수 있다'고 자신 있게 말할 수 있을 것입니다.

그렇다면 정수형 포인터 변수 a의 주소를 저장할 수 있는 변수는 어떻게 만들어야 할까요? 포인터 변수의 주소를 저장하려면 포인터의 포인터 변수를 선언해야 합니다.

코드 예를 보면서 설명하겠습니다. 정수형 포인터의 포인터 변수는 다음과 같이 선언합니다.

```
int **b;
```

그리고 다음과 같이 변수 a를 선언 및 초기화하고, a의 주소를 저장하기 위해서는 포인터 변수 역시 선언과 동시에 초기화할 수 있습니다.

```
int a = 3;
int *b = &a;
```

포인터 변수 b의 주소를 저장하기 위해서는 단순히 포인터 변수를 선언하여 사용할 수 없습니다. 저장하고자 하는 주소가 포인터 변수이기 때문입니다. 포인터 변수의 주소를 저장하기 위해서는 포인터의 포인터 변수, 즉 '이중 포인터 변수'를 선언해야 합니다. 이중 포인터는 **를 사용하여 선언합니다.

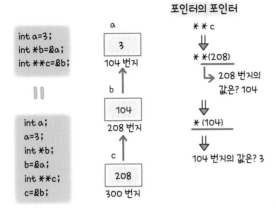

포인터의 포인터

```
int a=3;
int *b=&a;
int **c=&b;
```

||

```
int a;
a=3;
int *b;
b=&a;
int **c;
c=&b;
```

a
```
3
```
104 번지

b
```
104
```
208 번지

c
```
208
```
300 번지

**c
⇓
* *(208)
↳ 208 번지의
값은? 104

* (104)
⇓
104 번지의 값은? 3

그림 9-15 | 포인터의 포인터(이중 포인터) 선언

그림 9-15에서와 같이 변수 a의 주소 104를 포인터 변수 b에 저장하고, 포인터 변수 b의 주소 208을 이중 포인터 변수 c가 저장합니다. 역참조도 같은 맥락으로 진행하면 됩니다.

**c는 **(208번지)를 의미하고 *(208번지)는 b를 의미하므로 *b라고 할 수 있습니다. *b는 *(104번지)이고 곧 a입니다. 그러므로 **c는 역참조를 통해 a라고 할 수 있습니다.

다음 코드를 작성하고 실행하면서 포인터의 포인터 개념을 익히세요.

pointer2_12.c

```c
#include <stdio.h>

main() {
    int a = 3;
    int *b = &a;    // 포인터 변수 b
    int **c = &b;   // 이중 포인터 변수 c, 포인터 변수 b의 주소 값을 이중 포인터 c에 저장

    printf("정수형 변수 a의 값은 %d\n", a);
    printf("정수형 변수 a의 주소 값은 %d\n", &a);
    printf("정수형 포인터 변수 b의 값은 %d\n", b);
    printf("정수형 포인터 변수 b의 주소 값은 %d\n", &b);
    printf("정수형 포인터의 포인터 변수 c의 값은 %d\n", c);

    printf("정수형 포인터 변수 b의 역참조 값은 %d\n", *b);
    printf("정수형 포인터의 포인터 변수 c의 역참조 값은 %d\n", *c);
    printf("정수형 포인터의 포인터 변수 c의 역참조의 역참조 값은 %d\n", **c);
}
```

9.8 포인터의 활용

이제 포인터의 개념을 어느 정도 이해했나요? 포인터에 대한 개념을 기반으로 포인터가 왜 필요하고 어떻게 사용되는지 예제를 통해 좀 더 살펴본 다음, 포인터에 대한 설명을 마무리 짓겠습니다.

우리 학교에는 a, b, c 세 개의 반이 있습니다. a반에는 james, tommy, ada가 속해 있고 b반에는 woojin, sieun, yoonjin이 속해 있으며, c반에는 hyungwoo, jiyeon, jihoon이 속해 있습니다.

이제 우리가 작성해야 할 프로그래밍 코드는 포인터 변수를 선언하여, 어떤 반을 선택하는지에 따라 그 포인터 변수가 각 반의 정보에 간접 접근하는 방식으로 구현하고자 합니다. 즉, 포인터 변수를 사용하여, 다양한 정보 중 상황에 따라 선택된 하나의 정보에 해당하는 주소 값을 전달합니다. 그러면 포인터가 원하는 정보를 가리키고, 접근이 가능하여 편리하겠지요?

그림 9-16에서와 같이 모든 학생들의 이름 즉 문자열 정보를 저장한 뒤 각 반에 해당하는 포인터 배열 변수를 각각 선언하였습니다. 포인터 배열 변수에 각각 이름을 가리키는 주소로 포인터 변수를 초기화하였습니다. 이를 통해 앞으로 각 반의 학생들 이름을 포인터 배열 변수를 통해 접근 가능하도록 하였습니다.

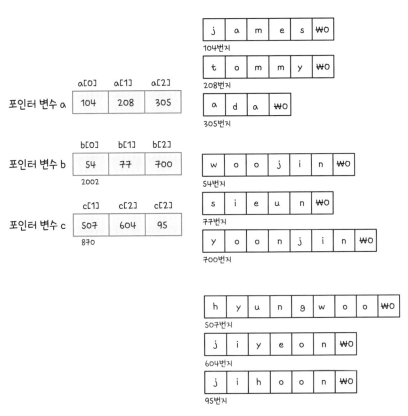

포인터 변수 a

a[0]	a[1]	a[2]
104	208	305

| j | a | m | e | s | \0 |

104번지

| t | o | m | m | y | \0 |

208번지

| a | d | a | \0 |

305번지

포인터 변수 b

b[0]	b[1]	b[2]
54	77	700

2002

| w | o | o | j | i | n | \0 |

54번지

포인터 변수 c

c[1]	c[2]	c[2]
507	604	95

870

| s | i | e | u | n | \0 |

77번지

| y | o | o | n | j | i | n | \0 |

700번지

| h | y | u | g | w | o | o | \0 |

507번지

| j | i | y | e | o | n | \0 |

604번지

| j | i | h | o | o | n | \0 |

95번지

그림 9-16 | 학생들의 이름을 가리키도록 포인터 배열 변수 초기화

코드로 구현하면 다음과 같습니다.

pointer2_13.c

```
#include <stdio.h>

main() {
    /* 2차원 배열을 이용한 학생 이름 저장
    char a[3][10]={"james", "tommy", "ada"};
    char b[3][10]={"woojin", "sieun", "yoonjin"};
    char c[3][10]={"hyungwoo", "jihoon", "jiyeon"};
    */

    // 포인터 배열을 이용한 학생 이름 저장
    char *a[3] = { "james", "tommy", "ada" };
    char *b[3] = { "woojin", "sieun", "yoonjin" };
    char *c[3] = { "hyungwoo", "jihoon", "jiyeon" };
```

```
    int i;
    char **selection = NULL;              // 이중 포인터 변수 선언
    int myclass;

    printf("선택하고 싶은 반을 입력하세요.\n");
    printf("1반은 1, 2반은 2, 3반은 3을 입력하세요.\n");

    scanf("%d", &myclass);

    if (myclass == 1) selection = a;      // 포인터 배열 a의 첫 번째 요소 a[0]의 주소 값 저장
    else if (myclass == 2) selection = b; // 포인터 배열 b의 첫 번째 요소 b[0]의 주소 값 저장
    else selection = c; // 포인터 배열 c의 첫 번째 요소 c[0]의 주소 값 저장

    if (myclass == 1) {
        printf("1반 학생의 이름\n");
        for (i = 0; i < 3; i++)
            printf("%s\n", selection[i]);
    }
    else if (myclass == 2) {
        printf("2반 학생의 이름\n");
        for (i = 0; i < 3; i++)
            printf("%s\n", selection[i]);
    }
    else {
        printf("3반 학생의 이름\n");
        for (i = 0; i < 3; i++)
            printf("%s\n", selection[i]);
    }
}
```

선택하고 싶은 반을 입력하세요.
1반은 1, 2반은 2, 3반은 3을 입력하세요.
1
1반 학생의 이름
james
tommy
ada

예제에서는 이중 포인터, 즉 포인터의 포인터 변수인 selection에 포인터 배열 변수의 값을 할당하여 각 반을 선택합니다. 예를 들어 selection = a;의 의미는 a반의 첫 번째 학생 james가 저장된 문자열 배열의 첫 번째 주소 값을 가리키는 포인터 변수의 주소를 selection이 갖는다는 의미입니다.

위 코드에서 i = 0인 경우, selection[0]은 a[0]을 의미하고, 104번지이므로(그림 9-16 참고) james가 출력되는 것입니다. 포인터의 포인터 selection을 사용하여 a반, b반, c반을 결정하는 것이지요.

지금까지 문자열과 포인터, 배열과 포인터, 이중 포인터 등 포인터의 다양한 활용에 대해서 알아보았습니다. 조금 어렵게 느껴진 사람도 있을 것입니다. 하지만 포인터의 개념, 즉 주소 값에 대한 의미와 주소 연산에 대해서만 명확하게 파악하고 있다면 몇 차례 정독을 통해 더 쉽게 받아들일 수 있을 것입니다.

9.9 이박사와 함께 생각하는 C 언어 : 배열은 왜 0부터 시작할까?

우리는 배열을 통해 다양한 자료를 연속적으로 저장할 수 있음을 배웠습니다. 배열 코드를 작성하다 보면 너무나 자연스럽게 0부터 시작합니다.

예를 들어 int a[3];이라고 배열을 선언하면 배열은 a[0], a[1], a[2] 세 개가 순서대로 구성되어 있다고 생각합니다.

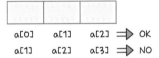

그림 9-17 | 배열은 왜 0부터 시작할까

그렇다면 왜 배열의 시작은 1이 아닌 0부터 시작하는 걸까요? 이제부터 그 이유를 한번 알아보고자 합니다.

배열의 이름인 a는 곧 배열의 첫 번째 인덱스 a[0]의 주소 값을 의미합니다. 포인터 연산 관점에서 a는 배열의 첫 번째 메모리 주소 &a[0]을 의미하고, a+1은 배열의 두 번째 메모리 주소 &a[1]을 의미합니다.

만약 배열의 인덱스를 1부터 시작한다면 a+1은 &a[2]를 의미할 것입니다. 이렇게 하면 표현 방식의 통일성이 없기 때문에 코드의 가독성이 떨어질 뿐만 아니라, 오류를 일으킬 수도 있습니다.

다음 예제 코드를 실행하여 배열의 인덱스가 0으로 시작해야 포인터 연산 및 배열의 주소 값 계산 시 표현의 통일성을 유지할 수 있음을 확인해 보세요.

pointer2_14.c

```c
#include <stdio.h>

main() {
    int a[] = { 1, 2, 3, 4, 5 };

    printf("a[0] 값은 %d\n", a[0]);
    printf("a[0] 값은 %d\n", *a);
    printf("a[0] 주소 값은 %d\n", &a[0]);
    printf("a[0] 주소 값은 %d\n", a);

    printf("a[4] 값은 %d\n", a[4]);
    printf("a[4] 값은 %d\n", *(a + 4));
    printf("a[4] 주소 값은 %d\n", &a[4]);
    printf("a[4] 주소 값은 %d\n", a + 4);
}
```

실행 결과

```
a[0] 값은 1
a[0] 값은 1
a[0] 주소 값은 12122204
a[0] 주소 값은 12122204
a[4] 값은 5
a[4] 값은 5
a[4] 주소 값은 12122220
a[4] 주소 값은 12122220
```

배열의 인덱스 시작이 0부터 시작하므로 a[4]는 *(a + 4)와 같고, 배열의 인덱스 4의 값을 의미합니다. 또한 &a[4]는 a + 4와 같고 배열의 인덱스 네 번째 주소 값을 의미합니다.

한마디로 배열의 시작을 0으로 함에 따라 a[i]는 *(a + i)로 표현이 가능하며, &a[i]는 a + i
로 표현이 가능합니다. 그리고 이를 통해 표현의 통일성이 이루어진다고 할 수 있습니다.

10장

수제 메모리 사용하기
– 동적 메모리 할당

지금까지 우리는 변수를 선언하여 숫자와 문자를 저장하고 문자열도 저장할 수 있었습니다. 예를 들어 정수형 변수를 선언한다는 것은 int라는 키워드를 사용하여 4바이트의 메모리를 확보하는 것입니다. 즉, 명령어를 통해 정해진 바이트 수의 메모리를 확보하였지요. 하지만 이제부터는 내가 필요한 만큼의 메모리를 직접 확보하는 방법을 배워보겠습니다. 지금까지는 패스트 푸드점에서 햄버거를 사 먹었다면 이제부터는 수제 햄버거를 먹는다고 이해하면 쉽습니다.

문자열은 하나 이상의 문자 조합을 의미합니다. 8장에서 설명했듯이, 문자열을 저장하려면 문자 자료형(char) 배열을 이용하는 방법과 문자 자료형 포인터를 이용하는 방법이 있습니다.

예를 들어 "Hello" 문자열을 저장하는 두 가지 방법은 다음과 같습니다.

- 문자 자료형 배열 변수 이용: char a[10] = "Hello";
- 문자 자료형 포인터 변수 이용: char *b = "Hello";

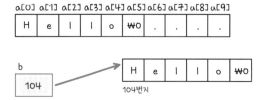

그림 10-1 | "Hello" 문자열을 저장하는 두 가지 방법

포인터 변수로 문자열을 저장하려면 포인터 변수에 문자열의 시작 주소를 대입하면 됩니다. 그러면 컴파일러가 가용한 메모리를 찾아서 저장하고 문자열의 첫 번째 주소를 반환합니다. 포인터 변수는 반환되는 주소를 할당 받아 문자열이 저장된 위치를 기억하는 것입니다.

이 두 가지 방법을 코드로 정리하면 다음과 같습니다.

```
dynamic_1.c

#include <stdio.h>

main()
{
    char a[10] = "Hello";
    char *b = "Hello";

    printf("%s", a);    // 배열의 이름 a는 배열의 첫 번째 요소의 주소값 &a[0]
    printf("\n");
    printf("배열 변수 a의 크기는 %d바이트\n", sizeof(a));
```

```
    printf("%s", b);
    printf("\n");
    printf("포인터 변수 b의 크기는 %d바이트\n", sizeof(b));
}
```

Hello
배열 변수 a의 크기는 10바이트
Hello
포인터 변수 b의 크기는 4바이트

이 두 가지 방법 외에, 문자열을 저장하는 세 번째 방법이 있습니다. 바로 **동적 메모리 할당**(dynamic memory allocation)입니다. 단어가 어렵다고요? 지금부터 코드를 보면서 동적 메모리 할당이 무엇이고 왜 필요한지 설명하겠습니다.

다음 코드는 공백 문자를 포함하지 않는 문자열을 입력받아 저장하고 출력하는 코드입니다.

dynamic_2.c

```
#include <stdio.h>

main()
{
    char *a;
    char b[10];

    printf("저장하고자 하는 문자열을 입력하세요: ");
    scanf("%s", b); // 배열 첫 번째 요소의 주소 값

    a = b; // 포인터 변수 초기화
    printf("저장된 문자열을 출력합니다: ");
    printf("%s", a);
    printf("\n");
}
```

저장하고자 하는 문자열을 입력하세요: abcdefghi
저장된 문자열을 출력합니다: abcdefghi

코드를 수행하면 우리가 입력한 문자열을 저장하고 그에 맞게 출력합니다. 그러나 abcdefghij처럼 문자의 개수가 10개가 넘어가면 다음과 같이 에러가 발생합니다.

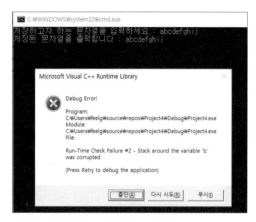

그림 10-2 | 문자의 개수가 10개 이상이면 에러 발생

이유가 무엇일까요? 배열 b의 크기가 10이므로 널(NULL) 문자를 포함하여 9개의 문자를 저장할 수 있습니다. 그런데 abcdefghij처럼 10개 이상의 문자를 저장하려고 했기 때문에 실행 중에 에러가 발생한 것입니다.

그러면 이 문제를 해결하려면 어떻게 해야 할까요? 현재 코드에서 10자 이상의 문자를 저장하려면 배열 b의 크기를 확장하면 되겠지요. 하지만 얼마나 큰 크기의 문자열이 입력으로 들어올지 모르는 상황에서는 그 크기를 짐작할 수가 없습니다.

지금처럼 배열의 크기를 너무 작게 선언해도 문제가 발생하지만, 배열의 크기가 너무 커도 메모리 낭비라는 점에서 문제가 됩니다.

이러한 문제를 해결해주는 것이 바로 동적 메모리 할당입니다. 이 코드의 문제를 해결한 솔루션 코드는 추후 다시 확인하겠습니다. 우선 동적 메모리 할당에 대해 알아봅시다.

동적, 즉 다이내믹(dynamic)이란 과학, 공학에서 문제를 해결하는 과정에서 입력이 결정되지 않고 그때 그때 상황에 따라 변경 가능한 경우에 주로 사용하는 용어입니다. 입력이 정적 (static)으로 미리 정해져 있지 않고, 동적으로 결정된다는 의미입니다.

그러므로 메모리를 동적으로 할당한다는 것은 정해진 메모리를 할당하는 것이 아니라, 코드가 수행되면서 다양한 상황에 따라 그때 그때 필요한 크기만큼 메모리를 할당 받아 사용하는 것을 의미합니다.

동적 메모리 할당을 하려면 malloc()이라는 함수를 사용합니다. malloc은 memory allocation(메모리 할당)의 약자입니다. malloc() 함수는 stdlib.h 헤더 파일에 정의되어 있으므로 stdlib.h 헤더 파일을 반드시 포함(include)해야 합니다.

TIP stdlib는 표준 라이브러리(standard library)의 약자입니다.

malloc() 함수는 개발자가 원하는 바이트 수만큼 메모리 공간을 할당 받을 수 있습니다. 예를 들어 malloc(5)라고 하면 5바이트만큼 메모리 공간을 할당 받으며, 함수 수행 결과로 할당 받은 메모리의 주소를 반환합니다. 주소를 반환(return, '리턴'이라고도 함)한다는 것은 malloc() 함수를 호출한 곳에 결과로 할당 받은 메모리의 주소를 전달한다는 의미입니다.

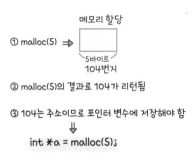

① malloc(5) ⇒ 메모리 할당 / 5바이트 / 104번지

② malloc(5)의 결과로 104가 리턴됨

③ 104는 주소이므로 포인터 변수에 저장해야 함
⇓
int *a = malloc(5);

그림 10-3 | malloc()은 메모리를 할당하는 함수

필요한 메모리 공간만큼 할당 받을 수 있으므로 메모리를 더욱 효과적으로 사용할 수 있겠죠? 그럼 지금부터 예제 코드를 중심으로 malloc() 함수의 사용법을 설명하겠습니다.

```c
dynamic_3.c

#include <stdio.h>
#include <stdlib.h>    // stdlib.h 헤더 파일 포함

main()
{
    char *a;
```

```
    a = malloc(4);        // 4바이트 메모리 할당 받아 해당 주소를 포인터 변수 a에 저장
    *a = 100;             // 할당 받은 메모리에 100을 저장

    printf("할당받은 메모리 공간의 주소는 %d\n", a);
    printf("할당받은 메모리 공간에 저장된 값은 %d\n", *a);
    free(a);
}
```

할당받은 메모리 공간의 주소는 12689368
할당받은 메모리 공간에 저장된 값은 100

코드의 malloc(4)와 같이 malloc( ) 함수는 함수 입력으로 양의 정수를 넣어주고 해당하는 양의 정수 바이트 수만큼 메모리를 할당 받습니다. 그러면 해당하는 주소가 함수의 결과로 전달됩니다. 전달된 주소를 저장할 수 있는 것은 포인터 변수이므로, 곧 포인터 변수 a가 주소를 전달받아 저장하는 것입니다.

예를 들어 int a = 100; 이라고 하면 정수형 변수를 저장하고자 4바이트 메모리가 할당되고, 해당하는 메모리에 100이라는 값이 저장됩니다. 그리고 100이 저장된 메모리에 접근하려면 변수의 이름 a를 사용합니다.

그러나 malloc( ) 함수를 실행하면 함수 실행의 결과로 반환되는 값은 할당 받은 메모리의 주소입니다. 즉, 변수 이름으로 해당하는 메모리에 접근할 수 없다는 의미입니다. 대신 우리는 메모리의 주소, 즉 포인터 변수를 통해 메모리에 접근하여 값을 저장하기도 하고 읽어 올 수도 있습니다.

그러면 할당 받은 메모리를 다 사용한 후에는 어떻게 해야 할까요? free( ) 함수를 호출하여 malloc( ) 함수로 할당 받은 메모리를 시스템에 반환합니다. 우리가 스스로 필요할 때에 할당 받은 메모리이므로 더 이상 필요하지 않다면 직접 free( ) 함수를 사용하여 메모리를 반환해야 합니다.

이 과정을 그림으로 표현하면 다음과 같습니다.

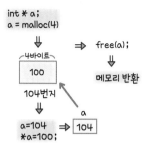

int * a;
a = malloc(4)

4바이트
100

104번지

a=104
*a=100;

⇒ free(a);
⇓
메모리 반환

a=104 ⇒ 104

그림 10-4 | malloc() 함수로 메모리를 할당하고 free() 함수로 다시 반환하는 과정

TIP

free() 함수의 입력 값으로 포인터 변수를 넣으면 그 포인터 변수가 가리키는 메모리가 해제됩니다. '해제된다'는 말의 의미는, 현재 작성 중인 코드에서는 더 이상 그 메모리를 사용하지 않으며 시스템으로 반환한다는 뜻입니다. 여기서 '시스템 반환'은 곧 C 언어 코드에서 사용하고 있던 메모리를 말 그대로 해방시키는(free) 개념입니다. 한마디로 시스템이 메모리를 수거해 간다고 생각하면 됩니다.

10.3 메모리 사용과 지역/전역 변수, 동적 메모리 할당에 대한 고찰

이름을 물어보고 사용자로부터 입력을 받아 이를 저장하고 화면에 출력하는 코드를 작성하려고 합니다. 크게 두 가지 함수, 이름을 입력받은 함수와 main() 함수로 구성하여 코드를 작성해 보겠습니다.

dynamic_4.c

```c
#include <stdio.h>

char* WhatIsYourName(void);  // 함수 출력이 문자형 변수의 주소

main()
{
    char *name1;            // 문자형 포인터 변수 선언
    char *name2;

    name1 = WhatIsYourName();
    name2 = WhatIsYourName();

    printf("Hi, %s\n", name1);
    printf("Hi, %s\n", name2);
}
```

```
char* WhatIsYourName(void)
{
    char name[15];  // 지역 변수

    printf("당신의 이름을 입력 해주세요: ");
    gets(name);

    return name;
}
```

당신의 이름을 입력 해주세요: hwlee
당신의 이름을 입력 해주세요: woojin
Hi, 儆儆儆儆儆儆儆儆빛??
Hi, 儆儆儆儆儆儆儆儆빛??

TIP gets() 함수는 문자열을 입력받아 함수 입력으로 받은 문자들을 차례대로 배열에 저장하는 함수입니다.

Hi, hwlee과 Hi, woojin의 결과를 예상했으나 우리가 의도하지 않는 이상한 값(쓰레기 값)
이 나왔습니다. 원인이 무엇일까요?

의도한 것은, WhatIsYourName() 함수를 이용하여 이름을 물어보고 함수 내 name 배열에 저
장하여 배열의 주소 값을 main() 함수에 전달합니다. 그러면 main() 함수에서는 주소 값을 전
달 받아 WhatIsYourName() 함수의 배열에 접근하고 저장된 값을 출력하고자 하였습니다.

문제는, WhatIsYourName() 함수 내 name 배열에서 이름을 저장했지만, 함수가 끝나면서 이
배열의 메모리를 반환했기 때문입니다. 이름이 저장된 메모리가 반환되었으니 더 이상 이름이
저장되어 있다고 보장할 수가 없게 된 것이지요.

배열이 WhatIsYourName() 함수 안에서 지역적으로 선언되어 있으므로 배열이 선언된 함수를
빠져 나오면 해당 배열 메모리가 소멸됩니다. 함수 안에서 선언되고 함수 안에서만 사용되며
함수가 끝나면 사라지는 지역 변수의 한계라고 할 수 있습니다. 이를 해결하려면 어떻게 해야
할까요?

다음 코드처럼, 배열 변수 name을 함수 밖에 선언함으로써 지역 변수가 아닌 전역 변수로 사용
하면 될 것 같습니다.

```c
#include <stdio.h>

char name[15]; // 전역 변수
char* WhatIsYourName(void);

main()
{
    char *name1;
    char *name2;

    name1 = WhatIsYourName();
    name2 = WhatIsYourName();

    printf("Hi, %s\n", name1);
    printf("Hi, %s\n", name2);
}

char* WhatIsYourName(void)
{
    printf("당신의 이름을 입력해주세요: ");
    gets(name);

    return name;
}
```

실행 결과

```
당신의 이름을 입력 해주세요: hwlee
당신의 이름을 입력 해주세요: woojin
Hi, woojin
Hi, woojin
```

쓰레기 값은 아니지만, 이번에도 우리가 의도한 대로 결과가 나오지 않고 Hi, woojin이 두 번 나왔네요. 왜 그럴까요?

전역 변수 메모리는 프로그램이 끝날 때까지 사라지지 않습니다. 하나의 전역 변수를 이용하면 함수를 호출할 때마다 이 전역 변수를 공용합니다. 따라서 처음에 입력한 이름인 hwlee는 두 번째 입력한 이름인 woojin에 덮어 써집니다. 함수 호출을 통해서 얻은 이름 정보가 유지되지 않아 Hi, woojin이 두 번 나온 것이지요.

그렇다고 전역 변수를 매번 이름을 저장할 때마다 독립적으로 선언하는 것은 바람직하지 않습니다. 전역 변수는 최소화하여 사용하는 것이 메모리 효율이나 프로그래밍 복잡도 관점에서 바람직합니다.

지역 변수, 전역 변수 메모리를 사용해도 문제 해결이 되지 않았습니다. 결국 우리에게 필요한 것은 지역 변수, 전역 변수와는 또 다른 특별한 메모리 변수입니다. 지역 변수처럼 함수가 매번 호출될 때마다 새롭게 메모리가 할당되고, 전역 변수처럼 함수를 빠져나가도 사라지지 않고 유지되는 메모리가 필요한 것입니다.

변수의 생성과 소멸 시기를 개발자 의도에 따라 결정하려면 동적 메모리 할당을 해야 합니다. 동적 메모리 할당으로 변수를 생성할 때는 malloc() 함수를 사용하고, 변수를 소멸할 때는 free() 함수를 사용합니다.

그럼 동적 메모리 할당으로 이 문제를 해결해 봅시다.

```
dynamic_6.c
#include <stdio.h>

char* WhatIsYourName(void);

main()
{
    char *name1;
    char *name2;

    name1 = WhatIsYourName();   // 함수 호출 마다 동적으로 메모리 할당하여 사용
    name2 = WhatIsYourName();

    printf("Hi, %s\n", name1);
    printf("Hi, %s\n", name2);

    free(name1);   // 동적 메모리 해제
    free(name2);
}

char* WhatIsYourName(void)
{
```

```
        char *name = (char *)malloc(sizeof(char) * 15);  // 동적 메모리 할당

        printf("당신의 이름을 입력 해주세요: ");
        gets(name);

        return name;
    }
```

당신의 이름을 입력 해주세요: hwlee
당신의 이름을 입력 해주세요: woojin
Hi, hwlee
Hi, woojin

malloc( ) 함수를 사용하여 메모리를 할당 받으니 결과가 제대로 나왔네요. 그런데 기존의
char *a = malloc(15); 형태와는 다르게 malloc( ) 함수를 사용하는 문장이 조금 복잡해
보입니다.

자세히 살펴보겠습니다.

```
malloc(sizeof(char) * 15);
```

sizeof(char)는 1바이트입니다. 1 * 15이므로 malloc(15);라고 할 수 있습니다. 이는 "15
바이트 크기의 메모리를 할당 받으라!"는 명령어입니다.

```
(char *)malloc(15);
```

그림 10-5를 보면, 15바이트를 동적으로 메모리 할당하고 할당 받은 메모리의 자료형을 문자
형으로 설정합니다. malloc( ) 함수로 전달하고자 하는 값이, 할당 받은 메모리의 문자형 주소
이므로 (char *)를 붙였습니다.

그림 10-5 | 동적 메모리 할당 과정

WhatIsYourName() 함수를 호출할 때마다 동적 메모리 할당을 통해 새롭게 메모리가 생성됩니다. 해당 함수가 끝나 제어가 main() 함수로 넘어가도 사용자가 입력한 이름이 저장된 메모리는 사라지지 않습니다.

main() 함수에서 더 이상 동적으로 할당 받은 메모리가 필요 없을 때는 free() 함수를 사용하여 메모리를 반환하면 됩니다.

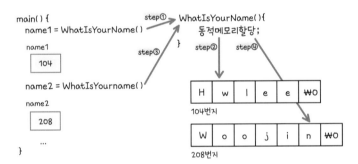

그림 10-6 | 내가 필요할 때 동적으로 메모리 할당해서 사용

이렇게 메모리 생성과 소멸을 개발자가 직접 운영함으로써 문제가 해결되어 코드가 정상 수행되는 것을 확인할 수 있습니다.

10.4 이박사와 함께 생각하는 C 언어 : 네 가지 메모리 저장소 둘러보기

동적 메모리 할당을 통해 생성되는 메모리는 힙(heap) 영역에 저장됩니다. 우리가 C 언어 코드를 작성하면서 정보를 저장하기 위해 메모리를 사용합니다. 메모리 저장 영역 중 하나가 힙 영역입니다.

C 프로그램을 수행하기 위해서는 메모리 공간이 운영체제(operating system)에 의해 코드 영역, 데이터 영역, 힙 영역, 스택 영역 이렇게 4개의 영역으로 구분되어 사용됩니다. 이렇게 변수의 특성에 따라 4개로 구분된 메모리 공간 안에서 한 영역에 변수가 선언되고, 문자열 등이 선언되어 사용됩니다.

표 10-1 | C 언어의 네 가지 메모리 저장소

코드 영역	프로그램의 코드가 저장되는 메모리 공간입니다. 컴퓨터는 코드 영역에 저장된 명령문을 하나씩 가져가서 실행합니다.
데이터 영역	데이터 영역에는 전역 변수와 스택 변수가 할당됩니다. 프로그램의 시작과 동시에 메모리 공간에 할당되어 프로그램이 종료될 때까지 남아 있습니다.
힙 영역	데이터 영역과 스택 영역에 할당되는 변수는 생성과 소멸 시점이 결정되어 있습니다. 개발자가 원하는 시점에 변수를 할당하고 소멸할 수 있는 변수들이 할당되는 영역이 힙 영역입니다. malloc() 함수와 free() 함수를 이용한 동적 메모리 할당 영역입니다.
스택 영역	지역 변수와 매개변수가 할당됩니다. 할당되는 변수들은 선언된 함수를 빠져나가면 소멸합니다.

이렇게 네 가지 영역으로 나누어서 변수의 특성에 따라 할당되어 사용하는 이유가 무엇일까요?

우리가 책상 서랍을 사용할 때 하나의 영역으로 사용하는 것보다 여러 개의 칸막이로 이용하여 구분하면 더욱 관리하기가 쉽습니다. 칸막이로 구분하여 1번 칸막이에는 연필을, 2번 칸막이에는 볼펜이나 형광펜을, 3번 칸막이에는 지우개를 구분해서 넣어두면 물건을 찾을 때 쉽게 찾을 수 있겠지요. 메모리도 이와 같은 이치입니다.

그림 10-7 | 칸막이로 구분된 서랍

메모리의 특성에 따라 4개의 영역으로 나누어, 특성이 같은 변수끼리 하나의 영역에 저장하면 메모리 관리에 있어 효율적입니다. 즉, 메모리 공간을 나누어서 관리하면 유사한 성격의 데이터를 모아서 저장할 수 있어 관리가 편리할 뿐 아니라 메모리 접근 속도도 빨라집니다.

그럼 지금부터 코드가 수행됨에 따라 C 언어에서 4개의 메모리 영역 중 어디를 사용하는지 그림과 간단한 코드를 통해 확인하겠습니다.

그림 10-8에서와 같이 전역 변수 x는 네 가지 메모리 영역 중 '데이터 영역'에 저장됩니다. 코드 수행이 끝날 때까지 메모리를 반환하지 않는 성격을 지닌 전역 변수는 데이터 영역에 저장됩니다. 그리고 코드 수행 도중 이 변수가 필요할 때마다 사용됩니다.

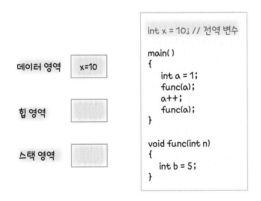

그림 10-8 | 전역 변수 x = 10는 데이터 영역에 저장

반면 코드를 수행하면서 함수 안에서 선언하고 함수에서만 사용되는 지역 변수는 그림 10-9처럼 '스택 영역'에 저장되어 사용됩니다.

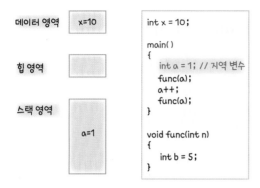

그림 10-9 | 지역 변수 a = 1 은 스택 영역에 저장

main( ) 함수 안에 있는 지역 변수 a가 네 가지 메모리 영역 중 '스택 영역'에 저장된 것을 볼 수 있습니다.

계속해서 코드가 수행됨에 따라 각 변수들이 어떤 영역에 저장되었다가 사라지는지 그림을 통해 확인하세요.

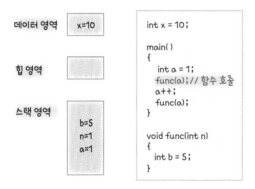

그림 10-10 | func(a) 함수 호출 시 스택 영역에 n = 1, b = 5 저장

func( ) 함수가 종료되면서 스택 영역에서 저장되어 함수 안에서 사용 중이던 지역 변수 n과 b는 메모리를 반환하고, 그림 10-11처럼 스택 영역에서 제거됩니다.

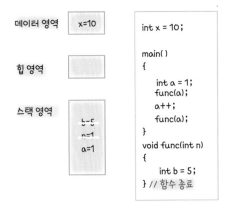

데이터 영역 ┃ x=10

힙 영역

스택 영역 ┃ ~~b=5~~
~~n=1~~
a=1

```c
int x = 10;

main( )
{
    int a = 1;
    func(a);
    a++;
    func(a);
}
void func(int n)
{
    int b = 5;
} // 함수 종료
```

그림 10-11 | 함수 종료 시 스택 영역에 있던 지역 변수 n과 b 메모리 반환

이어서 main( ) 함수에서 a++ 연산을 수행하면, 스택 영역에 있는 변수 a의 값이 1 증가됩니다.

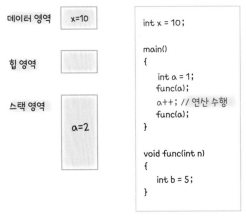

데이터 영역 ┃ x=10

힙 영역

스택 영역

a=2

```c
int x = 10;

main()
{
    int a = 1;
    func(a);
    a++; // 연산 수행
    func(a);
}

void func(int n)
{
    int b = 5;
}
```

그림 10-12 | main() 함수에서 a++ 연산 수행 시 스택 영역에 있는 변수 a의 값 1 증가

그리고 func(a) 함수 호출 시 그림 10-13처럼 스택 영역에 n과 b의 값이 저장됩니다.

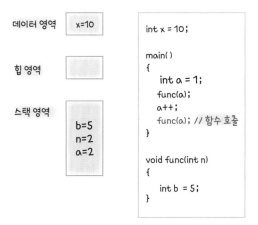

```
데이터 영역    x=10          int x = 10;

힙 영역                       main( )
                             {
                                 int a = 1;
스택 영역                        func(a);
            b=5                 a++;
            n=2                 func(a);  // 함수 호출
            a=2              }

                             void func(int n)
                             {
                                 int b = 5;
                             }
```

그림 10-13 | func(a) 함수 호출 시 스택 영역에 n = 2, b = 5 저장

마지막으로 func( ) 함수가 종료되면서 그림 10-14처럼 스택 영역에 있던 n과 b의 메모리가 반환됩니다.

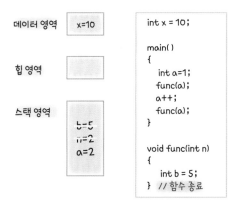

```
데이터 영역    x=10          int x = 10;

힙 영역                       main( )
                             {
                                 int a=1;
스택 영역                        func(a);
            b=5                 a++;
            n=2                 func(a);
            a=2              }

                             void func(int n)
                             {
                                 int b = 5;
                             }  // 함수 종료
```

그림 10-14 | 함수 종료 되고 스택 영역에 있던 지역 변수 n과 b 메모리 반환

이어서 main( ) 함수 종료와 함께 전체 코드가 종료되면서, 그림 10-15처럼 데이터 영역에 있던 x가 메모리를 반환하고 스택 영역에 있던 a가 메모리를 반환합니다.

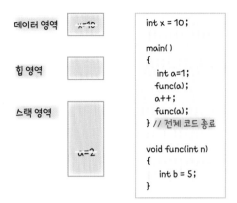

데이터 영역   `x=10`

힙 영역

스택 영역

`a=2`

```
int x = 10;

main( )
{
    int a=1;
    func(a);
    a++;
    func(a);
} // 전체 코드 종료

void func(int n)
{
    int b = 5;
}
```

그림 10-15 | 전체 코드 종료되고 데이터 영역의 x와 스택 영역의 a 메모리 반환

지금까지 우리가 작성한 C 언어 코드는 코드 영역에 저장되고, 전역 변수는 데이터 영역에, 지역 변수는 스택 영역에 저장되며, 동적 메모리 할당을 통해 생성된 메모리는 힙 영역에 저장되는 과정을 살펴봤습니다. 이렇게 네 가지 영역에 메모리를 생성하기도 하고 삭제하기도 하면서 C 언어 코드가 수행되는 것입니다.

11장

내가 만드는
변수들의 모임
- 구조체

여러분의 정보를 컴퓨터에 저장하려면 어떻게 해야 할까요? 우선 내 이름부터 저장하고 나이, 키, 몸무게도 저장하고, 살고 있는 집 주소 등 나와 관련된 정보를 저장해야겠죠? 하지만 나를 하나로 표현하고 싶은데 이름, 나이, 키, 몸무게, 집 주소를 여러 개의 변수로 나누어서 표현해야 하네요. 그렇다면 나를 하나의 변수로 표현하려면 어떻게 해야 할까요? 이를 가능하게 해주는 것이 바로 '구조체'입니다.

컴퓨터 프로그래밍 또는 코딩이란 무엇일까요? 쉽게 말하자면 이 세상에 수많은 정보를 컴퓨터에 저장하고, 저장된 수많은 데이터에서 의미 있는 결과가 나오게 하는 것입니다. 그러므로 컴퓨터 프로그래밍 또는 코딩이란 크게 두 가지 항목으로 나눌 수 있습니다.

첫 번째는 정보를 저장하는 것이고, 두 번째는 저장된 정보를 목적에 맞게 가공하여 의미 있는 결과를 출력하는 것입니다. 그렇다면 정보를 저장한다는 의미는 무엇일까요? 우리는 지금까지 변수를 통해서 다양한 정보를 저장하였습니다. 예를 들어 나이를 저장하려면 다음과 같이 작성하면 됩니다.

```
int age;
```

키를 저장하려면 다음과 같이 작성하면 됩니다.

```
double height;
```

내 이름을 저장하려면 문자 자료형을 선언했고요.

```
char name[10];
```

우리 반 30명 학생들의 학번 정보를 저장하려면 다음과 같이 30개의 정수형 변수를 선언하고 초기화해야 합니다.

```
int class1_number = 951124;
int class2_number = 951125;
...
int class30_number = 951234;
```

그러나 이처럼 30명 학생들의 학번 정보를 저장한다면 일일이 변수를 선언하는 것도 문제지만, 한 가지 문제가 더 있습니다. 같은 반 학생들의 정보가 한 데 모여 있지 않고, 흩어져 있다는 것입니다. 정보가 흩어져 있으면, 차후에 학생 정보를 이용한 분석(예를 들어 평균, 가장 작은 값 찾기, 가장 큰 값 찾기, 중복된 값의 개수 찾기)을 할 때에 어려움이 생깁니다.

물론 앞에서 배열이라는 자료형을 소개하였습니다. 배열을 선언하면 다음과 같이 학번 정보를 묶어서 저장할 수 있었습니다.

```
int class_number[30];
```

그렇다면 우리 반 학생들의 정보를 확장하여 학번과 키를 저장하려면 어떻게 해야 할까요?

```
int class_number[30];
double class_height[30];
```

이처럼 배열을 두 개 선언하여 저장하면 우리 반 학생들의 학번과 키를 저장할 수 있을 것입니다. 다음과 같이 더 확장하여, 학생의 키 정보 외에 추가로 이름도 저장하고 몸무게도 저장할 수도 있습니다.

```
int class_number[30];      // 학번 배열
double class_height[30];    // 키 배열
double class_weight[30];    // 몸무게 배열
char class_name[30];        // 이름 배열
```

이렇게 4개의 배열을 사용하면 될까요? 물론 4개의 배열을 사용해서 학생의 학번, 키, 몸무게, 이름 정보를 저장할 수 있지만, 우리는 배열이 등장한 이유와 원인을 다시 한번 생각해 봐야 합니다.

배열은 서로 연관이 있는 정보가 흩어지지 않게 묶어 둔다는 장점이 있습니다. 그러나 이렇게 같은 반 학생들의 정보를 4개의 배열을 사용해서 저장한다면, 정보가 배열마다 흩어진 채 저장됩니다. 즉, 그림 11-1과 같이 정보가 흩어져서 저장된다는 문제가 발생합니다.

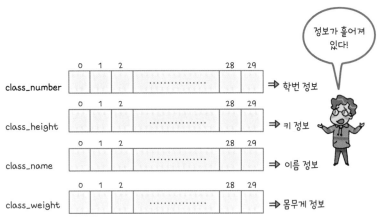

그림 11-1 | 각각의 배열들은 메모리에 모두 흩어져서 저장

처음에는 학번 정보를 저장하고자 각각의 변수를 선언하지 않고 배열을 사용하였는데, 학생 정보를 키, 몸무게, 이름 등으로 확장하다 보니 또다시 원래의 문제인 정보가 흩어져서 저장되는 한계가 발생한 것입니다.

학번, 몸무게, 키, 이름과 같이 다양한 종류의 서로 다른 자료형을 하나로 묶을 수 있는 자료형이 있으면 좋을 것 같네요. 즉, 개발자가 다양한 정보를 저장하기 위해 필요에 따라 생성하는 자료형을 **사용자 정의 자료형**(user defined data type) 또는 구조체(structure)라고 합니다. 다양한 자료형을 그룹화하여 하나의 변수로 처리할 수 있게 만든 자료형이 **구조체**입니다.

앞의 예시로 돌아가, 학번, 몸무게, 키, 이름을 저장하는 구조체를 만드는 것을 **구조체 정의**라고 합니다. 그럼 본격적으로 구조체를 사용해 봅시다.

다음은 myclass라는 이름의 구조체 정의를 통해, 학생의 다양한 정보(학번, 몸무게, 키, 이름)를 저장할 수 있는 자료형을 정의하는 코드입니다.

```
struct myclass {
    int number;
    double weight;
    double height;
    char name[10];
};
```

구조체 정의는 struct라는 키워드를 사용하고 구조체 이름은 개발자가 정해줍니다. 그리고 중괄호 {} 안에 필요한 자료형을 나열해 줍니다. 구조체 정의를 마무리 할 때는 } 끝에 반드시 세미콜론(;)을 붙여야 합니다.

이렇게 코드를 생성하면 구조체 myclass를 정의하였다고 합니다. 쉽게 말해서 개발자가 myclass라는 구조체를 통해 학번과 몸무게, 키, 나이 정보를 저장할 수 있다라고 컴퓨터에게 알려주는 것입니다. 그러나 아직 실제로 저장할 수 있는 저장 장소 바구니(basket, 메모리)를 만든 것은 아닙니다.

우리가 정수 3을 저장하려면 어떻게 해야 했나요?

```
int a;   // 정수형 변수 a 선언
a = 3;   // 변수 a에 정수 3을 초기화
```

이제는 너무 당연하게 받아 들일 것입니다. int a라고 하면 4바이트의 메모리 방이 생성되고 정수를 저장할 수 있습니다. 그렇다면 int라는 것은 누가 정의(definition)하였나요? 여러분과 같은 사용자, 즉 개발자가 정의한 것이 아니라 C 언어에 내장된 정의라고 볼 수 있습니다.

그러나 구조체는 개발자가 필요에 따라 다양한 정보를 저장해야 하는 것이므로, 개발자가 스스로 내용물을 담는 박스를 정의해야 합니다. 한마디로 "이 박스에는 어떤 어떤 정보가 저장될 수 있습니다"라고 코드를 작성하는 사람이 직접 정의하는 것입니다. 앞의 코드처럼 학생들의 다양한 정보를 저장하고자 myclass라는 구조체를 정의하여 사용하는 것입니다.

그렇다면 구조체를 선언 (declaration)하여 보겠습니다. 우선 선언이 무엇일까요?

우리는 앞서 다음과 같은 자료형 변수명; 형식으로 정수형 변수 a를 선언하였습니다.

```
int a;
자료형 변수명;
```

구조체도 마찬가지입니다. 구조체의 자료형은 struct 〈구조체이름〉이라고 할 수 있습니다. 즉, 이 예제에서 우리가 만든 구조체 자료형은 struct class입니다. int a;에서 int에 해당한다고 생각하면 됩니다.

자료형을 선언했으니 이제는 변수명만 알려주면 되겠죠? myclass 구조체 자료형 변수 a를 선언하면 다음과 같습니다.

```
struct myclass a;
```

구조체 변수 a를 선언하면 구조체 정보를 저장하기 위한 메모리가 생성됩니다.

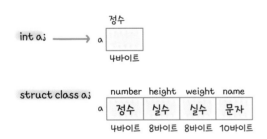

그림 11-2 | 구조체 정보를 저장하기 위한 메모리

```
struct 구조체명 {
    // 구조체 멤버 변수
    int number;
    double height;
    double weight;
    ...
};
```

구조체 정의의 형식은 위와 같으며 정리하면 구조체는 struct라는 키워드를 사용하여 정의합니다. 구조체 이름은 개발자가 직접 지정하며, 중괄호 안에 생성하고자 하는 구조체가 저장하고 싶은 변수들을 나열합니다. 구조체 안에 나열된 변수들을 멤버 변수라고 하며 C 언어의 기본 자료형인 정수형, 문자형 등은 물론 배열, 포인터, 또 다른 구조체도 사용할 수 있습니다.

앞에서는 구조체 정의와 선언을 따로 하였으나, 다음과 같이 구조체를 정의하면서 동시에 선언하는 방법도 있습니다.

```
// 구조체 변수 선언 방법 case 1
struct myclass {
    int number;
    double height;
    double weight;
    char *name;
}; // 구조체 정의

struct myclass a; // 구조체 변수 a 선언
struct myclass b;



// 구조체 변수 선언 방법 case 2
// case 1과 case 2의 결과는 같음
struct myclass {
    int number;
    double height;
    double weight;
    char *name;
}a, b; // 구조체 정의와 동시에 변수 선언
```

이처럼 myclass 구조체 변수 a와 b를 선언하면 다음과 같이 각각 메모리가 할당됩니다.

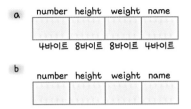

그림 11-3 | 구조체 변수 a, b에 메모리가 할당됨

또한 myclass 구조체에 멤버 변수에 접근할 때는 . 연산자(dot operator)를 이용합니다.

다음으로 구조체 각 멤버 변수에 접근하여 값을 할당하는 예제를 실습해 봅시다.

```
struct_1.c
#include <stdio.h>

//구조체 정의
struct myclass {
    int number;
    double weight;
};

main() {
    struct myclass a;  // 구조체 변수 선언
    struct myclass b;

    a.number = 12;  // 구조체 멤버 변수 초기화
    a.weight = 55.3;
    b.number = 27;
    b.weight = 57.6;

    // a 구조체 변수의 멤버 변수number는 a.number로 표기
    printf("1번 학생 번호는 %d이고 몸무게는 %f입니다\n", a.number, a.weight);
    printf("2번 학생 번호는 %d이고 몸무게는 %f입니다\n", b.number, b.weight);
}
```

실행 결과

1번 학생 번호는 12이고 몸무게는 55.300000입니다
2번 학생 번호는 27이고 몸무게는 57.600000입니다

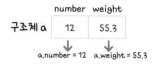

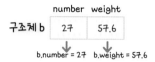

그림 11-4 | 구조체 a와 b의 멤버 변수에 값이 할당된 모습

또한 다음 코드에서와 같이 구조체 정의와 선언을 동시에 하면서 멤버 변수들을 초기화할 수도 있습니다.

struct_2.c
```c
#include <stdio.h>

// 구조체 정의와 동시에 구조체 변수 a, b 선언 및 멤버 변수들 초기화
struct myclass {
    int number;
    double weight;

}a = { 12,55.3 }, b = { 27, 57.6 };

main() {
    printf("1번 학생 번호는 %d이고 몸무게는 %f입니다\n", a.number, a.weight);
    printf("2번 학생 번호는 %d이고 몸무게는 %f입니다\n", b.number, b.weight);
}
```

미션 36: 3D 좌표를 구조체로 표현하기

3차원 정수 좌표를 저장하기 위한 구조체 Three_D를 각 멤버 변수는 x, y, z를 사용하여 정의하세요. 그리고 구조체 Three_D 변수 a를 선언하여 각 멤버 변수 x, y, z에 100, 200, 300을 할당하고, 멤버 변수 값을 출력하세요.

struct_3.c
```c
#include <stdio.h>

struct Three_D {
    int x;
    int y;
```

```
        int z;
    };

main() {
    struct Three_D a;
    a.x = 100;
    a.y = 200;
    a.z = 300;
    printf("구조체 a의 x좌표: %d, y좌표: %d, z좌표: %d\n", a.x, a.y, a.z);
}
```

11.3 구조체 복사하기

다음 코드를 볼까요? 정수형 변수 a는 선언과 동시에 정수 3으로 초기화하였고, 정수형 변수 b
는 선언하고 초기화하지 않았습니다. 그런 다음 대입 연산자(=)를 사용하여 a의 값 3을 변수 b
에 복사하였습니다.

```
int a = 3;
int b;
b = a;
```

이번에는 다음 코드를 볼까요? 앞의 것과 비슷한데, 배열 a, b를 선언하고 a를 b에 복사하려고
하는 코드인 것 같네요.

```
int a[3] = { 1,2,3 };
int b[3];
b = a;
```

이처럼 배열에서도 대입 연산자를 사용해서 복사할 수 있을까요? 정답은 "할 수 없다."입니다. 이 코드를 실행하면 에러가 발생합니다.

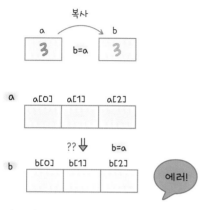

그림 11-5 | 배열의 값은 대입 연산자로 복사할 수 없음

배열에서는 값을 복사하려면 인덱스를 사용해서 요소마다 복사하거나, 반복문을 사용해서 복사합니다.

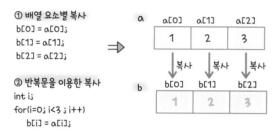

그림 11-6 | 배열을 복사하는 두 가지 방법

그렇다면 구조체 자료형은 대입 연산자를 통해 복사할 수 있을까요?

네, 그렇습니다. 구조체는 배열과는 다르게, 대입 연산자를 사용해서 복사할 수 있습니다. 다음 예제 코드를 통해 확인하겠습니다.

struct_4.c

```
#include <stdio.h>

struct abc {
    int x;
    int y;
```

```
        int z;
    };                      // 구조체 정의

main() {
    struct abc a; // 구조체 변수 선언
    struct abc b;

    a.x = 100;      // 구조체 멤버 변수 값 초기화
    a.y = 200;
    a.z = 300;

    b = a;

    printf("구조체 a의 x좌표: %d, y좌표: %d, z좌표: %d\n", a.x, a.y, a.z);
    printf("구조체 b의 x좌표: %d, y좌표: %d, z좌표: %d\n", b.x, b.y, b.z);
}
```

실행 결과

> 구조체 a의 x좌표: 100, y좌표: 200, z좌표: 300
> 구조체 b의 x좌표: 100, y좌표: 200, z좌표: 300

구조체 a를 선언과 동시에 초기화하고 구조체 b는 선언만 하였습니다. 대입 연산자(=)를 통해 a 구조체 멤버 변수들의 값이 b 구조체 멤버 변수로 복사가 되었음을 확인할 수 있습니다.

구조체를 이루고 있는 것은 멤버 변수입니다. 예를 들어 사람에 대한 구조체를 만들고자 한다고 가정하겠습니다. 구조체는 개발자가 스스로 정의하는 것이므로 같은 대상의 구조체라도 정의한 개발자에 따라 달라질 수 있습니다.

즉, 사람에 대한 구조체라 하더라도 개발자 A와 개발자 B가 정의한 내용은 다를 수 있습니다. 그러므로 A 개발자가 사람에 대한 구조체를 이름과 키로 모델링(modeling)해서 정의할 수 있고, B 개발자는 이름과 몸무게로 모델링해서 정의할 수 있는 것입니다.

> **TIP** '모델링'이란 어떤 형태나 현상을 특정한 목적에 맞추어 이해하기 쉽거나 이용하기 쉬운 형태로 표현하는 것입니다. 구조체를 정의하는 것도 이러한 모델링 중 하나라고 할 수 있습니다.

구조체의 멤버 변수 안에는 C 언어에서 기본으로 사용하는 자료형인 int, double, char뿐만 아니라 배열과 포인터도 멤버 변수로 사용할 수 있습니다. 심지어 구조체 안에 또 다른 구조체를 멤버 변수로 정의할 수도 있습니다.

예를 들어 점(point)을 구조체로 정의해 볼까요? 점을 모델링하는 다양한 방법이 있을 것입니다. 우선 점은 한 공간에 좌표로 정의할 수 있다는 점에 주목합시다. 이를 토대로 점 구조체는 여러 정의 방법 중 하나로 다음과 같이 x좌표, y좌표 두 개의 정수형 변수로 정의될 수 있습니다.

```
struct Point {
    int x;
    int y;
};
```

그렇다면 사각형을 구조체로 정의하면 어떨까요? 마찬가지로 사각형도 다양하게 모델링하여 정의될 수 있습니다. 기본적으로 "사각형은 서로 다른 두 개의 점으로 구성된다"는 관점에서 사각형을 구조체로 정의해 보겠습니다.

첫 번째 점(x1, y1)과 두 번째 점 (x2, y2)를 사용해서 직사각형을 만든 예시는 그림 11-7과 같습니다.

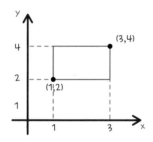

그림 11-7 | 서로 다른 위치의 두 점만 있으면 사각형을 만들 수 있음

그러면 그림 11-7과 같이 첫 번째 점 (x, y) = (1, 2), 두 번째 점 (x, y) = (3, 4)을 갖는 직사각형 구조체 Rectangle을 만들어 보겠습니다.

```
// 구조체 Rectangle 정의
struct Rectangle {
    int x1;
    int y1;
    int x2;
    int y2;
};

// 구조체 Rectangle 변수 rect 선언
struct Rectangle rect;

// rect 구조체 멤버 변수 초기화
rect.x1 = 1;
rect.y1 = 2;
rect.x2 = 3;
rect.y2 = 4;
```

그러나 우리는 이미 점에 대한 구조체 Point를 만들어 놓았으므로, 점 구조체를 재사용하면 더욱 효율적이겠죠?

```
// 구조체 Point 정의
struct Point {
    int x;
    int y;
};

// 구조체 Rectangle 정의
struct Rectangle {
    struct Point a;
    struct Point b;
};

// 구조체 Rectangle 변수 rect 선언
struct Rectangle rect;

// rect 구조체 멤버 변수 초기화
rect.a.x = 1;
```

```
    rect.a.y = 2;
    rect.b.x = 3;
    rect.b.y = 4;
```

Rectangle 구조체 멤버 변수로 Point 구조체를 사용하였네요. 그리고 구조체가 구조체를 포함하는 경우 최하위 멤버 변수를 접근하려면 . 연산자를 두 번 사용하면 됩니다.

그림 11-8은 두 개의 점을 사용하여 사각형 구조체를 정의했을 때와 점 구조체를 사용하여 사각형 구조체를 정의했을 때를 비교해서 보여줍니다.

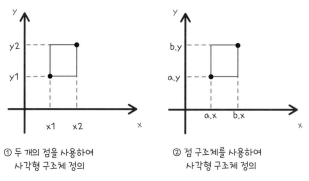

① 두 개의 점을 사용하여
   사각형 구조체 정의

② 점 구조체를 사용하여
   사각형 구조체 정의

그림 11-8 | 사각형 구조체를 정의하는 두 가지 방법

미션 37: 원을 구조체로 모델링하기

원 구조체를 정의해 보세요. 원 구조체를 정의하는 데는 다양한 방법이 있지만, "한 점을 기준으로 반지름만 있으면 하나의 원을 정의할 수 있다"는 것을 활용해서 원 구조체를 정의해 보세요.

struct_5.c
```
#include <stdio.h>

struct Point {
    int x, y;
};                      // Point 구조체 정의

struct Circle {
    struct Point a;     // Circle 구조체 안에 멤버 변수로 Point 구조체 변수 사용
    int radius;         // 원의 반지름
};                      // Circle 구조체 정의

main() {
    struct Circle c1;   // Circle 구조체 변수 c1 선언
```

```
    c1.a.x = 3;        // Circle 구조체 변수 c1, c1 의 멤버 변수 Point 구조체 변수 a
    c1.a.y = 7;        // 원의 중심 x, y
    c1.radius = 5;
    printf("원의 중심 x좌표는 %d, y좌표는 %d, 반지름은 %d\n", c1.a.x, c1.a.y,
c1.radius);
}
```

실행 결과

원의 중심 x좌표는 3, y좌표는 7, 반지름은 5

잠깐만요

구조체 정의 순서에 유의하세요!

다음과 같이 구조체 Point 정의가 구조체 Circle 뒤에 있었다고 가정해 보겠습니다.

struct_6.c
```
#include <stdio.h>

struct Circle {
    struct Point a;
    int radius;
};

struct Point {
    int x, y;
};

main()
{
    struct Circle c1;
    c1.a.x = 10;
    c1.a.y = 20;
    c1.radius = 5;
}
```

실행해 보면 다음과 같이 에러가 발생할 것입니다. Circle 구조체에서 a를 정의할 수 없다고 에러가 발생합니다.

C 언어는 절차적 언어라고 하였습니다. 절차적 언어는 코드 맨 위에서부터 순서대로 수행합니다. 그런데 Circle 구조체 정의부터 수행하면 Point에 대한 정의를 하지 않은 상태에서 Point 구조체 a를 선언하려고 하므로 문제가 발생합니다. 즉, 정의되어 있지 않은 것을 사용할 수 없으므로 에러가 발생하는 것입니다.

11.4 구조체 포인터 변수 선언하기

int, char 같은 일반적인 자료형 변수를 선언하여 생성하듯이, 구조체 자료형도 구조체 변수를 생성하여 사용하였습니다. 이와 같은 원리로, 일반적인 자료형 포인터 변수를 선언하여 생성할 수 있듯이 구조체 자료형도 포인터 변수를 선언하고 사용할 수 있습니다.

어떤 자료형의 변수를 선언하면, 그 자료형에 맞는 정보를 저장하기 위한 메모리 공간이 할당됩니다. 이처럼 해당 자료형의 포인터 변수를 선언하면, 해당 자료형의 주소 정보를 저장할 수 있는 메모리가 할당됩니다.

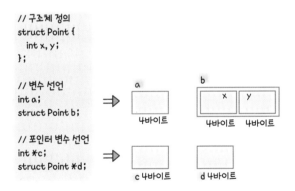

그림 11-9 | 구조체 자료형의 포인터 변수 선언

그림 11-9를 보면, 먼저 정수 a를 저장할 수 있는 공간 4바이트와 구조체 b를 저장할 공간 8바이트가 메모리에 할당됩니다. 그리고 포인터 변수 c와 d의 경우 자료형은 서로 다르지만, 둘 다 포인터 변수입니다. 따라서 둘 다 주소를 저장할 수 있는 4바이트 메모리가 할당됩니다.

이를 예제 코드로 확인해 보겠습니다.

```c
#include <stdio.h>

struct Point {
    int x, y;
};

main() {
    int a;
    struct Point b;

    printf("정수형 변수 a는 %d 바이트\n", sizeof(a));
    printf("구조체 Point 변수 b는 %d 바이트\n", sizeof(b));

    int *c;
    struct Point *d;  // 구조체 Point 자료형을 갖는 포인터 변수 d 선언

    printf("정수형 포인터 변수 c는 %d 바이트\n", sizeof(c));
    printf("구조체 포인터 Point 변수 d는 %d 바이트\n", sizeof(d));
}
```

실행 결과

정수형 변수 a는 4 바이트
구조체 Point 변수 b는 8 바이트
정수형 포인터 변수 c는 4 바이트
구조체 포인터 Point 변수 d는 4 바이트

구조체 포인터를 선언하고 사용하는 방법은 일반 자료형의 포인터를 사용하는 방법과 동일합니다. 지금부터 예제를 통해 구조체 포인터를 사용하겠습니다. 또한 구조체 멤버 변수에 포인터를 통해 접근하고 사용하는 방법도 차례로 알아봅시다.

먼저 구조체 Point를 정의합니다.

```c
struct Point {
    int x, y;
};
```

다음으로 Point 구조체 변수 a와 Point 구조체 포인터 변수 b를 선언합니다.

```
struct Point a;
struct Point *b;
```

변수 a의 주소를 포인터 변수 b에 대입하여 저장합니다. 즉, 포인터 변수 b는 변수 a의 주소를 저장하며, a를 가리킵니다.

```
b = &a;  // 구조체 a의 주소를 구조체 포인터 변수 b에 대입
```

연산자를 사용하여, 구조체 변수 a의 멤버 변수 x, y에 접근하여 값을 각각 1, 2로 대입합니다.

```
a.x = 1;
a.y = 2;
```

포인터 변수 b는 변수 a를 가리키므로 참조 연산자 ->를 사용해 구조체 a의 멤버 변수 x, y에 접근하여 값을 각각 3, 4로 수정합니다.

```
b -> x = 3;
b -> y = 4;
```

포인터 변수 b와 간접 연산자 * 를 통해 구조체 a의 멤버 변수 x, y 값을 5, 6으로 다시 수정합니다.

```
(*b).x = 5;
(*b).y = 6;
```

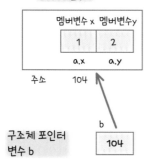

구조체 변수 a

멤버변수 x 멤버변수 y

| 1 | 2 |

a.x   a.y

주소   104

구조체 포인터
변수 b

b

104

그림 11-10 | 구조체 포인터 변수 b가 구조체 a의 멤버 변수에 접근하는 방법

구조체 포인터 변수 b는 구조체 변수 a의 주소를 저장하고 있으므로 참조 연산자 ->를 통해 구조체 변수 a의 멤버 변수 x와 y에 접근 가능합니다.

```
b -> x = 3;
b -> y = 4;
```

위 두 코드를 통해 기존 멤버 변수 x, y 의 각각 값인 1과 2가 3과 4로 변경됩니다. 간접 연산자 *를 통해 구조체를 가리키는 포인터 변수 b를 *를 통해 역참조하면 즉 (*b)는 곧 a가 됩니다.

```
(*b).x = 5;
(*b).y = 6;
```

위 두 코드를 통해 멤버 변수 x와 y의 값을 각각 3과 4에서 5와 6으로 변경합니다. (*b).x 는 a.x와 같고 또한 b -> x와 같은 의미입니다.

포인터 구조체 변수의 사용과 접근에 대한 예제 코드는 다음과 같이 적용할 수 있습니다.

```
struct_8.c
#include <stdio.h>

struct Point {
    int x, y;
};
```

```
main() {
    struct Point a;    // 구조체 Point 자료형인 변수 a 선언
    struct Point *b;   // 구조체 Point 자료형인 포인터 변수 b 선언

    b = &a;            // 구조체 변수 a의 주소 값을 변수 b에 저장

    a.x = 1;           // 구조체 변수 a의 멤버 변수 x 초기화
    a.y = 2;           // 구조체 변수 a의 멤버 변수 y 초기화
    printf("구조체 a점 x좌표는 %d, y좌표는 %d\n", a.x, a.y);

    b -> x = 3;        // 구조체 포인터 변수를 참조 연산자(->)를 통해 멤버 변수 x 값 설정
    b -> y = 4;
    printf("구조체 a점 x좌표는 %d, y좌표는 %d\n", a.x, a.y);

    (*b).x = 5;        // 구조체 포인터 변수를 역참조 연산자 (*)를 통해 멤버 변수 x 값 설정
    (*b).y = 6;
    printf("구조체 a점 x좌표는 %d, y좌표는 %d\n", a.x, a.y);

    printf("구조체 a점 x좌표는 %d, y좌표는 %d\n", b -> x, b -> y);
    printf("구조체 a점 x좌표는 %d, y좌표는 %d\n", (*b).x, (*b).y);
}
```

실행 결과

구조체 a점 x좌표는 1, y좌표는 2
구조체 a점 x좌표는 3, y좌표는 4
구조체 a점 x좌표는 5, y좌표는 6
구조체 a점 x좌표는 5, y좌표는 6
구조체 a점 x좌표는 5, y좌표는 6

구조체를 정의하고 구조체 변수를 생성함으로써 우리는 이제 다양한 현상이나 형태를 모델링하여 C 언어로 표현할 수 있습니다. 또한 구조체의 특성에 대해서 알아보고 어떻게 멤버 변수를 사용하는지에 대해서도 알아보았습니다. 다음 장을 통해 구조체를 좀 더 깊게 이해하고 실질적인 활용에 대해서 알아보겠습니다.

11.5 이박사와 함께 생각하는 C 언어
: 정보의 저장과 기호 상수

컴퓨터 언어로 코딩한다는 것은 무슨 의미일까요? 저는 이 세상에 수없이 많은 정보를 저장하고, 저장된 정보에서 유의미한 결과를 도출하는 과정이 코딩이라고 생각합니다. 따라서 코딩은 정보를 저장하는 것부터가 시작이라고 할 수 있습니다.

그렇다면 정보는 무엇으로 이루어졌을까요? 언뜻 생각해봐도 답이 떠오르지 않을 것입니다. 그렇다면 다시 질문을 바꾸어서, 책은 무엇으로 이루어져 있나요? 네, 바로 글자입니다. 글자는 또 무엇으로 나눌 수 있을까요? 문자와 숫자입니다.

지금까지 우리는 int, double, char 같은 자료형을 통해 숫자와 문자를 저장하였습니다. 또한 숫자, 문자 이상의 여러 개의 그룹으로 묶인 정보를 하나로 저장하기 위해 구조체를 사용하였습니다. 하지만 가장 간단해 보이는 상수(constant)는 어떻게 저장하고 사용할까요? 이번 절에서는 이에 관해 자세하게 알아보겠습니다.

> 이 절에서 다루는 내용이 어렵게 느껴지는 사람은 12장으로 바로 넘어가도 학습하는 데 지장이 없습니다.

기호의 저장

$y = 3x + 2$

이 일차방정식을 C 언어로 코딩하면 컴파일러에 의해 다음과 같은 순서로 진행됩니다. x와 y는 변수이고 3과 2는 상수입니다. 상수는 컴퓨터 메모리 어딘가에 할당되어 저장되고, x와 y는 각각 정수형 변수이므로 4바이트 메모리가 할당되어 일차방정식의 답을 구하기 위해, 예를 들어 x는 2로 초기화되고 y는 초기화되지 않은 상태가 됩니다.

```
const.c

#include <stdio.h>

main() {
    int y;
    int x = 2;
```

```
    y = 3 * x + 2;
    printf("%d", y);
}
```

```
8
```

변수 x, y처럼 3과 2도 메모리에 저장되지만 우리는 메모리에 접근할 수 있는 이름을 모릅니다. 우리가 3과 2의 값을 변경할 수 없는 이유입니다. 이렇듯 3과 2처럼 이름이 없는 상수를 **리터럴 상수**라고 합니다. 반면 이름이 있는 상수를 **심볼릭**(symbolic) **상수**, 즉 **기호 상수**라고 합니다.

이 코드에서 int x = 2;를 const int x = 2;로 변경하면 어떻게 될까요? 변수 선언 시 자료형 앞에 const를 붙이면, 초기화된 값만 사용하고 이후로는 변경할 수가 없습니다. 즉, const를 붙임으로써 변수 x는 값을 더 이상 변경할 수 없게 됩니다. 즉, 상수가 됩니다.

x는 2라는 값을 가진 상수가 되고, 상징이 될 수 있는 이름 x를 가졌으므로 심볼릭 상수 (symbolic constant), 즉 기호 상수가 됩니다. 물론 2는 리터럴 상수입니다.

TIP
상수 '변하지 않는 수'이며, 리터럴은 '문자 그대로'라는 뜻입니다.

예를 들어 다음 코드에서 a는 변수이고 1은 리터럴 상수입니다. 그리고 b는 기호 상수이고 1은 리터럴 상수입니다.

```
int a = 1;
const int b = 1;
```

기호 상수를 사용하는 방법에는 3가지가 있습니다.

- #define 매크로 사용
- const 변수 사용
- enum 열거형 변수 사용

우선 #define 매크로를 어떻게 사용하는지 알아볼까요? #define은 컴파일 전에 수행되는 전처리기(선행 처리기, preprocessing) 단계에서 기호 상수를 리터럴로 치환함으로써 수행됩니다. 무슨 의미인지 코드를 보면서 설명하겠습니다.

```
#define PI 3.14

main() {
    float result, result2;
    result = PI * 2.7;
    result2 = PI * 2.7 * 2.7;
}
```

사람이 작성한 코드를 컴퓨터가 바로 해석하는 것이 아닙니다. 해석하기 전에 컴퓨터가 먼저 코드를 처리하는 과정을 한번 거칩니다. 이러한 선행 처리 과정을 거친 후 결과로 나온 코드를 컴퓨터는 컴파일합니다.

이 코드를 선행 처리하면 다음과 같은 임시 파일이 생성됩니다.

```
main() {
    float result, result2;
    result = 3.14 * 2.7;
    result2 = 3.14 * 2.7 * 2.7;
}
```

PI가 모두 3.14로 치환되었네요. 이렇게 변경된 소스 코드의 임시 파일이 컴파일(compile)됩니다. 선행 처리 과정 중에 소스 코드 자체를 수정하므로 메모리를 사용하지 않습니다. 메모리를 사용하지 않는다는 말은 곧 상수를 저장하기 위해서 변수를 선언하여 메모리를 할당하지 않는다는 의미입니다.

그렇다면 처음부터 임시 파일로 작성하면 편리할 것 같은데, 왜 굳이 #define PI 3.14와 같이 기호 상수를 사용했을까요?

지금은 간단한 코드이지만 코드 길이가 길고 복잡한 코드를 작성한다고 가정해 보겠습니다. 그리고 원래 기존 코드와 다르게, PI를 3.141592 같이 더 정확한 숫자로 프로그램을 수정하려고 한다고 가정합시다.

임시 파일과 같은 형식이라면 프로그래머가 모든 코드를 일일이 3.14를 3.141592로 변경해야 합니다. 변경하는 과정 중에 3.141593이라고 오타를 발생할 수도 있고, 또 수많은 3.14중에 어떤 하나는 변경하지 못하는 사용자 오류(human error)가 발생할 수도 있습니다.

그러나 #define PI 3.14를 #define PI 3.141592라고 한 줄만 변경하면 이러한 문제점은 바로 해결됩니다. 이것이 #define문을 사용하여 기호 상수를 사용하는 이유입니다.

기호 상수

코드를 통해 기호 상수에 대해 조금 더 자세히 설명하도록 하겠습니다.

```
int a = 3;
const int a = 3;
```

첫 번째 줄은 정수형 변수 a를 선언하고 3으로 초기화한 것입니다. 물론 a는 다른 값으로 변경할 수 있습니다. 두 번째 줄 역시 정수형 변수 a를 선언하고 3으로 초기화한 것까지는 동일하지만, const라는 키워드를 앞에 붙였습니다. 무슨 차이가 있는 것일까요?

먼저 const가 붙으면 정수형 a는 더 이상 변수라고 할 수 없습니다. a라는 이름을 가진 기호 상수가 되었기 때문입니다. 상수가 되었다는 것은 a의 값을 변경할 수 없다는 의미이므로 다음과 같이 a의 값을 변경하려고 시도하면 컴파일 에러가 발생합니다. 요약하면 const 키워드를 통해 a를 읽기 전용 변수로 만들어 상수로 사용하는 것입니다.

```
const int a = 3;
a = 5; // 컴파일 에러 발생
```

만약 const int a;처럼 특정 값으로 초기화하지 않고 선언만 할 경우, 임의의 값으로 초기화가 됩니다. 임의의 값이라도 이미 초기화가 된 것이므로 상수입니다. 당연히 값을 변경하려고 하면 컴파일 에러가 발생하겠지요. 그러므로 const를 사용할 때는 선언과 동시에 초기화를 하는 것이 좋습니다.

```
const int a;
a = 3; // 컴파일 에러 발생
```

const 상수는 변수를 사용하였으므로 당연히 변수의 특징을 가집니다. int, double, float와 같은 변수의 자료형 정보를 가지며, 이에 따라 표현할 수 있는 값의 범위도 정해집니다.

열거형 자료형 enum

이번에는 기호 상수 enum 열거형 사용자 정의 자료형에 대해서 알아보겠습니다. enum은 enumeration(열거하다)의 영문 약자 키워드로, 사용자가 자료형을 직접 정의할 수 있어 '열거형 사용자 정의 자료형' 줄여서 '열거형 자료형'이라고 부릅니다. 우선 예시를 통해서 열거형 자료형을 어떻게 사용하는지 알아보겠습니다. 일요일부터 토요일까지 요일을 enum으로 정의하고 변수를 선언하여 사용해 보겠습니다.

enum_1.c
```
#include <stdio.h>

enum Day {
    sun = 0,
    mon,
    tue,
    wed,
    thr,
    fri,
    sat
};

main() {
    enum Day a;
    a = fri;
    printf("%d", a);
}
```

실행 결과
```
5
```

Day라는 자료형을 열거형을 이용하여 사용자가 정의하였고 sun = 0으로 초깃값을 할당하면 다음 열거 항목들은 mon = 1, tue = 2...처럼 자동으로 하나씩 값이 증가합니다. 물론 초깃 값을 sun = 1이라고 할당하면 mon = 2, tue = 3과 같이 됩니다. 여기서는 sun = 0으로 초 기화되었으므로 열거형 변수 a에 fri를 대입하여 출력하면 5가 출력됩니다.

이와 같이 열거형은 정수형 상수에 이름을 붙여서 코드를 이해하기 쉽게 해줍니다. 열거형은 우선 정의를 한 뒤 변수를 선언해야 합니다. 사용자가 정의해서 사용하므로 구조체를 사용할 때도 구조체 정의를 하고, 구조체 변수를 선언해서 사용하는 이치와 같습니다. 연속되지 않은 불규칙한 값을 사용하고자 한다면 모든 열거형 값에 정수를 할당해서 사용하면 됩니다.

① **사용법 1:** 열거형 정의 후 열거형 변수를 선언하는 일반적인 방법

```
enum _Fruit { // 열거형 정의
    apple = 1,
    peach = 3,
    kiwi = 10
}

enum _Fruit a; // 열거형 변수 선언
```

② **사용법 2:** typedef을 사용하는 방법

```
typedef enum _Fruit {
    apple = 1,
    peach = 3,
    kiwi = 10
} Fruit;

Fruit a;
```

③ **사용법 3:** 열거형을 정의하는 동시에 변수 a 선언

```
enum _Fruit {
    apple = 1,
```

```
        peach = 3,
        kiwi = 10
    } a;    // 열거형 정의와 동시에 선언
```

요약하면, enum 열거형은 서로 연관된 상수 값들의 집합이라고 할 수 있습니다. 그렇다면 열거형은 주로 언제 사용하는지 코드 예시를 보면서 알아보겠습니다.

첫째, 코드의 가독성(readability)을 위해 사용합니다.

enum_2.c

```c
#include <stdio.h>

main() {
    /*
    AND_GATE = 1
    OR_GATE=2
    NOT_GATE=3
    */

    int gate_type;

    printf("1~3 중에 입력하세요:");

    scanf("%d", &gate_type);

    switch (gate_type) {
    case 1:
        printf("선택한 게이트는 AND 게이트입니다.");
        break;
    case 2:
        printf("선택한 게이트는 OR 게이트입니다.");
        break;
    case 3:
        printf("선택한 게이트는 NOT 게이트입니다.");
        break;
    }
}
```

1~3 중에 입력하세요:1
선택한 게이트는 AND 게이트입니다.

위 코드에서 주석문이 삭제되었거나, 코드 길이가 엄청 길고 복잡하여 해당하는 주석을 찾기
어려울 경우 switch 구문의 case 1, case 2, case 3의 1, 2, 3이 의미하는 바를 알기 어려울
것입니다.

하지만 다음과 같이 enum을 사용하여 코드를 작성해 보면 위에서 언급한 문제가 해결되는 것
을 알 수 있습니다.

enum_3.c

```c
#include <stdio.h>

enum GATE {
    AND_GATE = 1,
    OR_GATE = 2,
    NOT_GATE = 3
};

main() {
    enum GATE gate_type;

    printf("1~3 중에 입력하세요:");

    scanf("%d", &gate_type);

    switch (gate_type) {
    case AND_GATE:
        printf("선택한 게이트는 AND 게이트입니다.");
        break;
    case OR_GATE:
        printf("선택한 게이트는 OR 게이트입니다.");
        break;
    case NOT_GATE:
        printf("선택한 게이트는 NOT 게이트입니다.");
        break;
    }
}
```

두 번째로 열거형은 switch 분기문을 사용할 때 주로 사용합니다. 마찬가지로 예시를 통해 살펴보겠습니다.

enum_4.c

```c
#include <stdio.h>

enum City {
    Seoul = 1,
    Incheon,
    Busan,
    Daegu,
    Daejun,
    Jeju
};

main() {
    enum City myhome;
    myhome = Seoul;

    switch (myhome) {
    case Seoul:
    case Incheon:
    case Jeju:
        printf("서울 인천 제주 사람은 1번 방으로 가주세요\n");
        break;
    case Busan:
    case Daegu:
    case Daejun:
        printf("부산 대구 대전 사람은 2번 방으로 가주세요\n");
        break;
    }
}
```

이 예제에서 보듯이 switch-case 구문에 열거형 상수를 사용함으로써 가독성이 좋아진 것을 확인할 수 있습니다.

마지막으로 열거형은 for 반복문 사용 시 코드의 가독성을 위해 사용하기도 합니다.

enum_5.c

```c
#include <stdio.h>

typedef enum _Day {
    sun = 0,
    mon,
    tue,
    wed,
    thr,
    fri,
    sat,
    all
}Day;

main() {
    Day i;

    for (i = sun; i<all; i++) {
        printf("%d\n", i);
    }
}
```

실행 결과

```
0
1
2
3
4
5
6
```

위 예제에서 보듯이 for 반복문 안에 초기화 항목과 조건문에 있어 enum 열거형 상수를 사용하여 코드의 가독성이 좋아진 것을 확인할 수 있습니다.

지금까지 enum 열거형 상수를 통해 기호 상수를 정의하여 사용하는 방법과, 열거형 상수를 사용하여 가독성을 높이는 코딩 스타일에 대해서 배웠습니다. 그렇다면 기호 상수를 사용할 때 #define과 const, enum 중에서 무엇을 사용하는 것이 좋을까요? 각 방법의 장단점이 무엇인지 그리고 언제 어떤 방법을 사용해야 하는지 고찰해보고 이 절을 마무리 짓도록 하겠습니다.

기호 상수를 표현하는 방법

우선 #define, const, enum을 사용한 방법은 각각 다음과 같습니다.

표 11-1 | 기호 상수를 정의하는 방법

define문 사용	const 사용	enum 사용

#define AND_GATE 1
#define OR_GATE 2
#define NOT_GATE 3
	const int AND_GATE = 1;
	const int OR_GATE = 2;
	const int NOT_GATE = 3;
		enum {
		    AND_GATE = 1,
		    OR_GATE,
		    NOT_GATE
		};

const 상수는 태생이 변수이며, 읽기 전용으로 사용되는 변수입니다. 어찌되었건 변수라는 의미는 메모리를 할당하여 사용한다는 뜻입니다. 그러나 #define은 선행 처리 과정에서 소스 코드 자체를 수정하여 생성된 임시 파일을 컴파일 하므로 메모리를 사용하지 않습니다.

일반적인 프로그래밍에서는 const 상수가 비록 메모리를 사용하지만, 변수형에 대한 정보와 함께 범위 지정이 확실하다는 이유로 더 자주 사용합니다. 반면 아두이노(Arduino)와 같이 특수 목적의 소형 시스템에서는 메모리 용량이 PC에 비해 턱없이 부족합니다. 그러므로 아두이노와 같이 임베디드 기기에서는 메모리를 사용하는 const보다 #define을 사용하는 방법이 더 효율적입니다.

const와 #define의 또 다른 차이점은 바로 디버깅 가능 유무입니다.

그림 11-11 | 상수 디버깅

그림 11-11에서 보듯이 #define문을 사용한 AND_GATE는 심볼 테이블이 생성되지 않으므로 디버깅 시에 값을 확인할 수 없습니다. 즉, #define으로 선언한 상수는 컴파일 시 심볼 테이블에 포함되지 않으므로 디버거에서 이름을 가지고 참조하기 어렵습니다. 그러나 const를 사용한 OR_GATE는 심볼 테이블을 생성하므로 디버깅 시에 값을 확인할 수 있습니다.

마지막으로 열거형 사용자 정의에 대해 프로그래밍 시 사용 관점에서 리뷰하겠습니다.

enum으로 정수형 상수를 정의하여 사용하면 메모리 영역에 올라가지 않고 심볼이 만들어지므로 디버깅이 용이하다는 장점이 있습니다. 게다가 enum은 컴파일러가 참고하는 값이기 때문에 디버깅 시에만 참고하므로 불필요한 메모리를 할당하지 않습니다.

```
enum
{
    MAX_SCORE = 100
};
```

그렇다면 enum은 언제 쓰는 것이 좋을까요?

다음과 같이 작성하고자 하는 프로그램이 확대되면서 상수를 나열하는 타입으로 지정할 수 있을 때, 혹은 같은 종류의 상수가 늘어나는 상황에서 사용합니다.

```
enum
{
    MAX_SCORE = 100
    MIN_SCORE = 0
    AVG_SCORE = 50
};
```

지금까지 기호 상수를 정의하고 사용하는 방법과 각 기호 상수 사용법에 따른 장점과 단점에 대해 설명했습니다. 여러분이 직접 코딩해 보면서 기호 상수를 사용해야 하는 이유 및 각 방법의 장단점을 이해한다면 좀 더 깊이 있는 프로그래머의 세계로 도약할 수 있을 것입니다.

12장

정보를 기차처럼 연결하기 – 구조체와 연결 리스트

구조체도 일반 변수와 마찬가지로 배열 자료형으로 확장해서 사용할 수 있습니다. 12장에서는 구조체 배열의 필요성과 구조체 배열의 태생적인 제한점을 알아보겠습니다. 그리고 이 제한점을 해결하기 위한 방법으로 자기 참조 구조체를 소개하고 이를 활용한 연결 리스트 자료 구조에 대해서 설명하겠습니다. 자기 참조 구조체, 연결 리스트, 자료 구조가 무슨 말인지 모르겠다고요? 이번 장을 통해서 자세히 알아볼 테니 잘 따라오기 바랍니다.

12.1 정보를 모아서 저장하기: 구조체 배열

이제 우리는 같은 반 학생의 학번과 몸무게, 키를 저장하는 구조체를 다음과 같이 쉽게 정의할 수 있습니다.

```
struct class {
    int number;
    double weight;
    double height;
};
```

그렇다면 반 전체 학생이 10명이라고 했을 때 학생들의 학번과 몸무게, 키 정보를 저장하려면 어떻게 해야 할까요?

이렇게 구조체 변수를 하나씩 생성하면서 반 학생들의 정보를 저장하면 될까요?

```
struct class student1;
struct class student2;
struct class student3;
..
...
struct class student10;
```

이제 이 코드의 문제가 무엇인지 쉽게 파악할 수 있을 것입니다. 바로 학생들의 정보가 서로 모여 있지 않고 흩어져 있다는 것이지요.

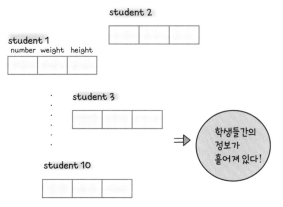

그림 12-1 | 구조체 변수를 하나씩 생성하면 학생들의 정보가 흩어져서 저장됨

이 문제를 해결하려면 역시 구조체에도 배열을 사용하면 됩니다. 구조체 배열을 선언하는 방법은 일반 자료형 배열을 선언하는 것과 같습니다.

```
int a[10];

struct myclass a[10];        // 구조체 배열 선언

a[0].number = 23;        // 구조체 배열 첫 번째 요소의 멤버 변수 number 초기화
a[0].weight = 75.2;      // 구조체 배열 첫 번째 요소의 멤버 변수 weight 초기화
a[0].height = 180.3;     // 구조체 배열 첫 번째 요소의 멤버 변수 height 초기화
a[1].number = 27;        // 구조체 배열 첫 번째 요소의 멤버 변수 number 초기화
...
a[9].number = 75;
```

이 코드는 그림 12-2와 같은 모습으로 구조체 배열 메모리가 정의되고 사용됩니다.

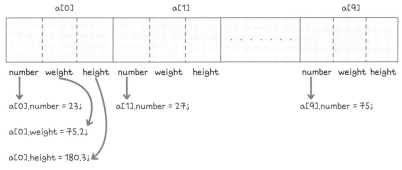

그림 12-2 | 구조체 배열의 메모리 할당

그림 12-2를 보면 구조체 배열을 사용하면 메모리가 어떻게 생성되고, 배열 요소별 멤버 함수들이 각각 어떻게 구성되어 있는지 알 수 있습니다. 이렇게 생성된 메모리 구조에 정보를 저장하고 정보를 가져와서 사용하기도 합니다.

미션 38: 우리 반 학생 정보를 구조체 배열로 저장하기

우리 반 학생 5명의 학번과 몸무게, 키를 구조체 배열을 입력받아 저장하고, 그 결과를 for 반복문을 사용해서 차례대로 출력하시오.

```c
list_1.c

#include <stdio.h>

main() {
    int i;

    struct myclass {
        int number;
        int weight;
        int height;
    }; // 구조체 정의

    struct myclass a[5];        // 구조체 배열 선언

    for (i = 0; i < 5; i++) { // 구조체 배열 요소 별 멤버 변수 초기화
        printf("%d 번 학생 번호는?", i + 1);
        scanf("%d", &(a[i].number));
        printf("%d 번 학생 몸무게는?", i + 1);
        scanf("%d", &(a[i].weight));
        printf("%d 번 학생 키는?", i + 1);
        scanf("%d", &(a[i].height));
    }

    printf("**우리 반 학생들의 학생 번호, 몸무게, 키 정보\n");

    for (i = 0; i < 5; i++) {
        printf("%d 번 학생 정보입니다. 학생 번호 %d, 몸무게 %d, 키 %d\n", i + 1,
    a[i].number, a[i].weight, a[i].height); // 구조체 배열 요소 별 멤버 변수 값 출력
    }
}
```

1 번 학생 번호는?2019001

1 번 학생 몸무게는?77

1 번 학생 키는?178

2 번 학생 번호는?2019002

2 번 학생 몸무게는?68

2 번 학생 키는?171

3 번 학생 번호는?2019003

3 번 학생 몸무게는?81

3 번 학생 키는?175

4 번 학생 번호는?2019004

4 번 학생 몸무게는?72

4 번 학생 키는?173

5 번 학생 번호는?2019005

5 번 학생 몸무게는?70

5 번 학생 키는?171

**우리 반 학생들의 학생 번호, 몸무게, 키 정보

1 번 학생 정보입니다. 학생 번호 2019001, 몸무게 77, 키 178

2 번 학생 정보입니다. 학생 번호 2019002, 몸무게 68, 키 171

3 번 학생 정보입니다. 학생 번호 2019003, 몸무게 81, 키 175

4 번 학생 정보입니다. 학생 번호 2019004, 몸무게 72, 키 173

5 번 학생 정보입니다. 학생 번호 2019005, 몸무게 70, 키 171

크기가 5인 구조체 배열을 통해 5명 학생의 학생 번호와 몸무게, 키 정보를 차례로 입력받아 저장하였고 저장된 정보를 차례대로 구조체 배열을 접근하면서 출력하였습니다.

12.2 구조체 배열의 메모리 관리 필요성 및 배열의 한계

우리 반 10명의 정보를 구조체 배열을 사용해서 저장했다고 가정합시다. 그런데 두 번째 배열 항목에 저장된 친구가 전학을 가서 그 정보가 더 이상 저장할 필요가 없게 되었습니다. 그렇다면 두 번째 배열 항목은 빈 방이 된 셈입니다.

메모리를 효율적으로 관리하고 사용하려면 빈 방은 맨 마지막에 있는 것이 좋습니다. 그러므로 두 번째 방이 비어 있으므로 3번째부터 10번째까지 방을 모두 왼쪽으로 한 칸씩 이동하여 맨 마지막 방을 비워 둡시다.

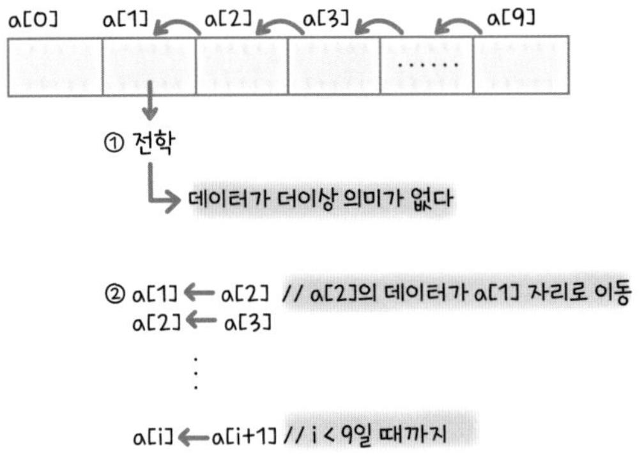

그림 12-3 | 두 번째 배열 항목이 빌 경우 3~10번째까지 항목을 왼쪽으로 한 칸씩 이동

우리 반은 학생이 10명이라고 하고 학생 번호를 1번부터 10번을 차례대로 부여하였습니다. 그리고 2번 학생이 전학을 가는 바람에, 우리 반 학생이 9명이 되었을 때를 가정하여 코드로 작성하면 다음과 같습니다.

```c
list_2.c

#include <stdio.h>

struct Student {
    int number;
};

main() {
    struct Student a[10];        // 구조체 배열 선언

    int i;

    for (i = 0; i < 10; i++) {
        a[i].number = i + 1;      // 학생 번호 부여
    }

    for (i = 0; i < 10; i++) {
        printf("%d ", a[i].number);  // 학생 번호 출력
    }
    printf("\n");

    // 2번 학생 전학
    printf("2번 학생 전학\n");
```

```
        a[1].number = 0;          // 2번 학생 전학으로 학생 번호 0으로 초기화

        for (i = 0; i < 10; i++) {

            printf("%d ", a[i].number);   // 학생 번호 출력

        }
        printf("\n");

        for (i = 1; i < 9; i++) // 배열의 인덱스 2부터 9까지 차례대로 왼쪽으로 값 이동
            a[i].number = a[i + 1].number;

        a[9].number = 0;          // 배열의 마지막 인덱스 9에 0을 저장
        printf("방을 왼쪽으로 이동\n");

        for (i = 0; i < 10; i++) {
            printf("%d ", a[i].number);
        }
        printf("\n");
    }
```

```
1 2 3 4 5 6 7 8 9 10
2번 학생 전학
1 0 3 4 5 6 7 8 9 10
방을 왼쪽으로 이동
1 3 4 5 6 7 8 9 10 0
```

만약 어떤 방이 빌 때마다 나머지 정보를 왼쪽으로 이동하여 빈 방을 끝으로 몰지 않으면 어떤 일이 일어날까요?

빈 방이 생길 때마다 마치 이빨이 빠진 것처럼 데이터가 저장되겠지요. 이렇게 되면 새로운 데이터를 집어넣을 때마다 빈 방을 찾아야 해서 매우 번거롭습니다.

예를 들어, 그림 12-4처럼 세 개의 빈 슬롯이 듬성듬성 생겼다고 가정합시다. 새 친구가 전학와서 데이터를 추가하려고 할 때, 빈 슬롯 세 군데 중 어디에 저장해야 할지 모르게 됩니다.

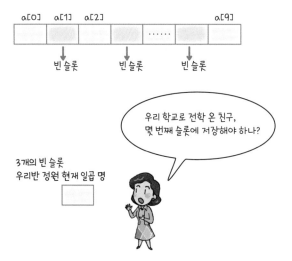

그림 12-4 | 빈 방을 끝으로 몰지 않을 경우 새로운 데이터 추가 시 빈 방을 찾아야 해서 번거로움

반면 그림 12-5처럼 빈 슬롯 세 개를 모두 오른쪽 끝으로 밀어 두었다면 어떻게 될까요?

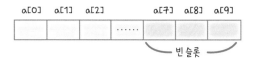

그림 12-5 | 빈 슬롯 세 개를 모두 오른쪽 끝으로 몰았을 경우

세 개의 빈 슬롯이 있고, 우리 반 현재 정원은 7명입니다. 따라서 새로 전학 온 친구가 생긴다면 a[7]에 저장하고 현재 정원을 8로 변경하면 될 것입니다. 훨씬 간단하죠?

간단하다고 할 수 있지만 구조체 배열을 사용하면서 생기는 빈 슬롯을 매번 오른쪽 끝으로 모으는 것은 번거로운 일이기도 하고 시간이 걸리는 일입니다. 배열은 이러한 메모리 관리가 필요하고 이것은 또한 배열 사용에 있어 한계점이라고 할 수 있습니다. 이러한 문제를 해결하는 것이 바로 **연결 리스트**입니다. 바로 알아봅시다.

지금까지 구조체 배열에서 정보를 저장하고 삭제하는 방법을 알아봤습니다. 그러면 이 방법이 구조체 배열에서 정보를 저장하고 삭제하는 데 과연 효율적이라고 할 수 있을까요?

만약 우리 반 학생 10명이 아니라, 전교생 1000명에 대한 정보가 구조체 배열로 저장되어 있다고 가정해 봅시다. 그런데 만약 두 번째로 저장된 학생이 전학을 가서 그 정보가 더 이상 필요 없다면 998명의 정보를 왼쪽으로 한 칸씩 밀어야 합니다. 더 넓게는, 국가 차원에서 인구 조사를 하는데, 배열의 두 번째에 있는 사람이 이민을 간다면 수천만 명의 정보를 왼쪽으로 이동해야 할 것입니다. 아무리 빠른 컴퓨터라고 하더라도 이 과정을 수행하는 데는 상당한 시간이 걸릴 것입니다.

이 문제를 해결하기 위한 방법은 무엇일까요? 지금부터 자기 참조 구조체 및 이를 사용한 자료 구조(data structure)인 **연결 리스트**(linked list)에 대해서 소개하겠습니다.

연결 리스트란

연결 리스트는 기차라고 생각하면 됩니다. 모두 5개의 객차로 연결된 기차는 1호차 → 2호차 → 3호차 → 4호차 → 5호차 이렇게 연결되어 있습니다.

기차의 객차가 서로 연결되어 있듯이 어떤 정보가 다음과 같은 형태로 줄줄이 연결되어 있는 리스트를 '연결 리스트'라고 합니다.

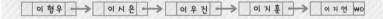

연결 리스트를 구현하기 위해서는 자기 참조를 할 수 있어야 하고 자기 참조 구조체를 사용해야 합니다. 자기 참조란 마치 기차의 객차가 연결된 것처럼 '자기 자신과 같이 생긴 것을 참조한다'고 생각하면 됩니다. 여기서 '참조한다'는 말은 '가리킨다'는 의미로 해석할 수 있습니다. 어디서 많이 들어본 것 같죠? 그렇습니다. 이는 곧 포인터를 통해서 구현됩니다.

자기 참조 구조체도 마찬가지로 구조체입니다. 자기 참조 구조체는 자기 자신과 같은 형태의 구조체를 가리킬 수 있다는 의미입니다. 자기 참조 구조체는 물론 여러 다양한 자료형을 담을 수 있지만, 자신과 같은 자료형을 가리키는 포인터 변수가 있어야 합니다.

이 포인터 변수를 통해 자신과 같이 생긴 자료형을 가리킬 수 있게 됩니다. 즉, 구조체의 멤버 변수로 자기 자신과 같은 구조체의 포인터 변수를 갖는 구조체를 '자기 참조 구조체'라고 합니다.

코드 수준에서 자기 참조 구조체를 선언하고 어떻게 사용되는지 차례대로 알아봅시다.

먼저 자기 참조 구조체를 정의합니다. 자기 참조 구조체 abc는 다음과 같이 멤버 변수 두 개를 가집니다. 하나는 정수형 변수 data이고 두 번째는 자신과 같은 구조체의 포인터 변수입니다.

```
struct abc {
    int data;          // 정수형 변수
    struct abc *next; // 자기 참조를 위한 포인터 변수 선언
};
```

그런 다음 자기 참조 구조체 3개 변수를 선언하여 정보를 저장합니다.

```
struct abc x;
struct abc y;
struct abc z;

x.data = 10;
y.data = 20;
z.data = 30;
```

그리고 흩어진 3개의 구조체를 자기 참조 구조체의 포인터 변수를 사용해서 연결합니다. 구조체 배열을 이용하여 흩어진 정보를 그룹으로 모으는 방법도 있지만, 자기 참조 구조체를 통해서도 가능합니다.

```
x.next = &y;
y.next = &z;
z.next = &x;
```

그림 12-6은 이 과정을 그림으로 나타낸 것입니다. 자기 참조 구조체를 사용하면 구조체 배열을 사용했을 때보다 연결된 데이터들을 수정, 삭제, 삽입하는 데 효과적입니다.

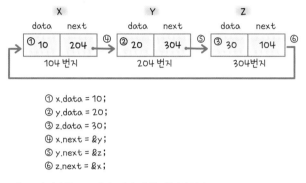

① x.data = 10;
② y.data = 20;
③ z.data = 30;
④ x.next = &y;
⑤ y.next = &z;
⑥ z.next = &x;

그림 12-6 | 자기 참조 구조체의 포인터 변수를 사용해서 연결

예를 들어 그림 12-6에서 구조체 y를 삭제한다고 가정하겠습니다. y 구조체를 삭제한다는 의미는 연결 리스트에서 더 이상 연결되어 있지 않게 하는 것입니다. 즉 x의 포인터 변수 next에 y 구조체의 주소 값이 아닌 z 구조체의 주소 값을 넣어주면 됩니다. z 구조체의 주소 값은 y 구조체의 next에 저장되어 있습니다. 이제 y 구조체의 next는 더 이상 z를 가리키지 않아도 됩니다. 그러므로 y의 포인터 변수 next에 널 값을 넣어주면 완전히 기존 연결 리스트에서 떨어져 나왔다고 할 수 있습니다.

```
x.next = y.next;
y.next = NULL;
```

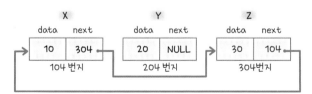

그림 12-7 | 연결 리스트에서 y 구조체 삭제

그림 12-7처럼 연결 리스트에서 자기 참조 구조체 데이터 중 2번 구조체의 값을 더 이상 저장할 필요가 없다면, 1번 구조체의 자기 참조 포인터 변수의 값, 즉 가리키고 있는 구조체의 주소 정보를 204번지가 아닌 304번지로 변경하면 됩니다.

이제 예제를 통해 실습해 보겠습니다. 구조체의 주소를 갖는 포인터 변수 p를 선언하고 연결 리스트의 처음에 위치한 구조체의 주소로 초기화하였습니다. 그리고 이 포인터 변수가 for 반복문과 함께 구조체 리스트의 처음과 끝까지 순회하면서 각 구조체의 data 값을 출력하는 코드입니다.

```c
list_3.c
#include <stdio.h>

struct abc {            // 구조체 정의
    int data;
    struct abc *next;   // 자기 참조 구조체
};

main() {
    struct abc x;       // 구조체 변수 x 선언
    struct abc y;
    struct abc z;

    x.data = 10;
    y.data = 20;
    z.data = 30;

    x.next = &y;        // 구조체 연결
    y.next = &z;
    z.next = NULL;

    struct abc *p;      // 연결 리스트 순회를 위한 포인터 변수 선언
    for (p = &x; p != NULL; p = p->next) {   // 연결 리스트 순회
        printf("%d\n", p->data);
    }

    printf("구조체 y 삭제 후 \n");
    x.next = &z;
    y.next = NULL;

    for (p = &x; p != NULL; p = p->next) {
        printf("%d\n", p->data);
    }
}
```

```
10
20
30
구조체 y 삭제 후
10
30
```

> **TIP**
> 연결 리스트를 포함하여 자료 구조는 프로그래밍을 배울 때 꼭 알아두어야 하는 주제입니다. 이 책은 자료 구조 책이 아니므로 아주 간단하게만 짚고 넘어가지만, 조금 더 깊이 공부하고 싶은 사람은 이 책을 다 읽은 후 자료 구조 관련 서적을 볼 것을 추천합니다.

미션 39: 내 친구를 리스트로 저장하기 ❶

다음과 같이 친구 네 명의 나이와 이름 정보를 저장하는 연결 리스트를 자기 참조 구조체를 이용해서 생성하려고 합니다. 내 친구의 정보를 저장할 수 있도록 구조체를 선언하고 내 친구의 나이를 추가하고, 서로 연결하여 내 친구 연결 리스트를 구성해 보세요.

내 친구의 정보를 저장하는 연결 리스트 구성이 완료되었으면 리스트를 순회하면서 내 친구의 나이와 이름을 차례대로 출력하는 코드를 작성하세요.

그림 12-8 | 친구 네 명의 정보를 저장하는 연결 리스트

※ 힌트:

1. 포인터 변수에 '₩0' 또는 NULL(널)을 대입하면 더 이상 다른 구조체를 연결하지 않습니다. 즉, 연결 리스트의 마지막을 의미합니다.

2. for 반복문을 사용하여 첫 번째 구조체부터 모든 구조체 자료를 차례대로 출력해야 합니다.

```
for (ptr = &a; ptr; ptr = ptr->next)
```

예를 들어 for (A ; B ; C)로 생각하면 다음과 같습니다. A는 for 반복문 시작 시에 수행하는 초깃값을 의미하고, 두 번째 항목 B가 참이면 for 반복문을 반복 수행하고 B가 NULL이면 for 반복문을 끝냅니다. for 반복문 다음 과정을 통해 현재 리스트 항목을 가리키는 ptr은 다음 리스트를 가리키도록 변경되어 반복문을 다시 진행합니다. 여기서 for 반복문의 반복 조건인 ptr은 곧 ptr != NULL과 같은 의미입니다. ptr이 NULL이라면 반복 조건은 FALSE가 되고, NULL이 아니라면 반복 조건은 TRUE가 됩니다.

list_4.c

```c
#include <stdio.h>

struct man {
```

```c
    int age;
    char *name;
    struct man *next;     // 자기 참조 구조체
}; // man 구조체 정의

main() {
    struct man a, b, c, d;

    a.next = &b;     // 구조체 a 뒤에 구조체 b 연결
    b.next = &c;     // 구조체 b 뒤에 구조체 c 연결
    c.next = &d;     // 구조체 c 뒤에 구조체 d 연결
    d.next = NULL;   // 구조체 d는 리스트의 맨 마지막으로 next에 NULL 값 저장

    a.age = 8;               // 나이 저장
    a.name = "이시은";     // 이름 저장

    b.age = 6;
    b.name = "이우진";

    c.age = 7;
    c.name = "이지훈";

    d.age = 7;
    d.name = "이지연";

    struct man *p; // 연결 리스트를 가리키기 위한 man 구조체 포인터 변수 선언

    for (p = &a; p != NULL; p = p->next) { // 리스트의 첫 번째 구조체 주소를 초깃값으로 리스트의 끝까지 이동
        printf("%d ", p->age);
        printf("%s\n", p->name);
    }
}
```

실행 결과

8 이시은
6 이우진
7 이지훈
7 이지연

구조체 4개를 생성하고 각각의 구조체를 포인터를 통해서 연결하여 연결 리스트를 만들었습니다. 만들어진 연결 리스트를 포인터 변수가 처음부터 끝까지 차례대로 돌아다니면서 각 구조체에 저장되어 있는 정보를 출력하였습니다.

미션 40: 내 친구를 리스트로 저장하기 ❷

미션 39의 '내 친구를 리스트로 저장하기 ❶' 코드에서 구조체 선언과 동시에 초기화하도록 코드를 수정하세요.

list_5.c

```c
#include <stdio.h>

main() {
    struct man {
        int age;
        char name[10];    // 이름 저장을 위해 문자형 배열 변수 선언
        struct man *next;
    };

    // ❶ 구조체 변수 선언과 동시에 초기화
    struct man a = { 8, "이시은" };
    struct man b = { 6, "이우진" };
    struct man c = { 7, "이지훈" };
    struct man d = { 7, "이지연" };

    a.next = &b;
    b.next = &c;
    c.next = &d;
    d.next = NULL;

    struct man *p; // ❷ 구조체 포인터 변수 선언

    for (p = &a; p; p = p->next)
        printf("나이는 %d, 이름은 %s \n", p->age, p->name);
}
```

실행 결과

```
나이는 8, 이름은 이시은
나이는 6, 이름은 이우진
나이는 7, 이름은 이지훈
나이는 7, 이름은 이지연
```

①에서 구조체 변수와 초기화를 동시에 한 것을 확인할 수 있습니다. 또한 ②에서는 man 구조체 포인터 변수를 선언하였습니다.

12.4 typedef 키워드로 구조체 별명 짓기

미션 40에서는 구조체 포인터 변수를 다음과 같이 선언하였습니다.

```
struct man *p
```

하지만 구조체 변수를 선언할 때마다 이렇게 struct를 사용하는 것은 조금은 귀찮은 일입니다. 구조체도 일반 변수처럼 struct를 사용하지 않고 구조체 변수를 선언하는 방법이 있습니다. 물론 그전에 컴퓨터에게 구조체 이름에 대한 별명 값을 사용한다고 typedef 키워드를 통해 알려줍니다.

```
typedef struct man Man; // struct man 구조체 자료형의 별명을 Man으로 하겠다는 의미
```

이 코드는, struct man은 Man과 같다는 의미입니다. 그러므로 struct man a;이라고 구조체 변수를 선언하는 대신 Man a;로 선언해서 사용할 수 있습니다.

미션 40의 코드에 typedef를 적용하면 다음과 같습니다.

```
list_6.c
#include <stdio.h>

main() {
    struct man {
        int age;
        char name[10];
        struct man *next;
    };
    typedef struct man Man;    // 구조체 man은 이제 struct 키워드 없이 Man 자료형으로 사용
```

```
    Man a = { 8, "이시은" };  // Man 자료형 변수 a 선언 및 초기화
    Man b = { 6, "이우진" };
    Man c = { 7, "이지훈" };
    Man d = { 7, "이지연" };

    a.next = &b;
    b.next = &c;
    c.next = &d;
    d.next = NULL;

    Man *p;

    for (p = &a; p; p = p->next)
        printf("나이는 %d, 이름은 %s \n", p->age, p->name);
}
```

이처럼 구조체를 선언한 후 typedef를 사용하여 별명을 명시하는 방법 외에 다른 방법도 있습니다. 구조체를 선언하면서 동시에 typedef를 사용하여 별명을 지어주는 것입니다.

형식은 다음과 같습니다.

```
typedef struct 구조체이름 {
    멤버 변수;
    멤버 변수;
}구조체별명;
```

이를 적용한 코드는 다음과 같습니다.

list_7.c
```
#include <stdio.h>

main() {
    typedef struct man {
        int age;
```

```
        char name[10];
        struct man *next;
    }Man;

    Man a = { 8, "이시은" };
    Man b = { 6, "이우진" };
    Man c = { 7, "이지훈" };
    Man d = { 7, "이지연" };

    a.next = &b;
    b.next = &c;
    c.next = &d;
    d.next = NULL;;

    Man *p;

    for (p = &a; p; p = p->next)
        printf("나이는 %d, 이름은 %s \n", p->age, p->name);
}
```

이 장에서 우리는 구조체가 왜 필요한지 또 구조체의 특징이 무엇인지 알아보았습니다. 컴퓨터 언어로 코드를 작성하다 보면 다양한 형태나 형질의 것들을 모델링해야 하며 이렇게 모델링으로 추상화된 정보를 하나의 묶음으로 저장하려면 구조체의 사용은 거의 필수입니다. 또한, 자료 또는 정보의 특징을 구조체를 사용해서 잘 표현하는 것 또한 우리가 갖춰야 할 컴퓨터적 사고 능력입니다. C 언어를 공부하다 보면 이렇듯 단순히 프로그래밍 언어를 익히는 기술적 역량뿐만 아니라 논리적으로 생각하는 능력까지 키울 수 있습니다.

13장

프로그래밍 오류를
수정하기 – 디버깅

우리가 작성한 코드는 완벽하지 않기 때문에 사용자 입력에 따라 혹은 다양한 이유로 오류가 발생할 수 있습니다. 또한 어느 정도 완벽하다고 해도 코드를 업그레이드하거나 추가 및 보완하는 개발이 필요합니다. 프로그래밍의 오류, 즉 버그를 수정하는 작업은 처음에는 낯설고 싫게만 느껴집니다. 하지만 버그를 해결했을 때의 희열감은 그 무엇과도 바꿀 수 없을 만큼 새로운 경험일 것입니다! 여러분도 곧 그 기쁨을 느끼길 고대하겠습니다.

13.1 디버깅이란

코딩을 하다 보면 아무리 간단한 코드라 하더라도 한번에 결과가 나오지 않을 수 있습니다. 사람이 작성하는 것이므로 여러 가지 실수가 있기 마련입니다. 예를 들어 컴퓨터 언어 문법에 어긋나서 결과가 나오지 않기도 하고, 단순 오타로 인해 결과가 나오지 않기도 합니다. 또한, 메모리 접근과 메모리 사용 과정에서 문제가 발생하는 경우도 흔합니다. 다시 말해서, 프로그램 오류가 발생하여 코드를 고치고 수정해야 하는 경우가 많다는 뜻입니다. 그리고 이처럼 프로그램의 오류를 수정하는 것을 **디버깅**이라고 합니다.

디버깅은 프로그래머라면 숙명처럼 혹은 친구처럼 생각해야 하는 과정입니다. 버그(프로그램 오류)를 고치는 과정은 어렵고 복잡할 수 있지만(실제로 개발자 중에 디버깅 과정을 어려워하는 사람이 의외로 많습니다), 마침내 정상적으로 수행하는 최종 결과를 확인했을 때 그 성취감은 디버깅 과정이 어려울수록 커집니다.

 잠깐만요

디버깅의 유래

버그(bug)란 말 그대로 벌레를 뜻하며, 디버깅은 '벌레를 잡는다'는 의미로 생각하면 됩니다. 이는 1947년, 초기 컴퓨터 개발자 중 한 명인 그레이스 호퍼(Grace Hopper)가 갑자기 컴퓨터가 고장이 나 그 원인을 찾던 중 회로 사이에 낀 나방 한 마리를 발견하고, 이것이 컴퓨터 고장의 원인임을 알게 되어 그 나방을 제거하는 일에서 유래하였습니다.
참고로 그레이스 호퍼는 프로그래밍 언어 코볼(Cobol)의 개발을 주도하여, '코볼의 어머니'라고도 불립니다.

코드를 빠르게 작성하는 것보다 코드에 오류가 발생했을 때 빠르게 문제를 확인하여 해결하는 디버깅을 잘 하는 사람이 더 노련한 개발자라고 할 수 있습니다. 그렇다면 코드의 문제를 해결하는 과정인 디버깅을 잘 하려면 어떻게 해야 할까요?

방법은 딱 하나입니다. 많은 다양한 문제를 풀면서 직접 코드를 작성해 보는 방법밖에 없습니다. 디버깅을 잘 하는 근본적인 방법은 코드를 직접, 많이 작성해 보고, 다른 사람이 효율적으로 작성한 코드를 이해하는 것이지요.

물론 코드 디버깅을 효율적으로 하기 위한 여러 가지 수단이 있습니다. 그중 하나가 디버거 툴 (debugger tool)을 이용하는 것입니다. 디버거 툴은 주로 비주얼 스튜디오 같은 통합 개발 환경 (Integrated Development Environment, IDE)에서 디버깅을 효율적으로 하기 위해 사용합니다. 코드의 동작 과정(step)을 나눠 하나씩 확인하면서 변수의 변화나 명령어 제어의 흐름을 확인할 수 있어 편리합니다. 한마디로 디버거는 프로그램 수행 과정에서, 시간을 멈추게 한 뒤 코드를 자세하고 꼼꼼하게 볼 수 있게 도와주는 도구입니다.

실제로 확인해 보겠습니다. 다음과 같이 비주얼 스튜디오에서 간단한 코드를 작성하고 F5 를 누르면 디버거가 실행됩니다.

그림 13-1 | 비주얼 스튜디오의 디버거 툴

빨간색 ⊗ 표시가 된 부분을 보니 Exception Thrown이라고 적혀 있습니다. 내용을 좀 더 읽어보니 'sum 변수가 초기화되지 않은 채 사용되었다(The variable 'sum' is being used without being initialized)'라고 친절하게 알려주네요. 또 창 아래쪽을 보면 sum 변수에 −858993460라는 쓰레기 값(garbage value)이 할당되어 있는 것까지 확인할 수 있습니다.

> **TIP** 변수 선언 등 메모리를 사용하기 전에는 반드시 값을 초기화해야 합니다. 초기화되지 않은 변수에는 기존 메모리에 저장되어 있던 무의미한 값이 들어 있습니다. 이러한 값을 '쓰레기 값'이라고 합니다.

이렇게 디버거 툴을 사용하면 오류의 원인을 빠른 시간 안에 찾아 효율적으로 디버깅을 할 수 있습니다.

> **TIP** 이 책에서는 디버거 툴을 활용하는 자세한 내용은 생략하지만, 여러분이 앞으로 코딩을 하다 보면 디버거 툴을 분명 자주 사용하게 될 것입니다. 그때는 비주얼 스튜디오의 디버거 활용법 등을 따로 공부하면 도움이 될 것입니다.

13.2 printf() 함수를 사용해서 디버깅하기

디버거 툴을 사용하는 방법 외에도 아주 기본적이지만 강력한 디버깅 방법이 있습니다. 필자가 주로 사용하는 디버깅 방법인데, 바로 printf() 함수를 이용하는 것입니다. 백문이 불여일타, 바로 코드를 봅시다.

debug_1.c

```c
#include <stdio.h>

main() {
    int i;
    int sum;
    int a[] = { 1,2,3,4,5 };

    for (i = 0; i < 5; i++) {
        sum += a[i];
    }
    printf("배열 요소의 전체 합은 %d\n", sum);
}
```

이 코드에는 오류가 있습니다. 어디서 발생했고 원인이 무엇인지 printf() 함수를 통해 분석해 보겠습니다. 우선 어디서 오류가 발생했는지 알아볼까요?

다음과 같이 for 반복문이 시작되기 바로 전에 printf() 함수를 이용하여 이름(hwlee)을 출력해봅시다.

```
debug_2.c

#include <stdio.h>

main() {
    int i;
    int sum;
    int a[] = { 1,2,3,4,5 };

    printf("hwlee\n");        // 출력 1

    for (i = 0; i < 5; i++) {
        sum += a[i];
    }
    printf("배열 요소의 전체 합은 %d\n", sum);
}
```

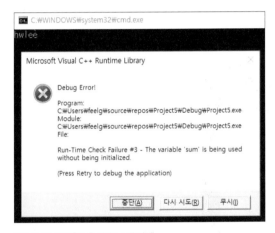

그림 13-2 | 이름 출력 후 디버그 오류 발생

결과를 보니, 이름 hwlee는 제대로 출력되었으나, 그 이후 버그(오류)가 존재한다는 것을 알수 있습니다. 여기서 이름이 출력되었다는 말은 printf( ) 함수 이전까지 코드에는 오류가 없다는 것을 의미합니다.

이처럼 코드의 특정 부분이 시작되기 전에 혹은 그 이후에 오류가 발생하였는지를 선정하는 기준은, 개발자가 버그가 의심이 되는 구간을 중심으로 좁혀가는 것이 효율적입니다. 코드를 작성하는 능력이 높을수록 디버깅 포인트를 적절하게 잡아, 버그가 발생한 곳을 빠르게 찾을 수있습니다.

```
#include <stdio.h>

main() {
    int i;
    int sum;
    int a[] = { 1,2,3,4,5 };

    printf("hwlee\n");          // 출력 1

    for (i = 0; i < 5; i++) {
        printf("hwlee2\n");     // 출력 2

        sum += a[i];
    }
    printf("배열 요소의 전체 합은 %d\n", sum);
}
```

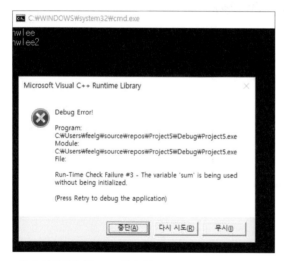

그림 13-3 | 두 번째 이름 hwlee2 출력 결과

이번에도 이름 hwlee2가 출력되어 printf() 함수가 정상적으로 수행된 것을 알 수 있습니다.
이제 버그로 의심되는 것은 이후에 있는 배열 a과 sum 변수로 좁혀집니다. 우선 의심되는 배열
a[0] 값을 한번 출력하겠습니다.

```
for (i = 0; i < 5; i++) {
    printf("hwlee2\n");        // 출력 2
    printf("%d\n", a[0]);      // 출력 3

    sum += a[i];
}
```

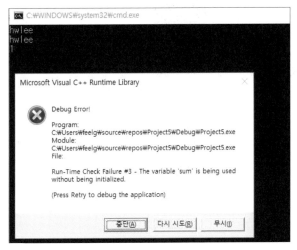

그림 13-4 | a[0] 출력 결과

a[0]의 값인 1이 정상적으로 출력된 것을 확인하였으므로 배열 a에는 특이 사항이 없는 것으로 판단됩니다. 그렇다면 sum 변수에 문제가 있는지 확인할 차례입니다.

```
for (i = 0; i < 5; i++) {
    printf("hwlee2\n");        // 출력 2
    printf("%d\n", a[0]);      // 출력 3
    printf("%d", sum);         // 출력 4

    sum += a[i];
}
```

그림 13-5 | sum 값 출력 결과

sum 값이 출력되지 않았네요. 이제 우리는 sum 변수에 문제가 있다는 것을 확인하였습니다. 그 이유는 sum의 변수 값이 초기화되지 않은 상태에서 사용되고 있기 때문입니다. 따라서 sum 변수 값을 0으로 초기화하고(디버깅) 앞서 추가한 printf() 함수는 모두 주석 처리한 후 다시 수행해 보겠습니다.

```c
debug_4.c

#include <stdio.h>

main() {
    int i;
    int sum = 0;    // 0으로 초기화
    int a[] = { 1,2,3,4,5 };

    //printf("hwlee\n");          // 출력 1
    for (i = 0; i < 5; i++) {
        //printf("hwlee2\n");     // 출력 2
        //printf("%d\n," a[0]);   // 출력 3
        //printf("%d", sum);      // 출력 4

        sum += a[i];
    }
    printf("배열 요소의 전체 합은 %d\n", sum);
}
```

결과가 정상적으로 나오는 것을 확인할 수 있습니다.

사실 printf() 함수를 사용해서 이렇게 일일이 디버깅하지 않아도, 앞서 통합 개발 환경인 비주얼 스튜디오에서 실행해 보면 컴파일러가 친절하게 sum 변수가 초기화되지 않은 상태에서 사용되어 발생하는 버그라고 처음부터 알려줍니다.

그러나 통합 개발 환경이라고 해서 모든 버그를 친절하게 알려주지는 않습니다. 개발자 스스로 이와 같은 방법을 통해 어디에서 버그가 발생하였으며 그 원인이 무엇인지 차근차근 찾을 수 있어야 합니다. 이렇게 스스로 버그를 찾다 보면 어느새 노련한 개발자가 되어 있는 자신을 발견할 수 있을 것입니다.

13.3 마치는 글

여러분! 여기까지 오느라 수고하였습니다. 아이가 태어나 아장아장 걸음마를 배우듯이 여러분은 이제 프로그래밍 세계에서 두 발로 걷는 것을 배웠다고 보면 됩니다. 여기까지 오는 동안 책에 나온 코드를 직접 실행하고 곱씹으며 생각을 정리하였나요? 그렇다면 여러분은 걷는 법을 완벽하게 배웠다고 감히 말씀드릴 수 있습니다.

어떤 일이든 시작이 가장 중요합니다. 걸음마를 떼야 발차기도 하고 멋진 춤도 출 수 있듯이 말입니다. 가장 중요한 첫걸음을 떼었으니 언젠가는 멋진 발차기를 할 여러분의 모습을 상상하기 바랍니다.

부록

C 언어를 코딩하고 실행하기 위한 통합 개발 환경에는 다양한 종류가 있습니다. 사용하는 운영체제에 따라 혹은 컴퓨터 시스템 성능에 따라 다른 개발 환경을 선택해서 사용할 수 있습니다. 부록에서는 맥 운영체제인 macOS에서 주로 사용하는 Xcode 개발 환경과 컴퓨터 시스템 사양이 상대적으로 낮은 환경에서 가볍게 사용하기 좋은 Dev-C++ 개발 환경을 소개합니다.

mac OS(맥 운영체제)에서는 Xcode를 설치하여 C 언어 프로그램을 작성하고 실행할 수 있습니다. Xcode는 애플(Apple)에서 무료로 제공하는 통합 개발 환경입니다.

① 앱 스토어(apple store)에서 Xcode를 검색하여 앱을 설치할 수 있습니다. 설치를 완료하면 그림 A-1과 같이 망치 모양의 아이콘을 클릭합니다.

그림 A-1 | 망치 모양의 Xcode 앱

② 앱을 실행하면 그림 A-2와 같은 화면을 볼 수 있습니다. 여기서 **Create a new Xcode project**를 클릭합니다.

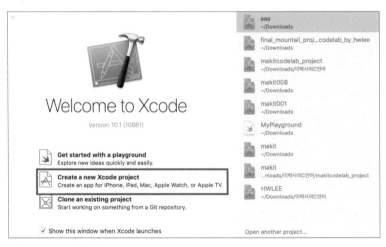

그림 A-2 | Xcode 실행 화면

❸ macOS 항목에서 **Command Line Tool**을 선택하고 **Next** 버튼을 클릭합니다.

그림 A-3 | Command Line Tool 선택하고 Next 버튼 클릭

❹ 다음과 같이 새 프로젝트에 관한 항목을 채우고 Language는 **C**로 설정하고 **Next** 버튼을 클릭합니다.

그림 A-4 | 새 프로젝트 관련 항목 채우기

❺ 왼쪽에 있는 하이러라키 창에서 **main.c**를 클릭합니다.

그림 A-5 | main.c 클릭

⑥ C 언어 기본 템플릿(template) 코드가 작성된 것을 볼 수 있습니다. 이제 이 템플릿을 기반으로 코드를 작성하고 수행하면 됩니다.

그림 A-6 | C 언어 기본 템플릿 코드 확인

⑦ 초록색 동그라미 버튼 옆에 있는 화살표를 누르면 컴파일과 링크 & 로더 과정을 진행합니다.

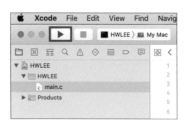

그림 A-7 | 코드를 실행

⑧ "Hello, World!" 결과가 출력되는 것을 확인할 수 있습니다. 만약 이때 코드에 오류가 있다면 디버깅 과정을 수행해야 합니다.

그림 A-8 | 실행 결과 확인

2 Dev-C++ 설치하고 실행하기

비주얼 스튜디오는 통합 개발 환경으로 아주 좋은 도구이지만, 무겁다는 단점이 있습니다. 따라서 간단한 코드를 작성하거나, 결과를 빨리 확인하고자 하는 경우, 시스템 사양이 낮은 환경에서 상대적으로 가벼운 개발 도구를 설치하여 수행하는 것도 좋은 방법입니다. 이를 위해 Dev-C++이라는 개발 환경을 설치하고 실행하는 방법에 대해 소개하겠습니다.

❶ https://sourceforge.net/projects/orwelldevcpp/에 접속하여 Dev-C++을 다운로드하여 설치를 진행합니다.

그림 A-9 | Dev-C++ 다운로드

> TIP 설치할 때는 따로 설정해야 하는 사항은 없고 설치 마법사에서 '다음' 버튼을 누르면 됩니다.

❷ Dev-C++을 실행하면 다음과 같이 화면이 나타납니다. File 밑에 문서처럼 생긴 네모 아이콘을 클릭합니다.

그림 A-10 | Dev-C++ 화면

③ Source File을 선택한 후 **File → Save As...** 를 클릭하여 작성하고자 하는 C 언어 파일의 이름과 저장 위치를 확인합니다. 여기서 주의할 점은 파일 형식은 반드시 **C source files (*.c)**를 선택해야 한다는 것입니다. 저장 버튼을 클릭합니다.

그림 A-11 | 파일 형식은 C source files (*.c)를 지정

④ 코드를 작성한 후에는 파일을 저장하고, 컴파일을 수행하기 위해서 F9 을 누릅니다. 컴파일 과정이 정상적으로 완료되면 F10 을 눌러 결과를 확인합니다. 또는 F11 를 눌러 컴파일과 실행을 동시에 수행할 수도 있습니다.

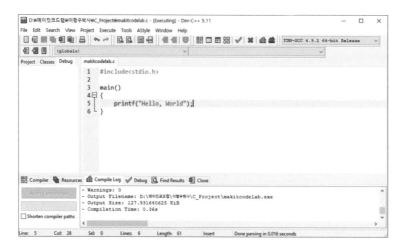

그림 A-12 | 코드 작성 후 F11 을 눌러 결과 확인

찾 아 보 기

영어